We dedicate this book with love to Im Kyung Sook.
She was a beautiful, kind, and loving mother and grandmother.
Also, we believe through God all things are possible.

잉글리시 프레젠테이션 슈퍼히어로

스크립트 구성부터 청중을 사로잡는 제스처까지
초보도 네이티브처럼 프레젠테이션하는 기술
잉글리시 프레젠테이션 슈퍼히어로

초판 1쇄 인쇄 2018년 2월 28일
초판 1쇄 발행 2018년 3월 2일

지은이 Ron Cahoon, Clara Kang

발행인 백유미 조영석
발행처 (주)라온아시아
주소 서울시 서초구 효령로 34길 4, 프린스효령빌딩 5F

등록 2016년 7월 5일 제 2016-000141호
전화 070-7600-8230 **팩스** 070-4754-2473

값 18,000원
ISBN 979-11-962566-4-7 03320

이 도서의 국립중앙도서관 출판시도서목록(CIP)은 서지정보유통지원시스템 홈페이지(http://seoji.nl.go.kr)와 국가자료공동목록시스템(http://www.nl.go.kr/kolisnet)에서 이용하실 수 있습니다. (CIP제어번호 : CIP2018001256)

스크립트 구성부터 청중을 사로잡는 제스처까지
초보도 네이티브처럼 프레젠테이션하는 기술

잉글리시 프레젠테이션 슈퍼히어로

English Presentation Superhero

Ron Cahoon · Clara Kang 지음

RAON BOOK

머리말
Prologue

여러분, 『잉글리시 프레젠테이션 슈퍼히어로』 교재를 선택해주셔서 고맙습니다. 저는 캘리포니아 실리콘밸리에 자리한 산호세에서 온 프레젠테이션 전문 코치 론카훈입니다. 2001년부터 지금까지 18년째 영어 전문 프레젠테이션 코치로서 굴지의 해외 기업 CEO, 정부 관료, 의사, 교수, 신입사원, 대학생까지 다양한 한국 사람들을 만났습니다. 이 사람들과 함께 다양한 형태의 교육과 연수를 진행해왔습니다.

사람들의 영어 발표에 대한 두려움과 어려움을 현장에서 직접 경험하며 마침내 이를 극복할 수 있는 최고의 방법을 찾았습니다. 그동안 다양한 프레젠테이션을 지도하고 사람들이 긍정적으로 변하는 모습을 목격했습니다. 돌파구가 보이지 않는 문제들을 아주 간단하고 쉽게 해결하기도 했습니다. 그간의 특별한 경험들을 바탕으로 단순하고 효과적으로 적용할 수 있는 접근법을 개발했는데, 이 이론을 '긍정적인 프레젠테이션 방법론'이라고 부릅니다. 이 방법론을 사용한다면 여러분도 잉글리시 프레젠테이션 '제로'에서 잉글리시 프레젠테이션 '슈퍼히어로'가 될 수 있습니다.

긍정적인 프레젠테이션 방법론 1

긍정적인 발표자 + 긍정적인 콘텐츠 + 긍정적인 전달 = 긍정적인 결과

긍정적인 콘텐츠를 생산하고 긍정적인 전달 기술을 사용하는 긍정적인 발표자는 반드시 긍정적인 결과를 얻는다.

긍정적인 프레젠테이션 방법론 2

긍정적인 발표자란? What is a positive presenter?	발표 전과 발표 과정, 발표 후 긍정적인 감정을 경험한 발표자입니다.
긍정적인 콘텐츠란? What is positive content?	청중이 더 나은 삶을 살도록 도와주는 콘텐츠 또는 청중의 환경을 개선하고 목표 달성을 도와주는 콘텐츠를 말합니다.
긍정적인 전달이란? What is positive delivery?	청중이 흥미를 느껴서 발표 시작부터 끝까지 참여할 수 있어야 하고, 긍정적인 감정을 경험해야 합니다.
긍정적인 결과란? What are positive results?	청중이 먼저 승리해야 여러분의 프레젠테이션 목표를 달성할 수 있습니다. 이것이 여러분이 프레젠테이션에서 승리할 수 있는 비결입니다. 청중이 여러분의 생각과 제안에 동의하게 하십시오.

긍정적인 프레젠테이션 방법론을 사용해 한국의 전문가들은 흔들리지 않는 자신감을 갖출 수 있었습니다. 국제 청중과 소통해 성공적으로 그 청중들을 설득했습니다. 의뢰인들은 이 방법론을 통해 프레젠테이션 결과를 꾸준히 얻었습니다. 그 결과 30개 이상의 국제회의를 한국의 코엑스에서 개최할 수 있었습니다. 7만 명 이상의 관계자들이 한국에 매료되어 서울을 방문하는 결과로 이어졌고, 한국 사업체에 수천억 달러의 수익을 안겨주는 쾌거를 이루었습니다.

발표자의 초조한 모습을 지켜보다 '애처롭다'는 생각마저 불러일으키는 프레젠테이션, 청중의 시간을 낭비하는 지루한 프레젠테이션 대신에 제 고객들은 자신감으로 무장하고 당당하게 말함으로써 청중의 마음을 사로잡을 수 있었습니다. 이 특별한 방법론을 여러분과 공유하려 합니다. 이제부터 성공적인 프레젠테이션의 궤도에 오를 준비를 하시길 바랍니다.

Contents

3단계 | 긍정적인 콘텐츠: 유익한 콘텐츠 만들기

4단계 | 긍정적인 전달: 긍정적인 감정 경험하기

5단계 | 긍정적인 결과: 설득법

들어가며

Introduction

각종 비즈니스, 고등교육, 의학, 과학 분야 정부 기관에서 일하는 한국인 전문가라면 어느 시점에서 영어로 발표할 가능성이 높습니다. 잠재 고객에게 정보를 제공하거나, 제품이나 서비스를 판매하거나, 강좌를 가르치고 국제 콘퍼런스에서 발표하거나, 신생 기업 아이디어에 투자하도록 설득하는 등 다양한 기회를 만날 수 있습니다.

그때 여러분은 반드시 영어로 발표할 준비가 되어 있어야 합니다. 평범한 발표자가 될 것인지, 아니면 모든 청중을 휘어잡는 매력적인 발표자가 될 것인지는 여러분의 선택에 달려 있습니다. 이 책은 여러분이 꿈꾸는 최고의 발표자로 바꿔줄, 당신을 위한 책입니다.

왜 우수한 잉글리시 프레젠테이션 기술이 중요한가?
Why are superior English presentation skills important?

국제 청중을 대상으로 하는 영어 발표는 경쟁 우위를 차지할 뜻깊은 기회입니다. 뛰어난 기술을 발휘해 새로운 일에 도전하고 자신의 경력을 향상시킬 엄청난 기회이기도 합니다. 뛰어난 프레젠테이션 기술은 당신의 승진과 수입 창출을 도울 수 있으며 직업 고용의 기회를 한층 더 높여줄 수 있습니다. 또한 세계무대에서 영어를 사용하는 원어민들과 당당하게 경쟁할 수 있습니다. 성공적인 잉글리시 프레젠테이션을 하려면 철저한 준비를 해야 합니다. 승리의 주인공은 자신 있게 준비한 사람에게 찾아옵니다.

이 책에 소개한 아이디어, 팁, 다양한 기법들을 활용하면 여러분도 잉글리시 프레젠테이션의 승리자가 될 수 있습니다. 책의 내용을 참고 자료로 사용해 제시된 각 단계의 활동을 연습하고 실전에서 실행해보십시오. 이 책의 내용을 끝까지 성실하게 실천한다면 여러분은 우수한 기술을 갖춘 잉글리시 프레젠테이션 슈퍼히어로로 변신할 것입니다. 치열한 경쟁 속에서도 충분히 보상 받으며 성공의 길로 나아갈 수 있습니다. 이때 키포인트는 중요한 내용을 기록하고 이론으로 배운 내용을 최대한 실행으로 옮기는 것입니다. 이 책에 실린 내용들은 그동안 실전에 사용해 철저히 입증된 잉글리시 프레젠테이션의 핵심 요소들입니다. 하지만 여러분이 그 기술을 터득해 사용할 때 그 진가를 발휘할 수 있습니다.

뛰어난 잉글리시 프레젠테이션 기술을 선보인다면 청중은 여러분의 말을 이해하고 수긍할 것입니다. 게다가 프레젠테이션에 압도된 청중이 여러분의 생각과 제안에 찬성할 가능성도 한층 높아집니다. 그러나 적절한 프레젠테이션 테크닉이 없다면 어떤 일이 발생할지 상상해보십시오. 여러분은 분명 잠재 고객과 동료 및 상사 앞에서 굴욕을 당할 위험에 처할 수 있습니다. 미숙한 발표가 여러분의 명성과 경력을 떨어뜨릴 수도 있습니다.

우리는 그런 상황을 피해야 합니다. 여러분은 다행스럽게도 지금 당장 도움이 되는 행동을 취할 수 있으므로 전망이 밝습니다. 쉽게 긍정적인 프레젠테이션 방법론을 익혀 '슈퍼히어로'가 될 수 있습니다. 여러분에게 필요한 기술들을 개발하고 목표하는 결과를 얻기 위해 지금 당장 도전하십시오. 빨리 시작하면 할수록 승리자에게 주어지는 혜택을 더 다양하게 경험할 수 있습니다.

이 책을 읽어야 하는 이유
Why read English Presentation Superhero?

프레젠테이션 능력은 비즈니스, 교육, 과학 등 다양한 분야에서 요구되고 있습니다. 많은 프레젠테이션 수만큼 끔찍한 실력의 발표자부터 수준 높은 발표자들까지 아주 다양한 유형의 발표자들을 만날 수 있습니다. 여러분은 어떤 유형에 속합니까? 여러분의 현재 잉글리시 프레젠테이션 실력을 어떻게 평가하십니까? 끔찍함, 부족함, 능숙함, 탁월함. 이 중에서 자신은 어느 쪽에 속하는지 생각해보십시오.

영어로 발표할 때 꽤 긴장하는 타입입니까? 이제는 그 긴장감을 극복하고 싶으십니까? 현재 자신의 잉글리시 프레젠테이션 기술에 만족하십니까? 아니면 지금보다 더 나은 영어 발표자가 될, 특별한 방법을 알고 있나요? 선택한 분야에서 존경받고 유능한 전문가가 되고 싶은 열망이 있습니까? 최고의 나 자신으로 변화해보고 싶으신가요?

바로 이 책이 여러분에게 그 모든 해답을 제시할 것입니다. 영어 발표가 즐거워지면서 최고의 잉글리시 프레젠테이션 슈퍼히어로로 변신할 수 있도록 이끌어줄 것입니다. 이 책은 승리자에게 주어지는 모든 혜택을 여러분이 누릴 수 있도록 도와줄 것입니다.

이 책의 목적
What is this book's purpose?

이 책에서는 조금은 부족한 영어 발표자의 모습에서 자신감 있고 유능한 영어 발표자로 다시 태어나는 방법을 알려주려 합니다. 대부분의 사람은 변화를 두려워합니다. 하지만 할 수 있다고 믿으십시오. 도전을 기꺼이 받아들여 여러분의 프레젠테이션 기술을 향상시키십시오. 이제는 좀 더 발전된 모습을 위해 변화해야 할 때입니다. 개인적이거나 직업적인 목적, 즉 여러분의 꿈을 실현하기 위해서라면 긍정적으로 행동하라고 강력히 권하고 싶습니다.

당신은 혼자가 아니다
You are not alone

2001년부터 한국의 전문가들을 더 나은 발표자로 만들고자 지도해왔습니다. 한국을 대표하는 기업에 다니는 직장인부터 조직의 관리자 및 CEO, 교수진들, 과학자나 정부 관료들까지 각계각층을 지도했습니다. 하지만 처음 이 전문가들과 만난 날 일반 사원이든, CEO든 거의 모든 사람이 영어로 발표하는 것에 대해 매우 초조해했습니다. 그러나 이 전문가들은 저와 함께 연습하는 과정을 거치면서 영어로 발표하는 능력이 향상되어갔습니다. 프레젠테이션에 대한 두려움도 극복했습니다. 이 책을 통해 만난 여러분 또한 그렇게 될 수 있으리라 확신합니다.

저는 프레젠테이션에 대한 초조함을 느끼지 않습니다. 그동안 크든 작든 다양한 청중 앞에서 수백 번의 프레젠테이션을 선보인 덕분입니다. 일단 프레젠테이션 요청을 받으면 흥분되고 기쁩니다. 대학에서 저는 마케팅을 전공했습니다. 수강하는 과목마다 발표 시간이 있었습니다. 소비자의 행동, 개인 판매 및 마케팅 관리 등 다양한 주제로 발표했습니다. 그 당시 저 자신을 최악의 발표자라고 느꼈습니다. 발표할 때마다 무릎이 흔들리고 목소리는 갈라지고 심장은 튀어나올 것처럼 요동쳤습니다. 이런 부정적인 감정을 경험하는 것이 끔찍하게 싫었습니다.

당시 저의 발표의 주요 목표는 상대방을 설득하기, 정보 전달하기, 청중에게 즐거움 주기 등이 아니었습니다. 그보다는 아주 단순하게, 그 순간이 지나가기를 바라며 최대한 빨리 발표를 끝내는 것이 가장 큰 목표였습니다. 어쩌면 여러분은 과거의 저와 같은 입장일지도 모릅니다. 지난날의 모습을 떠올려보면 지금이야 웃을 수 있지만, 당시에는 공포와 굴욕, 부끄러움으로 가득했습니다.

여러분도 변할 수 있습니다. 영어로 발표해야 한다는 생각만으로 불행의 나락으로 떨어지고 있다면 이 책은 여러분이 가고자 하는 곳보다 높은 곳으로 이끌어줄 수 있습니다.

여러분, 영어로 발표하는 것이 초조하다면 안심하십시오. 왜냐하면 여러분 혼자만의 문제가 아니기 때문입니다. 영어를 모국어로 사용하는 원어민들조차 발표에 대해 두려워합니다. 원어민 모두가 좋은 발표자는 아니라는 사실에 여러분은 좀 더 편안함을 느낄 수 있을 것입니다.

모든 사람이 긴장하는 이유
Why is nearly everyone nervous?

사람들은 다음과 같은 3가지 이유로 긴장합니다.

(1) 대부분의 한국인은 영어 발표에 대해 부정적입니다.
(2) 영어로 발표할 기회가 충분하지 않은 탓에 영어 발표력이 약합니다.
(3) 서양과 한국 청중 사이의 문화적 차이를 이해하지 못합니다.

이 3가지 문제는 해결될 수 있습니다. 긍정적인 사고방식을 창출하는 방법, 강력한 잉글리시 프레젠테이션 기술을 개발하는 방법, 국제 청중의 욕구와 열망을 이해하는 방법을 배우면서 변화에 도전한다면 말입니다. 다시 한 번 강조하지만 여러분도 반드시 잉글리시 프레젠테이션 슈퍼히어로가 될 수 있습니다.

이 책을 통해 얻을 수 있는 이점
What are the benefits of becoming an English Presentation Superhero?

여러분이 이 책을 따라 연습하고 적용한다면 7가지 이점들을 경험할 수 있습니다. 여러분이 필요로 하고 갖추고 싶은 이점들을 다음의 목록에서 표시해보십시오.

실생활에 적용하면 유용한 7가지 이점

1	진정한 자신감 True self-confidence	네 □ 아니오 □
2	잉글리시 프레젠테이션 기술 향상 Improved English presentation skills	네 □ 아니오 □
3	영향력 증가 Increased influence	네 □ 아니오 □
4	리더십 향상 Enhanced leadership	네 □ 아니오 □
5	더 풍부한 직업적 기회 More professional opportunities	네 □ 아니오 □
6	자기만족 강화 More self-satisfaction	네 □ 아니오 □
7	더 나아진 사업 결과 Better business results	네 □ 아니오 □

제시된 7가지 이점을 모두 여러분의 것으로 만들 수 있습니다. 이 책에서 배운 개념을 제대로 이해하고 실행한다면 여러분에게 확실한 결과로 돌아올 것입니다. 이 책을 활용하는 최고의 방법은 배운 내용에 몰두하고 적극 실행해보는 것입니다. 그러므로 책을 읽는 동안 현재 여러분의 생각과 다른 방향으로 생각해보고, 책 속에서 제시된 내용을 실천해보면서 새로운 도전에 나서기를 바랍니다.

긍정적인 프레젠테이션 방법론 맛보기

Content Overview–The Positive Presentation Method

이 책을 통해 여러분은 평범한 발표자들이 어떻게 능력 있는 발표자로 바뀌었는지 그 핵심비결을 배우게 됩니다. 긍정적인 프레젠테이션 방법론을 부지런히 읽고 적용하면 여러분도 유능한 발표자가 되어 바라던 결과를 얻을 수 있습니다. 이제 영어 발표에 대한 두려움을 떨쳐버리고 여러분의 영향력과 힘을 키울 시간입니다. 본격적으로 '이기는 프레젠테이션'을 시작합시다.

긍정적인 프레젠테이션 방법론은 단순해서 쉽게 적용할 수 있는 이론입니다. 만일 여러분이 유능한 영어 발표자가 되고 싶다면 이 방법론을 바로 적용해보십시오.

긍정적인 방법론을 사용해 잉글리시 프레젠테이션 슈퍼히어로로 변신하면 발표에서 현명한 선택을 할 수 있습니다. 만일 여러분이 프레젠테이션에서 우왕좌왕한다면 그 발표는 실패할 것입니다. 현명한 발표자는 상황을 통제합니다. 그래야 승리할 확률이 높아집니다. 반면 발표자가 상황을 통제하는 능력이 없다면 원하는 결과를 얻을 수 없게 됩니다. 모든 프레젠테이션에서 가장 중요한 것은 여러분이 바라는 목표를 달성하는 것, 즉 긍정적인 결과를 얻는 것입니다. 이 책에서 소개되는 긍정적인 프레젠테이션 방법론은 여러분이 승리할 수 있도록 구체적으로 고안되었습니다.

어떻게 방법을 적용할 것인가?

How does it work?

모든 프레젠테이션에서 여러분은 4가지 선택을 필수로 해야 합니다. 여러분의 프레젠테이션을 성공으로 이끌 선택들입니다. 프레젠테이션의 성패를 좌우하는 4가지 선택은 다음과 같습니다.

긍정적인 프레젠테이션 방법론

CHOICE 1	긍정적인 발표자 Positive Presenter	당신의 생각과 감정을 통제하는 방법을 선택하십시오.
CHOICE 2	긍정적인 콘텐츠 Positive Content	청중이 더 나은 삶을 살도록 돕고 청중의 목표 달성에 가까워질 수 있는 콘텐츠를 선택하십시오.
CHOICE 3	긍정적인 전달 기술 Positive Delivery Skills	시작부터 끝까지 청중이 흥미를 느끼고 참여할 수 있는 프레젠테이션 전달 방법을 선택하십시오.
CHOICE 4	긍정적인 결과 Positive Results	청중이 당신의 생각에 동의하고 제안을 받아들이면 승리의 결과를 얻을 것입니다. 이 순서를 당신의 프레젠테이션 목표로 설정하고 선택하십시오.

발표자는 종종 목표 달성에 실패합니다. 발표자가 긍정적인 프레젠테이션 이론을 따르지 않고 반대로 행동해서 그렇습니다. 가만히 들여다보면 발표자는 긍정적인 프레젠테이션 이론 대신에 부정적인 프레젠테이션 방법론을 선택합니다.

부정적인 프레젠테이션 방법론 1

부정적인 발표자 + 부정적인 콘텐츠 + 부정적인 전달 = 부정적인 결과

부정적인 프레젠테이션 방법론 2

CHOICE 1	부정적인 발표자 Negative Presenter	생각과 감정을 통제하지 못하고 초조함이 극에 달합니다.
CHOICE 2	부정적인 콘텐츠 Negative Content	게으른 탓에 청중에게 이로운 콘텐츠를 준비하지 못해, 시간을 낭비합니다.
CHOICE 3	부정적인 전달 기술 Negative Delivery Skills	시작부터 끝까지 청중을 혼란스럽게 만들고 지루한 발표 전달 기술을 선택합니다.
CHOICE 4	부정적인 결과 Negative Results	청중의 호응을 이끌어내지 못해 실패할 수밖에 없는 발표를 합니다.

앞으로 여러분은 긍정적인 프레젠테이션 방법론을 학습해 잉글리시 프레젠테이션 슈퍼히어로로 거듭날 수 있습니다. 그렇다면 잉글리시 프레젠테이션 슈퍼히어로는 과연 누구일까요?

바로 여러분입니다! 자신을 믿는 여러분입니다. 자신감 있고 유능하게 발표하는 여러분입니다. 메시지로 타인에게 영감을 주는 여러분입니다. 자신의 목표를 달성하는 여러분입니다. 긍정적인 차이를 만들어내는 여러분입니다. 전력을 기울여 발표하는 여러분입니다.

온 힘을 다해 발표하는 여러분은 잉글리시 프레젠테이션의 진정한 슈퍼히어로가 될 수 있습니다. 하지만 대부분의 사람은 발표에 온 정성을 쏟지 않습니다. 발표에 집중하는 대신 스스로 끊임없이 부정적인 감정을 만들어내기 때문입니다. 부정적인 감정은 발표가 원활히 진행되는 것을 막습니다. 집중은 안 되고 재치 있는 생각은 떠오르지 않으며 프레젠테이션을 하는 동안 발생하는 돌발 상황에도 대응할 수 없는 상태가 됩니다.

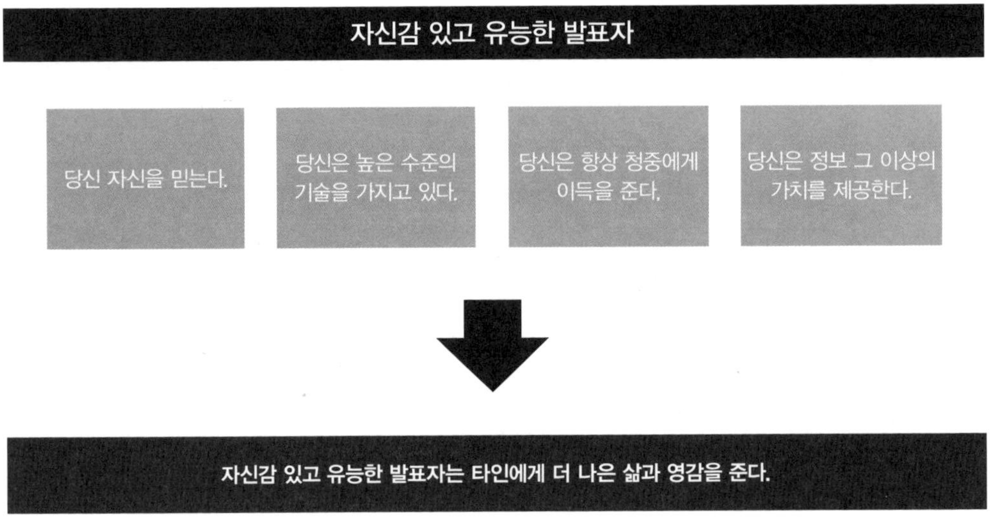

잉글리시 프레젠테이션 슈퍼히어로는 자신감이 넘치고 유능한 발표자로서 타인에게 영감을 불어넣어 청중이 더 나은 삶을 살도록 돕습니다. 잉글리시 프레젠테이션 슈퍼히어로는 자신을 믿고 높은 수준의 발표력을 갖추고 있으며 항상 청중에게 혜택을 줍니다. 청중에게 단순한 정보 그 이상의 것을 제공하며 프레젠테이션을 통해 청중들이 긍정적인 행동을 시작하도록 고무시킵니다. 그렇다면 어떤 사람이 잉글리시 프레젠테이션 슈퍼히어로가 될 수 있을까요? 누구나 가능합니다. 이 책 속에 여러분의 변신을 위해 필요한 모든 것을 명확하게 제시해두었습니다.

슈퍼히어로는 '슈퍼 파워'를 가지고 있습니다. 여러분이 프레젠테이션 방법론을 학습해 잉글리시 프레젠테이션 슈퍼히어로로 변하고자 한다면 제시된 5가지의 프레젠테이션 슈퍼 파워를 하나씩 익혀나가야 합니다.

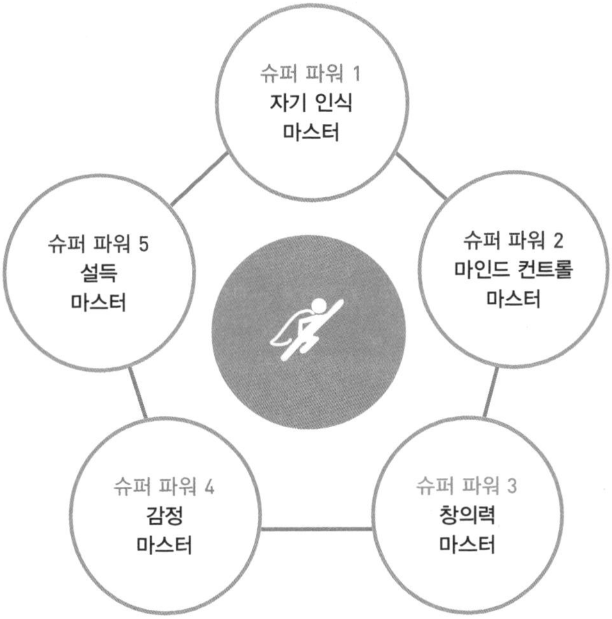

이 책의 5가지 핵심 내용을 간략히 살펴보겠습니다.

1단계 자기 인식: 스스로 더 잘 이해하기
Step 1. Self-awareness: How to understand yourself better

여러분을 최고의 발표자로 바꿔줄 첫 여정은 슈퍼 파워 비밀 1의 '자기 인식 마스터'를 열고 들어가 자신의 것으로 만드는 것입니다. 보통의 사람들과 달리, 프레젠테이션 슈퍼히어로는 자신의 발표 능력에 관해 명확하고 정확한 이해력을 갖추고 있습니다. 우리는 자신의 장단점을 정확하게 알아야 합니다. 자기 인식이 분명해야만 현재 자신이 원하는 발표자의 모습으로 바뀔 수 있는 구체적 방침을 이해할 수 있습니다. 자기 인식을 통해야 여러분이 성장할 힘을 극대화시키는 방법을 찾아낼 수 있고 원하는 모습으로 바뀔 수 있습니다. 원하는 발표자의 모습으로 변화하려면 프레젠테이션에서 요구되는 능력을 정확히 이해하고 있어야 합니다. 그러므로 Step 1에서는 여러분이 가지고 있는 프레젠테이션 능력과 형식을 평가해볼 것입니다. 스스로 평가해보고 나면 최종 결과에 무척 놀랄 것입니다. 하지만 정직하게 평가해야 합니다. 이 평가를 통해 변신 전후가 어떻게 달라지는지 비교해볼 수 있고 기준선을 만들 수 있습니다.

자기 인식 + 적절한 행동 = 자기 성장

AWARENESS + APPROPRIATE ACTION = PERSONAL GROWTH

2단계 긍정적인 발표자: 자신감 있게 발표하기

Step 2. Positive presenter: How to speak with confidence

두 번째 단계에서는 긍정적인 발표자가 되는 방법을 배웁니다. 이를 위해 여러분은 슈퍼파워 2의 '마인드 컨트롤 마스터'의 비밀을 풀어야 합니다. 영어로 발표할 때 주로 느끼는 두려움은 부정적인 생각과 기술 부족 때문입니다. 감정 통제 마스터가 된다면 여러분은 자신의 생각과 감정을 통제할 수 있습니다. 부정적인 생각은 없애고 평온한 마음을 만끽하며 프레젠테이션 기술을 더 향상시킬 수 있습니다. 발표자의 유형은 단 2종류, 긍정적인 발표자와 부정적인 발표자입니다. 긍정적인 발표자는 발표할 때 긍정적인 감정을 느낍니다. 긍정적인 발표자는 발표하는 것을 즐기며 자신이 청중에게 도움을 주고 있다는 사실을 확실히 알고 있습니다. 그래서 발표에 대해 아주 만족해합니다. 반면 부정적인 발표자는 항상 걱정과 초조함으로 가득 차 있습니다. 부정적인 발표자는 자신의 긴장에 지나치게 집중한 나머지 집중력을 잃고 청중들에게 아무런 혜택도 줄 수 없습니다. 믿을 수 없겠지만 세상에 있는 발표자의 대부분이 부정적인 발표자입니다. 그래도 우리는 긍정적인 발표자가 될지, 부정적인 발표자가 될지 스스로 선택할 수 있습니다. 여러분은 어떤 발표자인가요? 대부분 사람은 스스로 긍정적이라고 말하지만 실제로는 그렇지 않습니다. Step 2를 읽고 나면 긍정적인 발표자가 무엇인지 정확히 알게 될 것입니다.

3단계 긍정적인 콘텐츠: 유익한 콘텐츠 만들기
Step 3. Positive content: How to create beneficial content

슈퍼 파워 3의 비밀은 바로 '창의력 마스터'입니다. 이 단계에서 여러분은 긍정적인 콘텐츠를 생산하고 디자인하는 방법을 배웁니다. 청중이 열광하는 프레젠테이션을 위해 여러분은 자신의 상상력과 창의력을 동원해 강력한 프레젠테이션 내용을 만들어내야 합니다. 콘텐츠의 주된 목적은 청중이 더 나은 삶을 살도록 돕는 것입니다. 그러므로 여러분이 발표하는 매 순간 어떤 방식이 되더라도 청중의 삶을 더 멋지고 유익하게 만들어야 한다는 목적을 가슴 깊이 새기십시오. 청중에게 유익하지 않은 발표는 여러분의 시간만이 아니라 청중의 시간까지 낭비하고 맙니다. Step 3에서는 타인의 시간을 낭비하는 것을 막기 위해 간단하면서도 효과적인 5단계 긍정적인 콘텐츠 발달 과정을 배우게 됩니다. 이 과정에서 여러분은 청중에게 혜택을 주고 스스로 긍정적인 결과를 가져다주는 창의적인 콘텐츠 개발 방법을 깨우치게 될 것입니다.

4단계 긍정적인 전달: 긍정적인 감정 경험하기
Step 4. Positive delivery: How to create positive emotional experiences

모든 프레젠테이션은 청중에게 어떤 감정을 불러일으킵니다. 청중은 발표에 대해 다양한 감정을 느낍니다. 만약 청중이 긍정적으로 느낀다면 청중은 당신에게 더욱 호감을 느끼고 발표를 더욱 경청할 것입니다. 긍정의 감정을 느낀 청중은 결국 당신의 발표 내용에 동의할 수밖에 없습니다. 부정적으로 느낀 청중에게는 반대의 상황이 벌어집니다. 사람은 감정에 따라 결정을 내리고 나서 논리와 이성의 도움을 받아 그 결정을 정당화하려 합니다. 프레젠테이션에서 청중의 감정을 움직이는 것은 중요합니다. 청중의 감정을 움직여야만 프레젠테이션에서 승리할 수 있습니다. 또한 청중의 감정을 움직이려면 발표하는 동안 청중의 반응을 정확히 예측할 수 있어야 합니다. 이 기술을 몸에 습득해야 청중을 온전히 내 편으로 만들 수 있습니다. 여러분이 발표하고 보여줄 내용에 대해 청중이 어떤 반응을 보일지 예측해보십시오. 그러면 여러분이 바라는 반응을 얻게 될 것입니다. 발표자가 바라는 반응을 청중에게서 이끌어내면 여러분이 목표하는 바를 이룰 수 있습니다. Step 4에서 여러분은 슈퍼 파워 네 번째 비밀 '감정 마스터'를 통해 프레젠테이션 전달법을 익혀 청중에게 긍정적인 감정을 이끌어내는 방법을 배우게 됩니다. 시각 도구, 몸짓, 목소리, 대본 사용법 등을 학습해 긍정적인 효과를 극대화할 수 있습니다. 자신감, 침착한 태도와 발표자의 태도가 프레젠테이션에 끼치는 영향이 얼마나 큰지 알게 된다면 무척 놀랄 것입니다.

5단계 긍정적인 결과: 설득법

Step 5. Positive results: How to persuade

잉글리시 프레젠테이션 슈퍼히어로로 변신하는 마지막 관문은 설득력을 극대화하는 방법을 익히는 것입니다. 바로 슈퍼 파워 5 '설득 마스터'가 되는 것입니다. 수많은 발표자는 청중을 설득하는 데 어려움을 겪습니다. 발표자들이 어려움을 겪는 공통적인 이유 3가지를 살펴보겠습니다.

(1) 청중이 '행동으로 즉각 옮기고 싶다'는 생각이 들 만큼 충분한 근거를 제시하는 데 실패한다.
(2) 청중에게 쉽게 '네'라는 대답을 이끌어내는 데 실패한다.
(3) 자신감이 부족하고 거부에 대한 두려움 때문에 청중에게 행동지침을 내리는 데 실패한다.

무엇을 배우는 데 가장 좋은 방법은 직접 경험해보는 것입니다. 또는 누군가가 경험한 것을 통해 간접적으로 배울 수도 있습니다. 이 책에서는 잉글리시 프레젠테이션 슈퍼히어로들의 성공 이야기들이 담겨있습니다. 멋진 프레젠테이션 결과물을 성취해낸 슈퍼히어로

들의 이야기가 많은 공감을 불러일으켜, 긍정적인 프레젠테이션 방법론을 간접 경험해보는 귀중한 시간이 될 것입니다. 여러분은 잉글리시 프레젠테이션 슈퍼히어로가 될 수 있는 핵심 비법 5가지를 먼저 간단히 살펴보았습니다. 자신을 믿고 열정을 바쳐 앞으로 나아가십시오!

잉글리시 프레젠테이션 슈퍼히어로가 될 수 있는 핵심 비법

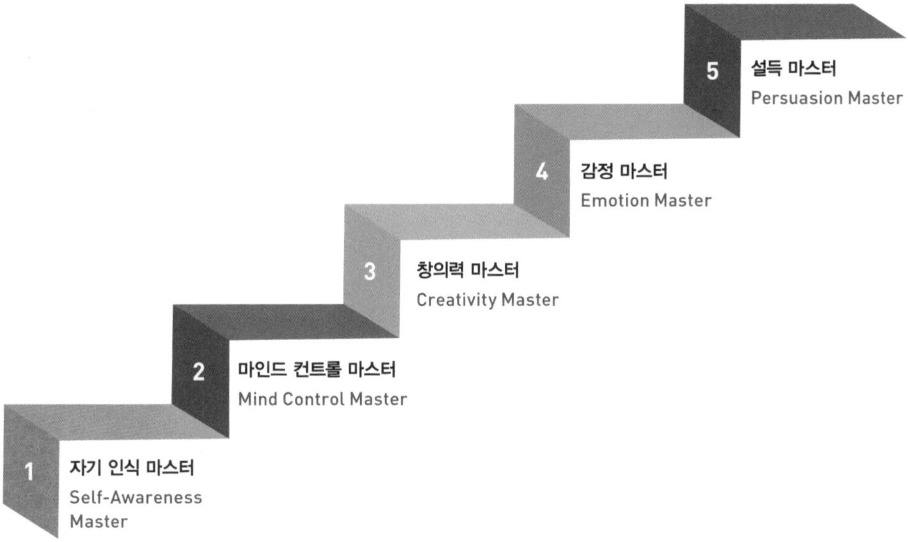

Step 1

자기 인식:
스스로 더 잘 이해하기

Step 1
Self-Awareness:
How to Understand Yourself Better

슈퍼 파워 비밀의 문 1:
자기 인식 마스터

자기 인식은 태양과 같다.
태양이 무언가를 비출 때, 그것은 완전히 탈바꿈한다.
– 틱낫한

Awareness is like the sun.
When it shines on things, they are transformed.
– Thich Nhat Hanh

이 책은 '잉글리시 프레젠테이션 슈퍼히어로'의 실제 훈련 과정을 토대로 쓰였습니다. 대상자들은 강좌에 자발적으로 참여하거나 상사의 강요로 마지못해 듣는 등 다양합니다. 모든 참가자가 훈련을 통해 프레젠테이션 기술이 향상되지만 그중에서도 자발적으로 참여한 그룹의 효과가 가장 큽니다.

자발적인 참가자들은 확실한 동기와 발전하려는 강한 열망이 있습니다. 자발적인 참가자들은 훈련 활동과 실전 프레젠테이션 연습을 통해 가슴속 열정을 마음껏 발산했습니다. 수많은 연습과 피드백을 통해 자신의 장단점을 이해하게 되었고 실력을 키웠습니다.

여러분 역시 프레젠테이션 기술을 배우려는 열망과 확실한 자아 동기를 지녔을 것이라고 믿습니다. 이 책의 마지막 장을 덮을 때까지 저는 여러분을 격려하며 함께 목표를 이루려 한다는 사실을 잊지 마십시오. 여러분의 특별한 조력자가 될 것입니다. 가장 먼저 자신을 제대로 이해해야만 여러분의 프레젠테이션에서 강점을 극대화하고 약점을 극복할 수 있습니다.

프레젠테이션에서 중대한 실수를 하는 발표자는 극히 일부입니다. 프레젠테이션을 방해하는 가장 큰 요소는 중대한 문제가 아니라 사소하고 단순한 실수들입니다. 잉글리시 프레젠테이션 슈퍼히어로의 변신은 작은 실수를 막아내는 데서부터 시작합니다.

핵심을 보여줄 짧은 에피소드를 이야기하겠습니다
Here is a short story to illustrate the point

여러분이 꿈에 그리던 차를 구매했다고 상상해보십시오. 여러분은 오랫동안 갖고 싶어 했던 이 차를 마침내 소유하게 되었습니다. 딜러로부터 구매한 새 차는 멋진 디자인과 세련된 가죽 인테리어, 놀라운 음향 시스템, 그리고 새 차 냄새로 가득했습니다. 빛나는 새 차를 본 친구들은 "와우, 정말 멋지다!"라며 칭찬해주었습니다.

여러분은 그동안 열심히 일한 보상으로 모든 사람이 꿈꾸는 멋진 차를 자신에게 선물했습니다. 엄청난 자부심과 행복을 느낍니다. 이제 멋지고 호화로운 차를 끌고 가족들과 리조트로 여행을 떠날 것입니다. 여러분은 그저 운전하는 것을 즐기며 가족들과 편안하고 즐거운 휴식 시간을 보내기만 하면 됩니다.

그런데 리조트로 가는 도중에 비가 내립니다. 처음에는 조금씩 내리는가 싶더니 미친 듯이 퍼붓습니다. 와이퍼의 기능에 문제가 있다는 사실을 그제야 발견했습니다. 와이퍼 날이 좌우로 움직이기는 하지만 운전석의 시야를 확보하는 데 도움은 되지 않습니다. 어쩔 수 없이 차를 도로 한쪽에 세우고 비가 멈출 때까지 기다립니다. 최신형 차에 결함이 있는 와이퍼가 장착되어 있다는 생각에 가족들은 충격에 빠졌습니다. 1시간 정도 지나자 비가 그쳤고 다시 운전대를 잡았습니다. 하지만 타이어에 구멍이 났습니다. 비를 피하려고 도로 한쪽에 차를 대고 있는 동안 새 타이어에 못이 박힌 겁니다. 어쩔 수 없이 도로 한쪽에 다시 정차합니다. 이제 가족들은 배고프고 지쳐서 하나둘 불평하기 시작합니다. 도시에서 멀리 떨어진 곳이라 구멍 난 타이어를 자신이 직접 갈아 끼워야 합니다. 문제점을 보완한 후 다시 리조트를 향해 달립니다. 가족과 즐겁고 편안한 시간을 기대한 여러분은 스트레스를 받고 지쳐버렸습니다. 기대에 부풀었던 이번 여행이 실망스러워 울컥 눈물이 납니다.

이 에피소드는 여러분에게 무슨 교훈을 줍니까?
What can you learn from this short story?

여러분은 편하고 즐거운 여행을 즐기는 데 실패했습니다. 실패 요인으로 불량 와이퍼, 구멍 난 타이어, 배고픔 등이라는 작은 문제들이 있었습니다. 이 요소들은 사소해 보이지만 문제를 크게 키웠습니다. 즐거워야 할 여행이 엉망진창이 되었습니다. 운전자가 기본 점검만 했더라도 이 여행은 성공적이었을 것입니다.

이 에피소드는 여러분의 프레젠테이션과 어떤 연관성이 있습니까?
How is the story related to your presentations?

프레젠테이션에서 사소한 실수들이 겹치면 궁극적인 목표를 달성하는 데 엄청난 방해 요소가 됩니다. 청중은 지루하고 따분해 엉덩이를 들썩거릴 것이며 발표자에게 실망할 것입니다. 청중의 마음 상태가 부정적으로 바뀌면 발표자가 청중에게 무엇인가를 제안하는 것은 어려워집니다. 자기 인식이 중요한 이유가 바로 여기에 있습니다. 여러분이 할 수 있는 사소한 실수들을 미리 인지하고 하나씩 예방한다면 반드시 승리할 것입니다.

대다수 아마추어 발표자들은 프레젠테이션에서 다음과 같은 실수를 저지릅니다. 부정적인 자기 대화, 발표에 대한 초조함, 단조로운 목소리 톤, 자기중심적, 불안정한 눈 맞춤, 빨리 말하기, 시간 초과하기 등입니다. 비록 많은 사람이 발표에서 공통된 실수를 한다 하더라도 자신만의 독특한 실수가 존재합니다. 따라서 자신이 어떤 실수를 평상시에 많이 하는지 제대로 알고 있어야 올바른 프레젠테이션을 할 수 있습니다. 실수를 바로잡는 것은 매우 중요합니다. 실수를 바로잡을 수 있어야 여러분의 프레젠테이션 실력이 개선됩니다.

다음은 프레젠테이션 지도 과정에 참여한 4명의 사례입니다. 참가자들은 3가지 정도의 사소한 실수를 하고 있습니다. 이 문제점들을 살펴보며 간단한 해결책을 알아보겠습니다. 어떻게 '단순한 해결책'이 4명의 참가자들에게 도움을 줄 수 있을지 의아할 수도 있습니다. 약점 극복을 위한 더욱 상세하고 자세한 해결책도 추후에 다룰 것입니다. 우선 여러분의 약점을 찾아서 방해하는 문제들부터 차례로 제거해야만 합니다. 그래야 더 나은 프레젠테이션 결과를 기대할 수 있습니다.

발표자 1
JJ Kim, (27, Sales Team)

약점 1: 도입 부분에 많은 시간을 낭비합니다.

Weakness 1: He wasted too much time during his introduction.

약점 2: 목소리가 단조로워 지루합니다.

Weakness 2: He spoke with a boring monotone voice.

약점 3: 발표가 체계적으로 구성되지 않았습니다.

Weakness 3: His presentation was not well organized.

해결책 1: 시간 관리를 잘하세요. 쓸데없는 소리로 시간을 낭비하지 마세요.

Solution 1: Manage your time well. Do not waste it.

해결책 2: 다양한 목소리 톤을 사용하세요.

Solution 2: Use vocal variety.

해결책 3: 체계적으로 이야기를 전달하세요.

Solution 3: Organize your talk.

발표자 2
JW Nam, (32, Product Planning)

약점 1: 청중에게 연신 사과하며 초조하다고 고백합니다.

Weakness 1: She apologized to the audience and also said she was very nervous.

약점 2: 자신의 견해를 지지할 증거 자료가 없습니다.

Weakness 2: She didn't have any evidence to support her position.

약점 3: 발표 준비가 되어 있지 않습니다.

Weakness 3: She was not prepared.

해결책 1: 청중에게 사과하지 말고 초조하다는 말도 하지 마세요.

Solution 1: Do not apologize or tell the audience you are nervous.

해결책 2: 발표에 관련된 데이터 자료를 제공하세요.

Solution 2: Provide relevant up to date evidence.

해결책 3: 미리 발표를 준비하세요.

Solution 3: Prepare in advance.

발표자 3
SH Kang, (35, HRD)

약점 1: 발표는 매우 재미있는데 유용한 정보는 제공하지 못합니다.

Weakness 1: He was very entertaining, but offered no useful information.

약점 2: 프레젠테이션 내용이 유치합니다.

Weakness 2: His presentation slides looked childish.

약점 3: 청중의 욕구를 이해하지 못합니다.

Weakness 3: He didn't understand the needs of his audience.

해결책 1: 청중에게 유익한 정보를 제공하세요.

Solution 1: Provide beneficial information to your audience.

해결책 2: 좀 더 전문화된 시각 자료를 사용하세요.

Solution 2: Use more professional visuals.

해결책 3: 청중의 성향을 분석하세요.

Solution 3: Analyze your audience.

발표자 4
RH Lee, (34, Research and Development)

약점 1: 너무 많은 내용의 자료를 다룹니다.

Weakness 1: She had too much data.

약점 2: 슬라이드가 복잡합니다.

Weakness 2: She used complicated slides.

약점 3: 말할 내용을 잊어버립니다.

Weakness 3: She sometimes forgot what she wanted to say.

해결책 1: 청중이 받아들일 수 있는 정도의 정보만 제공하세요.

Solution 1: Reduce the data to what the audience can reasonably process.

해결책 2: 슬라이드를 단순화시키세요.

Solution 2: Simplify your slides.

해결책 3: 연습, 연습, 연습하세요!

Solution 3: Practice! Practice! Practice!

여러분도 4명의 발표자처럼 프레젠테이션에서 사소한 실수를 반복하고 있습니까? 실수해도 괜찮습니다. 우리 모두 실수를 합니다. 하지만 작은 실수를 제거하면 프레젠테이션 기술의 엄청난 향상을 기대할 수 있습니다.

이제 다음 질문을 할 차례입니다. 4명의 발표자들은 왜 사소한 실수를 하는 걸까요?
Now the question becomes: Why did the four presenters make the simple mistakes listed above?

3가지 이유가 있습니다.

(1) 스스로 잘못하고 있다는 사실을 전혀 인식하지 못합니다.
(2) 발표할 때 현명한 쪽을 선택하지 못합니다.
(3) 자신의 약점에 대비해서 충분히 연습하지 않았습니다.

앞서 소개된 실수들은 '자기 인식'과 '연습'만으로도 충분히 극복되고 제거할 수 있는 간단한 것들입니다. 프레젠테이션에서 가장 중요한 것은 긍정적인 결과를 얻는 것입니다. 하지만 이런 사소한 실수가 여러 번 반복되면 발표자는 긍정적인 결과를 얻지 못합니다. 부정적인 결과를 불러오는 프레젠테이션은 대부분 사소한 실수들이 결합해 발생한다는 사실을 다시 한 번 상기하십시오.

"사소한 실수를 제거할 때 엄청난 향상의 결과를 맛볼 수 있다."
"Eliminating your simple mistakes will lead to massive improvements."

1 당신이 가진 프레젠테이션의 강점과 약점은 무엇인가?

What are your English presentation strengths and weaknesses?

여러분의 잉글리시 프레젠테이션 강점과 약점을 진단해볼 차례입니다. 제시된 15개의 질문을 읽고 질문에 '네' 또는 '아니오'로 답하면 됩니다. 이 질문은 프레젠테이션을 하는 동안 여러분이 미처 생각하지 못했던 발표자의 관점을 이끌어낼 것입니다. 또한 질문에 답변하면서 잉글리시 프레젠테이션 기술에 대한 여러분의 인식을 높여줄 것입니다.

프레젠테이션 강점과 약점 진단

1	자신감 Confidence	영어로 발표할 때 대부분 긍정적인 감정을 느끼는가? Do you mostly feel positive emotions when you present in English?	네 □ 아니오 □
2	프레젠테이션 기술 Presentation skills	영어로 발표하는 것이 능숙한가? Are you good at presenting in English?	네 □ 아니오 □
3	발표에 대한 열정 Passion for presenting	영어로 발표할 기회를 줬을 때 대부분 승낙하는가? Would you accept almost any opportunity to give an English presentation?	네 □ 아니오 □
4	영어 기술 English skills	영어를 능숙하게 구사하는가? Can you speak English well?	네 □ 아니오 □

5	청중 분석 Audience analysis	청중이 바라고 열망하는 것을 잘 분석하고 이해할 수 있는가? Do you know how to research and understand what your audiences need, want, and desire?	네 ☐ 아니오 ☐
6	원고 작성 Script writing	효과적인 영어 원고 작성법을 알고 있는가? Do you know how to write an effective English script?	네 ☐ 아니오 ☐
7	설득 Persuasion	청중이 즉각 행동으로 옮기도록 설득할 수 있는가? Can you convince people to act?	네 ☐ 아니오 ☐
8	스토리텔링 Storytelling	발표할 때 청중에게 생생하고 설득력 있게 메시지를 전달할 수 있는 이야기를 활용하는가? Do you ever tell stories when you present?	네 ☐ 아니오 ☐
9	유머 감각 Using humor	청중을 웃게 할 수 있는가? Can you make people laugh?	네 ☐ 아니오 ☐
10	다양한 목소리 Vocal variety	발표할 때 여러 목소리 톤으로 변화를 시도하는가? Do you use a lot of vocal variety when you present?	네 ☐ 아니오 ☐
11	몸짓 Body language	발표할 때 손동작을 편안하게 쓰는가? Do you feel comfortable using hand gestures?	네 ☐ 아니오 ☐
12	눈 맞춤 Eye contact	발표할 때 청중과 시선을 편안하게 마주치는가? Do you feel comfortable making eye contact when you present?	네 ☐ 아니오 ☐
13	청중 참여 Audience involvement	발표할 때 부담 없이 청중과 아이디어나 답변을 나누는가? Do you feel comfortable letting audience members share their ideas and answers?	네 ☐ 아니오 ☐
14	시각 자료 디자인 Visual aid design	효과적으로 프레젠테이션 슬라이드를 만드는 방법을 아는가? Do you know how to make effective presentation slides?	네 ☐ 아니오 ☐
15	소품 사용 Using props	발표할 때 소품을 사용해본 적이 있는가? Do you ever use props when you present?	네 ☐ 아니오 ☐

주요 질문에 '아니오'로 답했다면 여러분 스스로 바뀌어야 할 때가 되었음을 뜻합니다. 대부분 질문에 '네'라고 답했다면 여러분은 성공적 프레젠테이션을 위해 올바른 방향으로 잘 나아가고 있는 겁니다. 하지만 더 잘해낼 수 있습니다. 이제 준비 연습을 마쳤으니 잉글리시 프레젠테이션 기술에 관해 좀 더 깊이 있게 생각해보고자 합니다.

15개의 프레젠테이션 기술에 관한 내용을 소개합니다. 각각의 기술에서 여러분이 생각하는 자신의 강점과 약점을 가장 잘 표현한 칸에 표시해보고 빈칸에 이들의 총합을 내보십시오.

당신의 강점과 약점은 무엇인가?

		매우 약함	약함	강함	매우 강함
1	자신감	☐	☐	☐	☐
2	프레젠테이션 기술	☐	☐	☐	☐
3	발표에 대한 열정	☐	☐	☐	☐
4	영어 기술	☐	☐	☐	☐
5	청중 분석	☐	☐	☐	☐
6	원고 작성	☐	☐	☐	☐
7	설득	☐	☐	☐	☐
8	스토리텔링	☐	☐	☐	☐
9	유머 감각	☐	☐	☐	☐
10	다양한 목소리	☐	☐	☐	☐

11	몸짓	☐	☐	☐	☐
12	눈 맞춤	☐	☐	☐	☐
13	청중 참여	☐	☐	☐	☐
14	시각 자료 디자인	☐	☐	☐	☐
15	소품 사용	☐	☐	☐	☐
Total					

아래 칸 중 어느 곳이 가장 높은 점수가 나왔나요?

☐ **매우 약함** (Very Weak) ☐ **약함** (Weak) ☐ **강함** (Strong) ☐ **매우 강함** (Very Strong)

둘 중 어느 칸에 표시해야 할지 정확한 판단이 서지 않는 경우, 여러분의 발표 능력에 가장 가깝다고 생각되는 답변을 고르십시오.

결과가 '매우 강함'에 해당하면 여러분은 긍정적인 프레젠테이션 결과를 얻을 발표자입니다. 반면 점수가 '매우 약함'이라면 여러분의 프레젠테이션 결과가 부정적으로 나올 확률이 매우 높습니다. 여러분이 원하는 프레젠테이션 결과는 어떤 쪽인가요? '열망하는 결과를 얻기 위해서는 프레젠테이션 기술 향상이 꼭 필요하다'는 결심이 듭니까?

프레젠테이션 기술에 대한 분석

매우 강함	**긍정적인 발표자 (Positive presenter)**
강함	**높은 수준의 기술 (High-level skills)**
약함	**부정적인 발표자 (Negative presenter)**
매우 약함	**낮은 수준의 기술 (Low-level skills)**

많은 전문직 종사자들이 스스로 평가를 매겨 자신의 강점과 약점에 매우 낮은 점수를 주었습니다. 훈련 과정 초기의 프레젠테이션 수강생들은 낮은 수준의 프레젠테이션 기술을 가지고 있었습니다.

여러분이 알아야 할 진실은 무엇입니까?
Why is that true?

한국은 주로 기관에서 일하는 소수 전문가에게 영어로 발표할 기회가 주어집니다. 더군다나 발표의 기회가 있는 사람들조차 남들 앞에서 영어로 발표한다는 것이 너무나 두려워 거절하는 경우가 다반사입니다. 이들은 청중 앞에서 웃음거리가 될 것을 걱정합니다. 여러분은 어떻습니까? 여러분은 한 달에 몇 회 정도 영어로 프레젠테이션을 합니까? 1년에 몇 회 정도 발표의 기회가 있습니까? 여러분이 실제 한 번도 영어로 발표해본 적이 없다고 해도 그다지 놀랍지 않습니다. 여러분이 영어로 프레젠테이션을 진행하는 경우가 전혀 없거나 드물면, 앞으로 개선해야 할 프레젠테이션 기술이 많이 있다는 것입니다.

프레젠테이션 강점과 약점이 약한 것이 문제가 됩니까?
Is it a problem to be weak or very weak?

여러분의 점수가 '매우 약함'에 해당된다면 프레젠테이션을 통해 효과적으로 청중을 도와줄 수 없습니다. 또한 경쟁적인 발표 상황에서 여러분의 잉글리시 프레젠테이션 기술은 '약함'이지만 상대방의 기술이 '매우 강함'이라면 경쟁자를 이기기 버거울 것입니다. 하지만 세상에는 능숙하지 않은 발표자만이 있을 뿐입니다. 경쟁자의 능력을 뛰어넘는 데 시간과 노력은 생각보다 그다지 오래 걸리지 않습니다.

2

당신의 프레젠테이션은 어떤 스타일인가?

What is your English presentation style?

몇몇 사람들은 자신감과 기술을 뽐내며 발표합니다. 그들은 유머러스하고 이야기를 흥미롭게 전달하는 법을 알고 있으며 설득력 또한 매우 높습니다. 반면 또 다른 사람들은 듣고만 있어도 무시무시한 이야기를 끊임없이 꺼내놓지만 전혀 설득력이 없습니다

여러분은 표 A와 B에 있는 10쌍의 단어를 만나볼 수 있습니다. 현재 자신의 영어 발표 방식을 떠올려보고 자신의 프레젠테이션 형식을 가장 잘 묘사한 단어를 찾아 골라보십시오. (반드시 정직하게 답변하십시오. 여러분 자신을 속일 수는 있어도 청중은 절대 속일 수 없습니다.) 모든 질문에 답한 후 각 점수를 더해 표 아래 빈칸에 적으십시오.

여러분의 답을 생각해볼 시간입니다
Think about your answers

당신의 프레젠테이션을 묘사한 단어에 동그라미 하세요.

	Column A	Column B
1	초조한	자신감 넘치는
2	힘이 빠져 있는	에너지 넘치는
3	재미없는	재미있는
4	일방적	양방향
5	자기중심적	청중 중심적
6	폐쇄적인 몸짓	개방적인 몸짓
7	열정이 없는	열정적인
8	두려운	두려움이 없는
9	비전문적인	전문적인
10	지루한	흥미로운
Total		

잉글리시 프레젠테이션 형식

1	표 A와 B 중 어느 쪽 점수가 더 높게 나왔는가? Do you have a higher score in column A or column B?	A □ B □
2	현재 자신의 프레젠테이션 형식이 효과적이라고 생각하는가? Do you think your current presentation style is effective?	네 □ 아니오 □
3	자신이 가진 약점을 파악했는가? Did you identify any weaknesses?	네 □ 아니오 □
4	자신이 가진 강점을 파악했는가? Did you identify any strengths?	네 □ 아니오 □

5	현재 자신의 프레젠테이션 형식에 만족하는가? Are you satisfied with your current presentation style?	네 □ 아니오 □
6	자신의 프레젠테이션 형식을 바꿀 필요가 있다고 생각하는가? Do you need to change your presentation style?	네 □ 아니오 □
7	자신의 프레젠테이션 형식에 변화를 주고 싶은가? Do you want to change your presentation style?	네 □ 아니오 □
8	변화를 준다면 더 나은 프레젠테이션 결과를 이끌어낼 수 있는가? Will you get better presentation results if you change?	네 □ 아니오 □

표 B에서 더 높은 점수를 받을수록 긍정적인 발표자입니다. 표 B에서 9~10점 사이의 점수를 획득했다면 숙련된 발표자일 것입니다. 청중은 발표자의 이야기를 들으며 즐거워하고 전달하고자 하는 메시지에 관심을 보입니다. 청중은 대체로 발표자가 제시한 해결책이 문제를 해결하는 데 도움이 될 것이라고 믿습니다. 발표자 또한 청중과 함께 정보와 아이디어, 해결책을 공유하는 것을 즐깁니다. 여러분의 발표는 결국 긍정적인 결과를 만들어낼 것입니다. 반면 표 B에서 낮은 점수를 받았다면 프레젠테이션에서 긍정적인 결과를 기대하기 어렵습니다. 왜냐하면 청중이 발표자와 발표 내용에 관해 매우 부정적인 생각을 하고 있기 때문입니다.

당신은 청중이 선호하는 것을 하고 있는가?

9–10	경탄할 만함
7–8	굉장히 잘함
5–6	잘함
3–4	노력하는 중
1–2	도움이 필요함
0	도움이 절실히 필요함

참가자 대부분은 0~4의 점수를 받았습니다. 만일 여러분의 점수가 이들과 비슷해도 낙담하지 마세요. 여러분만 그 점수를 받은 것이 아닙니다. 오히려 낮은 점수는 발표에 절실한 도움이 필요하다는 것을 알려줍니다. 기억하십시오! 사소한 실수를 없애면 엄청나게 향상할 수 있습니다. 조금만 힘내고 버티면 반드시 좋은 결과가 찾아올 것입니다.

한 여성 참가자가 어떻게 자신의 프레젠테이션 형식을 바꾸었고 얼마나 효과적으로 프레젠테이션을 향상했는지 다음의 예시를 살펴보겠습니다.

변신 과정 1: 고통을 즐거움으로
Transformation story 1: From pain to pleasure

배OO
SM Bae (25, Logistics Team)

한국 굴지의 전자 회사에서 일하는 배OO는 회사 CEO에게 영어로 발표할 기회를 잡았습니다. 그녀는 매우 초조했고 발표에 대한 확신조차 없었습니다. 심장이 튀어나올 것처럼 미친 듯이 뛰었고 몸이 덜덜 떨렸습니다. 목소리는 말할 때마다 갈라져 나왔습니다. 준비한 대본도 있었지만 심한 압박감에 전달할 내용이 기억나지 않았습니다. 머릿속은 깜깜했고 프레젠테이션 내내 불안해했습니다. 스스로 한심하고 부끄러웠습니다. 회사 대표에게 긍정적인 인상을 줄 수 있었던 이 소중한 기회는 결국 다시는 생각조차 하고 싶지 않은 끔찍한 경험으로 남고 말았습니다.

배OO는 과거에 ☐ 긍정적인 발표자, ☐ 부정적인 발표자였다.

SM Bae was a ☐ Positive presenter ☐ Negative presenter

그 후 그녀는 부끄러운 상황을 다시는 맞닥뜨리지 않겠다는 굳은 결심과 반드시 잉글리시 프레젠테이션 기술을 키우겠다는 목표를 세웠습니다. 무수한 연습을 통해 갈고닦아 탈바꿈했습니다. 발표자로서 배OO는 자신감, 품위, 침착함을 갖췄으며 발표도 더는 고통이 아닌 즐거움으로 다가왔습니다.

배OO는 현재 □ 긍정적인 발표자, □ 부정적인 발표자로 바뀌었다.
SM Bae became a □ Positive presenter □ Negative presenter

질문 Questions

(1) 여러분도 영어로 발표하는 동안 당혹감을 느낀 적이 있습니까?
(2) 오늘 영어로 발표할 기회가 생긴다면 바로 발표할 준비가 되어 있습니까?

핵심 교훈 Key lessons

(1) 기회가 찾아왔을 때, 준비되어 있다면 절대 실패하지 않는다.
(2) 여러분이 근무하는 회사 상사나 회사가 프레젠테이션 기술 향상을 책임지지 않는다.
(3) 결심과 연습만으로도 훨씬 발전된 모습의 발표자로 바뀔 수 있다.

3

청중은 어떤 프레젠테이션을 선호하는가?

What presentation style do audiences usually prefer?

청중이 긍정적인 콘텐츠와 긍정적인 전달 기술을 보여주는 긍정적인 발표자를 더 선호하는 것은 명백합니다. 그 어떤 누구도 부정적인 콘텐츠와 부정적인 전달 기술을 사용하는 부정적인 발표자의 이야기를 듣고 싶어 하지 않습니다. 그러므로 그 누구도 부정적인 프레젠테이션을 해서는 안 됩니다. 하지만 프레젠테이션 결과는 여러분의 의도와는 상관없이 나옵니다.

다음의 표 A는 이상적이고 긍정적인 발표자를 묘사하고, 표 B는 전형적이고 부정적인 발표자를 묘사하고 있습니다. 여러분이 어떤 발표자에 해당하는지 생각해볼 수 있도록 2 종류의 발표자를 자세히 살펴보겠습니다. 표 A와 B를 비교하고 나서 현재 자신의 프레젠테이션 스타일을 가장 잘 반영하는 칸에 표시하십시오.

긍정적인 발표자 A와 부정적인 발표자 B

	긍정적인 발표자 A Positive presenter A	부정적인 발표자 B Negative presenter B
1	자신감 넘치는 Confident 발표자가 자신을 믿고 발표 내용에 확신할 때 청중은 발표자와 메시지를 신뢰합니다. 자신감 넘치는 발표자에게 청중은 호감을 느끼고 존중하며 신뢰합니다. 자신감 넘치는 발표자에게 청중은 매력을 느끼며 자신도 발표자처럼 되고자 하는 열망을 가집니다. 이처럼 자신감 넘치는 발표자는 청중을 고무시키는 능력이 있습니다.	초조한 Nervous 발표하는 동안 초조하다면 여러분은 자신을 믿고 있지 않다는 것입니다. 발표자가 자신과 발표 내용에 대한 믿음이 없다면 청중도 발표자와 전달받는 내용을 신뢰할 수 없습니다. 부정적인 발표자는 신뢰성이 떨어집니다. 여러분이 이기는 프레젠테이션을 원한다면 청중으로부터 가능한 최대한의 믿음을 얻어야 합니다.
2	에너지 넘치는 Energetic 여러분이 에너지 넘치는 발표자일 때 긍정적인 에너지가 청중에게 전달됩니다. 긍정적인 에너지를 전달받은 청중은 실천할 확률이 더욱 높아집니다. 여러분이 바라는 목표를 성취하고자 한다면 반드시 청중의 마음을 움직여야 합니다.	힘이 빠져 있는 Low energy 말할 때 힘이 없거나 에너지가 느껴지지 않으면 청중도 고스란히 느낍니다. 청중을 행동하게 하려면 발표자는 청중에게 영향을 줄 수 있을 만큼의 엄청난 에너지가 필요합니다. 여러분에게 긍정적인 에너지가 없다면 청중에게 끼칠 수 있는 긍정적인 영향 또한 멀어집니다. 긍정적인 영향력이 없다면 승리를 기대하기 어렵습니다.
3	재미있는 Fun 건강한 성인 남녀라면 재미있는 것을 좋아합니다. 스트레스로 가득 찬 세상에 살면서 유머는 우리에게 많은 이점을 줍니다. 주로 진지한 주제를 다루지만 그렇다고 해서 프레젠테이션이 지루할 이유는 없습니다.	재미없는 Not fun 대부분의 프레젠테이션은 재미가 없습니다. 많은 프레젠테이션은 청중의 시간을 무용하게 합니다. 이런 발표는 지루할 뿐 아니라 청중에게 고통을 주기까지 합니다. 최근 들어 청중들은 끔찍한 프레젠테이션에 괴로워하고 있습니다.
4	양방향 Two-way 양방향 프레젠테이션은 청중의 참여를 유도합니다. 발표자는 청중과 함께 의견과 지식, 경험을 공유합니다. 발표자는 청중을 소중히 생각하며 존중합니다. 발표자는 청중이 현명하고 발표자에게 좋은 영향을 끼친다는 사실을 알고 있습니다.	일방적 One-way 일방적 발표는 청중에게 프레젠테이션 참여 기회를 주지 않습니다. 청중과 자신의 의견과 지식, 경험을 나누지 않는 것입니다. 발표자들은 본인이 이미 모든 답을 알고 있다고 생각해, 지나치게 거만해 보이기도 합니다.

5	청중 중심적 Audience focused 경험이 풍부한 발표자는 청중의 욕구, 바람, 열망을 채우는 데 집중합니다. 청중의 더 나은 삶을 위해 자신의 모든 에너지를 쏟아붓는다면 긍정적인 결과를 얻을 수 있습니다. 또한 여러분이 청중을 도와주는 데 집중한다면 스스로 자신감이 생겨납니다. 왜냐하면 자신만을 위하는 것이 아니고 이타적으로 누군가를 도와준다는 생각에 보람을 느끼고 청중에게서 긍정적인 피드백을 얻게 되기 때문입니다.	자기중심적 Self-centered 경험이 부족한 발표자는 자기중심적입니다. 여러분이 자기중심적인 발표자라면 그 공간에서 자신이 가장 중요한 사람이라고 여깁니다. 하지만 발표자는 청중을 위해 그 자리에 서 있습니다. 자기중심적 발표자는 프레젠테이션 동안 'I' 그리고 'my'라는 단어를 지나치게 많이 씁니다. 이 부분에 관한 이야기는 **Step 3**에서 자세히 다루겠습니다. 이기적인 발표자에 관한 2가지 예시를 들겠습니다. 오늘 저는 ~에 관해 이야기하고 싶습니다. 제 프레젠테이션에 와주셔서 진심으로 감사합니다.
6	개방적인 몸짓 Open body language 개방적인 보디랭귀지는 여러분이 편안하고 우호적이며 친해지기 쉬운 사람이라는 신호를 전달합니다. 게다가 개방적인 보디랭귀지를 쓰면 자연스러운 손짓도 사용할 수 있어서 발표 내용이 더욱 흥미롭고 매력적일 뿐 아니라 신뢰감도 커질 수 있습니다.	폐쇄적인 몸짓 Closed body language 양팔로 몸을 감싸며 팔짱을 끼고 있거나 앞에 놓여 있는 의자나 테이블에 몸을 기대며 꽉 잡고 있는 행동은 발표자가 지금 불편하고 청중과 분리되어 있음을 암시합니다. 이런 폐쇄적인 몸짓은 발표하는 동안 편안하고 효과적인 몸짓까지도 방해합니다.
7	열정적인 Passionate 발표자의 열정은 주제에 관한 발표자의 관심도와 신뢰도를 보여줍니다. 이런 열정적인 발표자는 자신이 전달하는 내용에 관해 확고한 믿음이 있고 타인의 삶을 더 낫게 만드는 데 도움을 준다는 확신이 있습니다.	열정이 없는 Passionless 발표자가 주제에 관해 열정을 갖고 있지 않다면 청중 또한 발표에 열정을 느끼지 못할 것입니다. 열정 없는 발표자는 청중을 자극해 그들이 행동으로 옮기게끔 변화를 이끌어올 수 없습니다.
8	두려움이 없는 Fearless 두려움이 없는 발표자라면 당신은 이기적인 사람도 아니고 소심한 사람은 더더욱 아님을 뜻합니다. 이런 발표자는 타인이 자신을 어떻게 생각하는지 걱정하면서 시간을 보내지 않습니다. 이들은 타인에게 더 나은 삶을 제공하기 위해 물심양면으로 노력하기 때문에 두려움을 느낄 시간이나 이유도 찾을 수 없습니다. 여러분은 타인에게 영감을 주는 사람이며 여러분의 대담함은 타인에게도 전파됩니다.	두려운 Fearful 두려움을 느끼는 발표자는 이기적이고 소심한 발표자입니다. 발표자가 자신만을 생각하거나 타인이 자신을 어떻게 생각할지를 걱정하므로 두려움을 느낍니다. 이런 생각은 매우 이기적입니다. 자신에 관한 생각을 멈추십시오. 스스로에 대한 두려운 마음이 커지면 자존감도 낮아지며 상황은 더욱 나빠집니다. 떨쳐버려야 합니다. 여러분은 훌륭하게 발표할 수 있는, 가치 있는 사람이라는 확신을 가지십시오.

9	전문적인 Professional 효과적인 프레젠테이션 기술은 여러분이 전문 발표자이자 성숙한 성인이라는 것을 청중에게 드러냅니다. 전문가처럼 발표한다면 청중은 여러분을 믿고 여러분의 관점을 존중할 것입니다. 발표자의 전문성은 청중에게 안정감을 줍니다.	비전문적인 Amateur 효과적인 프레젠테이션 기술이 없다면 여러분은 전문 발표자가 아닙니다. 발표자가 비전문가라면 타인에게 자신감을 북돋아줄 수 없습니다. 자신감 없는 발표로 발표 내용은 무시당할 수밖에 없습니다.
10	흥미로운 Interesting 청중과 연결될 수 있는 첫 단계는 청중의 관심을 사로잡는 것입니다. 여러분이 흥미로운 내용을 전달하는 발표자라면 청중은 당신의 말에 귀를 기울일 것입니다. 청중이 발표자의 메시지에 귀 기울이면 승리할 확률이 높아집니다.	지루한 Boring 만일 당신이 지루한 발표자라면 청중들은 여러분의 말을 무시할 것입니다. 청중이 프레젠테이션에 무관심하면 논리적으로나 감정적으로 소통되지 않으므로 발표자는 결코 승리할 수 없습니다. 지루한 발표자는 청중의 시간을 낭비하는 사람입니다. 일어나서는 안 되는 일입니다.

4

당신의 프레젠테이션에서 개선하고자 하는 목표는 무엇인가?

What are your presentation improvement goals?

여러분은 자신의 프레젠테이션 강점과 약점을 자세히 파악했습니다. 이제는 프레젠테이션에서 자신이 가장 자신 있는 부분은 무엇이고 앞으로 더욱 향상되어야 할 부분은 무엇인지 깊이 생각해봐야 합니다. 이를 위해 발표자로서 자신의 모습은 어떤지, 학습 내용을 생각하며 다음 질문에 답하십시오. 제시한 10개의 질문이 프레젠테이션의 모든 면을 다루지는 못합니다. 하지만 여러분의 능력을 파악하고 이해해, 개선점을 찾는 데 유용한 도구가 될 것입니다.

발표자로서 향상되어야 할 부분에 대한 질문

	개선을 위해 무엇이 필요합니까? What do you need to improve?	
1	자신감을 높일 필요가 있다. I need to increase my self-confidence.	네 □ 아니오 □ 잘 모르겠습니다 □

2	더욱 활기차게 발표할 필요가 있다. I need to be a more energetic presenter.	네 □ 아니오 □ 잘 모르겠습니다 □
3	발표를 더욱 재미있게 진행할 필요가 있다. I need to make my presentations more fun.	네 □ 아니오 □ 잘 모르겠습니다 □
4	청중의 참여를 더 유도할 필요가 있다. I need to include more audience involvement.	네 □ 아니오 □ 잘 모르겠습니다 □
5	청중 중심적인 메시지를 사용할 필요가 있다. I need to use an audience-focused message.	네 □ 아니오 □ 잘 모르겠습니다 □
6	개방적인 몸짓을 더 많이 사용할 필요가 있다. I need to use open body language more.	네 □ 아니오 □ 잘 모르겠습니다 □
7	발표할 때 더욱 열정적인 모습을 보여 줄 필요가 있다. I need to be more passionate when presenting.	네 □ 아니오 □ 잘 모르겠습니다 □
8	타인이 '나'에 관해 어떻게 생각할지 걱정하는 것을 멈출 필요가 있다. I need to stop worrying about what others think about me.	네 □ 아니오 □ 잘 모르겠습니다 □
9	나의 전문성을 키울 필요가 있다. I need to increase my professionalism.	네 □ 아니오 □ 잘 모르겠습니다 □
10	좀 더 흥미로운 콘텐츠와 전달 기술을 개발할 필요가 있다. I need to create more interest with my content and delivery skills.	네 □ 아니오 □ 잘 모르겠습니다 □

더 나은 발표자가 되는 데 필요한 3가지는 무엇인가?

What three things would make you a better presenter?

첫번째로 개선할 사항이 무엇이라고 생각하는가? 그 이유는?

What is the first thing you need to improve? Why?

두번째로 개선할 사항이 무엇이라고 생각하는가? 그 이유는?

What is the second thing you need to improve? Why?

세번째로 개선할 사항이 무엇이라고 생각하는가? 그 이유는?

What is the third thing you need to improve? Why?

향상을 위해 얼마나 오래 시간이 걸립니까?
How long will it take for you to improve?

프레젠테이션 훈련 기간에 30세의 케빈(영업 전문가)이 물었습니다. "잉글리시 프레젠테이션 슈퍼히어로가 되려면 시간이 얼마나 걸리나요?" 저는 그 질문에 대해 잠시 고민하고 나서 이렇게 말했습니다.

"케빈, 이 과정은 몸매가 엉망이 되었을 때 멋진 몸을 가지려고 노력하는 변화 과정과 비슷합니다. 정기적으로 건강 센터를 가서 활기차게 운동하고 영양가 풍부한 음식을 먹고 물을 많이 마시면 되는 거예요. 휴식을 취하면서 시간이 흐르면 자신의 모습이 점차 향상되고 있는 것을 발견할 수 있습니다. 잉글리시 프레젠테이션 슈퍼히어로도 상당한 시간과 노력을 들여야 합니다. 발표자가 지속해서 연습하고 피드백을 받으며 프레젠테이션 기술을 향상하려고 애쓴다면 시간을 단축시킬 수 있습니다. 발표자로서 목표를 꼭 설정하고 나서 이를 의도적으로 상기해야 합니다. 프레젠테이션 기술이 우연히 좋아지는 경우는 없습니다. 기회가 있다면 모든 프레젠테이션을 스스로에 대한 성장, 발전의 기회로 생각하고 접근해야 합니다. 매 순간 전력을 기울여야만 합니다."

당신에게 주어진 모든 프레젠테이션을 꼼꼼히 되돌아보십시오. 예를 들어 잘했던 것이 무엇이고 앞으로 더 개선해야 할 점이 무엇인지 끊임없이 물어봐야 합니다. 자신이 잘하는 것은 계속 활용해나가고 도움이 안 되는 부분은 긍정적인 결과를 얻을 수 있도록 노력해야 합니다. 이를 위해 부끄러워하지 말고 타인에게 당신의 프레젠테이션 기술을 어떻게 생각하는지 직접 물어보십시오.

자신감이 강해지고 새로운 것을 시도하는 도전 정신이 더욱 강해지면 상상도 못 했던 많은 일을 할 수 있습니다. 물론 발표자로서 당신이 어느 시작점에 서 있는지도 잉글리시 프레젠테이션 슈퍼히어로가 되는 데 영향을 끼칩니다.

프레젠테이션 훈련 과정 동안 참가자들은 하루 만에도 엄청난 발전을 보여주었습니다. 예를 들어 발표자가 오전에 발표하고 동료에게 피드백을 받고 나서 자신의 프레젠테이션을 수정할 수 있는 시간을 갖습니다.

오후가 되어 발표자가 수정된 내용으로 두 번째 발표를 할 때 모든 참가자는 새롭고 발전된 내용의 프레젠테이션을 마주하게 됩니다. 한 가지 분명한 사실은 여러분이 연습하면 프레젠테이션 기술은 반드시 향상되고, 연습하지 않으면 아무 일도 일어나지 않는다는 것입니다.

김ΔΔ
GS Kim, (33, Display researcher)

여러분이 동료 앞에서 영어로 발표해야 한다면 상당한 스트레스를 받을 수 있습니다. 하물며 콘퍼런스를 위해 국제 청중을 앞에 두고 영어로 발표해야 한다면 발표자가 느끼는 스트레스 지수는 대기권을 뚫고도 남을 것입니다. 이런 종류의 엄청난 압박감을 이겨내기 위한 유일한 방법은 철저한 준비와 엄청난 연습뿐입니다.

몇 년 전 샌프란시스코 산업 콘퍼런스에서 연구 결과를 발표해야 하는 연구자들을 지도한 적이 있습니다. 발표 날까지 주어진 시간은 정확히 2일이었습니다. 첫날, 발표자들은 프레젠테이션 슬라이드와 대본을 준비해 연습 프레젠테이션을 시작했습니다. 발표자들의 내용이 모두 괜찮았던 것은 아닙니다.

특히 김ΔΔ은 도움이 절실해 보였습니다. 그는 잉글리시 프레젠테이션을 위해 샌프란시스코에 가는 것에 매우 들떠있었습니다. 하지만 열정과는 대조적으로 연습 프레젠테이션에서는 반드시 개선해야 할 점이 눈에 띄었습니다.

(1) 프레젠테이션에 명확한 목표가 없다.

He did not have a clear presentation objective.

(2) 콘텐츠가 무질서하고 복잡하다.

His content was disorganized and complicated.

(3) 단조로운 목소리로 이야기하고 발음에 문제가 있다.

He spoke with a monotone voice, and he had pronunciation problems.

우리는 이 문제를 해결하려고 애썼습니다. 우선 김ΔΔ는 명확한 목표를 다시 설정했고 목표를 성취할 수 있도록 핵심 몇 개를 정했습니다. 이후 우리는 콘텐츠 내용을 체계화했으며 될 수 있으면 간소하게 내용을 구성했습니다. 이렇게 2가지 문제점은 해결되었습니다.
다음으로 목소리 개선을 위해 발표하는 동안 다양한 목소리를 내도록 발성 연습을 했습니다. 빠르고 느리게 말하며 발표 속도를 조절했고 적절한 순간에 발표를 잠시 중단하는 방법도 익혔습니다. 특정 단어를 강조하는 방법과 크고 부드럽게 목소리 크기를 바꾸는 방법도 일러주었습니다. 발음이 어려워 자주 실수하는 영어 단어와 표현들은 같은 의미를 가지고 발음하기 쉬운 대체어로 바꾸었습니다.
이틀간 콘텐츠와 전달 기술을 바꾸었을 뿐인데 엄청난 변화가 일어났습니다. 그 후 샌프란시스코에 도착한 김ΔΔ는 청중을 즐겁게 하며 매우 유익한 프레젠테이션을 선보였습니다. 발표자는 완벽하게 준비되어 있었고 발표 내용에 관해 확신도 있었으며 추후 그의 자신감 향상에 지대한 영향을 끼쳤습니다.

김ΔΔ는 부정적인 발표자에서 긍정적인 발표자로 변신했습니다.

GS Kim transformed from a negative presenter into a positive presenter.

핵심 교훈 Key lessons

(1) 무엇을 개선해야 할지 인식해야 당신의 프레젠테이션을 발전시킬 수 있다.

(2) 프레젠테이션을 촬영하거나 팀원에게 피드백을 부탁해 들어본다면 개선할 점을 더욱 효과적으로 파악할 수 있다.

(3) 끔찍했던 프레젠테이션도 노력하면 멋진 프레젠테이션으로 변신할 수 있다.

(4) 철저히 준비된 유익한 프레젠테이션만이 발표자와 청중 모두를 만족시킨다.

5

'컴포트 존'이란 무엇이고 극복할 방안은 무엇인가?

What is your comfort zone and how can you get out of it?

'컴포트 존(comfort zone)'이란 여러분에게 심리적으로 익숙한 무언가를 뜻합니다. 여러분은 편안함을 느끼고 주변을 통제하고 있다고 인식합니다. '컴포트 존'에서 여러분의 걱정과 스트레스 지수는 매우 낮습니다. 세계적으로 잘 알려진 존 맥스웰(John Maxwell)은 "컴포트 존에서 발전이란 없다"고 말합니다. 성장하고 싶다면 여러분은 반드시 '컴포트 존'에서 벗어나야 합니다. 다시 말해 성장하려면 자신이 불편하다고 여기는 것들과 마주해야 합니다.

예를 들어 잉글리시 프레젠테이션 슈퍼히어로 과정에 참여할 때 자신의 프레젠테이션 기술을 비디오로 촬영해 발표 과정을 하나씩 분석해야 합니다. 다른 참가자들과 촬영한 비디오를 볼 때 모두가 불편해합니다. 하지만 이런 불편함과 당황스러움도 잠깐뿐입니다. 이를 통해 극복하고 향상된 내용은 여러분에게 평생 남습니다. 녹화 내용을 보면서 스스로 장점과 개선할 점을 찾아보십시오. 자아 인식을 높이면 곧 긍정적인 변화로 이어집니다.

만일 여러분이 불편하다고 촬영을 거부한다면 성장 기회를 놓치게 됩니다. 자신에 관해 계속 무지한 상태로 남아 있는 것을 선택하는 것입니다. 자기 자신에 관해 무지한 사람은 결코 스스로 원하는 모습으로 변할 수 없습니다. 불편함은 위대해지려면 반드시 내야 할 대가입니다.

우리는 왜 자신의 모습을 촬영하는 것에 불편함을 느낄까요? 인간은 모두 실수합니다. 실수할 때 모든 사람은 당혹하고 자신감이 떨어집니다. 스스로 부족한 사람이라고 여기는 것입니다. 핵심을 찌르는 질문을 하나 던지겠습니다.

연습이 완벽을 만든다. 이는 진실입니까 혹은 거짓입니까?
Practice makes perfect, true or false?

정답은 거짓입니다. 우리는 아무리 연습하더라도 인간이므로 여전히 실수할 수 있습니다. 연습은 완벽을 만들지 못합니다. 책 『위대한 나』(세종서적, 2008)의 저자 매튜 켈리(Matthew Kelly)는 "연습이 완벽을 만들지는 못합니다. 연습은 진보일 뿐입니다. 여러분이 올바른 방법으로 올바른 것을 연습할 때에만 연습을 통해 원하는 진전을 이룰 수 있습니다"라고 이야기합니다.

미국의 장관이자 작가인 노먼 빈센트 필(Norman Vincent Peale)은 "당신의 생각을 바꾸면 세상이 바뀐다"고 전합니다. 오늘부터 '연습이 완벽을 만든다'는 믿음을 버리고 '연습은 진전을 만든다'로 생각을 바꾸십시오. 여러분은 연습을 통해 필요한 준비를 할 수 있고 자신감을 향상하는 데 많은 도움이 될 것입니다. 자신감이 향상되면 마음속에 있던 부정적인 생각들도 사라집니다. 여러분의 마음속에 자리하고 있는 부정적인 생각이 사라지면 일의 효율성은 커지기 마련입니다.

'잉글리시 프레젠테이션 슈퍼히어로' 과정에 등록하는 것을 고민하던 두 여성이 있었습니다. 두 사람 모두 흥미는 있지만 한편으로는 초조합니다. 결국 둘 중의 한 명은 신청을 포기하고 말았습니다. 포기한 이유는 다음과 같습니다. "전 아직 준비되지 않았어요. 다음 기회에 등록하겠습니다."

두 여성 모두 같은 회사, 같은 부서에 다니고 있었습니다. 하지만 두 사람 중 한 명은 자기 성장을 위해 기꺼이 '예스(Yes)'라고 답했지만, 나머지 한 명은 '노(No)'를 선택했습니다. '예스'를 선택한 사람은 생각을 행동으로 옮기고 자기계발을 위해 노력하고 있으므로 분명 더 나아진 모습으로 보상받을 것입니다. 반면 '노'를 선택한 동료는 책상에 앉아 매일 똑같은 일을 반복하며 당분간은 변화된 모습을 찾아볼 수 없을 것입니다. 이 책상이 바로 '컴포트 존'입니다.

새로운 프레젠테이션 강좌를 위해 낯선 회의실에 앉아 있는 것보다 업무 책상에 앉아 있는 것이 훨씬 편안하고 안정감 있습니다. 하지만 이런 편안함과 안락함은 그녀 스스로 만들어낸 자기 환상일 뿐입니다. 성장을 멈추고 현재에 머무르려는 상황이 언제까지고 그녀에게 안정적인 상황을 제공할 수는 없기 때문입니다.

현재 자신은 어떤 사람이고 앞으로 원하는 모습은 무엇인지 떠올려봐야 합니다. 여러분이 이 문제를 진지하게 생각하면 현재 자신의 모습과 원하는 미래의 모습 사이에 큰 차이가 있을 것입니다. 사람들은 대부분 스스로 더 나아질 수 있다고 믿고 더 나아진 모습을 열망합니다. 하지만 결정적으로 자신이 원하는 모습으로 바뀌기 위해 생각을 행동으로 옮기지 않습니다. 왜 그럴까요? 사람들은 왜 자신의 생각을 행동으로 옮기지 않을까요? 당신은 왜 생각을 행동으로 실천하지 않습니까?

실천을 방해하는 3가지 주된 이유는 다음과 같습니다. 두려움, 게으름, 자기 믿음 부족 때문입니다. 이 3가지 요소는 최고의 나로 변화하는 것을 가로막는 방해물입니다.

"여러분이 원하는 것을 하려 할 때 두려움이 당신을 막아서나요?"라는 질문에 모든 사람은 '네'라고 답합니다. "여러분은 때때로 게으른가요?" 방 안에 있는 사람들은 대부분 고개를 흔들며 "네, 게으를 때도 있지요"라고 대답합니다. 어떤 참가자는 "저는 항상 게으릅니다"라고 고백한 적도 있습니다. 그 대답을 쑥스러워하며 다른 참가자들과 함께 웃었습니다.

여러분은 다음 그림에서 현재 자신의 모습과 앞으로 바라는 모습 사이의 차이를 확인할 수 있습니다. 최고의 나로 변신하려면 반드시 극복해야 하는 방해물이 바로 둘 사이의 차이입니다. 여러분이 그저 지금의 모습에 만족하고 '컴포트 존'에 남고자 한다면 결코 성장은 일어나지 않습니다. 반드시 행동으로 실천해야 합니다. 스스로 해낼 수 있다고 믿어야 합니다.

당신은 누구이고 앞으로 어떤 사람이 되고 싶은가?

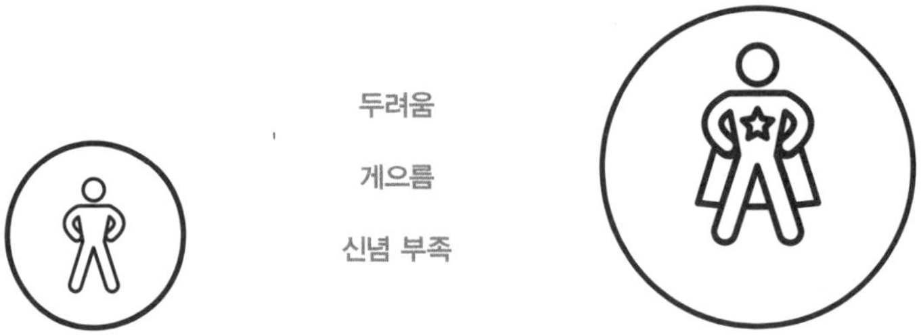

당신은 지금 누구인가? 　　　　당신이 되고 싶은 사람은 누구인가?

무엇이 당신을 막아섭니까?

What is stopping you?

당신을 막아서고 있는 방해물들

1	**두려움** Fear 사람들은 대부분 발표에 대한 두려움을 갖고 있지만 유능하고 자신감 넘치는 발표자가 되려면 반드시 이 두려움을 극복해야 합니다. 영어 발표에 대한 두려움을 극복할 수 있는 최고의 방법은 영어로 직접 발표해보는 것입니다. 무슨 일이 있어도 잉글리시 프레젠테이션 슈퍼히어로가 되겠다고 지금 이 자리에서 결심하십시오. 오늘 당신을 가로막고 있는 모든 방해물을 극복하기 위해 생각을 실천으로 바로 옮기겠다고 다짐하십시오. 두려움이 여러분을 방해합니까? 무슨 일이 일어나는 것이 두렵습니까?
2	**게으름** Laziness 휴식을 취하는 것과 게으름은 엄연히 다릅니다. 열심히 일하고 당신이 목표한 바를 달성했다면 휴식과 안정을 취하는 것은 가치 있습니다. 게으름은 아무것도 성취한 것이 없는데도 아무 생각 없이 쉬는 것을 말합니다. 여러분이 오랫동안 게을렀던 것을 인정하십시오. 게으름은 결코 여러분에게 도움이 되지 않습니다. 오히려 여러분에게 해를 끼칠 수 있습니다. 게으름이 자리 잡으면 개인의 성장을 방해하기 때문입니다. 발표자로서 성공하려면 여러분은 의도적으로 노력해야 합니다. 자신이 얼마나 멋지고 훌륭한 사람이 되려는지 그 열망을 행동으로 옮기겠다고 단호히 결심하십시오. 행동으로 실천하는 것만이 여러분의 생각을 현실로 바꿔줄 것입니다. 혹시 지금 최고의 나로 변신하는 데 게으름이 방해하고 있진 않습니까?

3	**신념 부족** Self-limiting beliefs 여러분에 관한 사실 한 가지는 자신이 과연 무엇을 할 수 있을지, 어떤 사람이 될 수 있는지, 무엇을 가질 수 있는지 제대로 인식하지 못하고 있다는 점입니다. 하지만 여러분은 자신이 정해놓은 한계를 깨뜨리고 이를 상향 조정할 수 있습니다. 예를 들어 어떤 이는 20명 앞에서 발표할 때 편안함을 느끼고, 또 다른 사람은 2만 명 앞에서 발표해도 편할 수 있습니다. 포드자동차의 창시자 헨리 포드는 다음과 같이 말했습니다. "여러분이 할 수 있다고 생각하면 할 수 있고 할 수 없다고 생각한다면 할 수 없습니다." 여러분은 스스로 성공적인 발표자가 될 것이라고 믿습니까?

이제 Step 1을 읽고 여러분은 성공적으로 슈퍼 파워 비밀의 문 1 '자기 인식 마스터' 단계를 통과했습니다. Step 2로 가기 전, 자기 인식은 단번에 끝나는 일회성 과정이 아니라 자기 성찰, 자기 이해, 자기 극기를 위한 지속적인 과정이라는 사실을 다시 한 번 기억하십시오.

변화하고 싶다면 당신의 두려움, 게으름, 한계를 뛰어넘자

당신은 지금 누구인가? **당신이 되고 싶은 사람은 누구인가?**

Step 1 Unlock Superpower 1! Self-Awareness Master

- 나의 프레젠테이션 강점과 약점을 안다.
  I know my presentation strengths and weaknesses.
  네 □ 아니오 □

- 나의 프레젠테이션 형식을 잘 알고 있다.
  I know my presentation style.
  네 □ 아니오 □

- 나의 프레젠테이션에서 개선할 부분을 적어도 3가지 이상을 알고 있으며 앞으로 이를 개선할 계획도 있다.
  I know at least three things I need to improve and I have a plan to improve them.
  네 □ 아니오 □

- 현재보다 더 나은 발표자가 될 수 있다는 것을 확신한다.
  I know I can be a much better presenter than I am now.
  네 □ 아니오 □

- 나의 프레젠테이션 기술을 높일 수 있는 사람은 오직 '나'뿐이라는 것을 잘 알고 있다.
  I know that I am responsible for developing my skills.
  네 □ 아니오 □

Step 1 Key Learning Points

- 사소한 실수 여러 개가 발표자의 목표 달성을 방해한다.
  It's the combination of simple errors that prevent presenters from achieving their presentation objectives.

- 진정한 프레젠테이션 슈퍼히어로가 되려면 자신의 강점과 약점을 정확하게 파악해야 한다.
  To become a Presentation Superhero, you need to assess your presentation strengths and weaknesses.

- 성공적인 프레젠테이션이 되려면 발표자가 원하는 양식이 아니라 청중이 원하는 긍정적인 프레젠테이션 형식에 맞춰야 한다.
  To be successful your presentation style needs to match what audiences prefer, which is a positive presentation style.

- 연습은 여러분을 완벽하게 만들지는 못한다. 다만 현재의 나를 진보시키며 미래의 성공을 위한 디딤돌이 된다.
  Practice does not make you perfect it helps you make progress and prepares you for success.

- 두려움, 게으름, 신념 부족의 벽을 깨는 것이 프레젠테이션 슈퍼히어로로 나아가는 길이다.
  To become a Presentation Superhero you need to break through any fear, laziness, or self-limiting beliefs you may have.

Step 2
긍정적인 발표자:
자신감 있게 발표하기

Step 2
Positive Presenter:
How to Present with Confidence

슈퍼 파워 비밀의 문 2:
마인드 컨트롤 마스터

성공을 얻기 위한 최고의 준비 과정은
강하고 긍정적인 자아상을 갖는 것이다.
– 조이스 브라더스

A strong, positive self-image is
the best possible preparation for success.
– Joyce Brothers

긍정적인 결과와 부정적인 결과

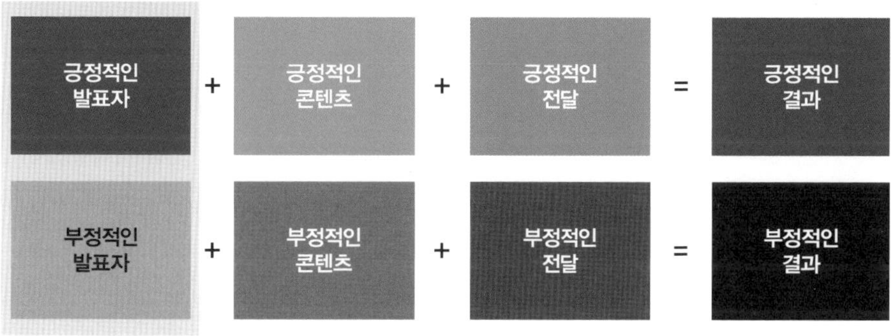

발표자가 말하는 동안 시간 가는 줄 모르고 즐겨본 적이 있나요? 마찬가지로 믿기 어려울 정도로 지루한 발표로 자신의 시간을 낭비했다고 느껴본 적이 있나요? 대부분이 '그렇다'라고 대답할 것입니다. 발표를 잘하는 사람과 그저 그런 사람을 구별하는 일은 매우 간단합니다. 발표자 대부분은 자신이 가지고 있는 가능성을 전부 활용하지 못합니다. 자신이 갖춘 능력의 최대치를 보여주는 발표자가 되고자 한다면 우선 마음을 통제하는 법을 배워야 합니다. 마음을 통제하는 발표자는 대중 연설과 인생에서 성공으로 향하는 마스터키를 얻을 것입니다. Step 2에서 여러분은 생각을 적극 통제할 수 있는 마인드 컨트롤 마스터가 되는 비밀의 문을 열게 됩니다.

> **"머리 밖에서 벌어진 일에 직면할 때 인간의 모든 운명은 머릿속에서 벌어지는 일에 따라 결정된다."**
>
> **– 에릭 번(미국 심리학자)**
>
> **"The destiny of every human being is decided by what goes on inside his skull when confronted by what goes on outside his skull."**
>
> **– Eric Berne, American Psychologist.**

생각을 통제해 여러분의 힘을 키울 방법을 찾아 나설 준비가 되었습니까? 자, 그럼 시작합니다!

1

2가지 유형의 발표자란 무엇인가?

What are the two types of presenters?

발표자는 긍정적이거나 부정적인 발표자 성향으로 나뉩니다. 두 발표자의 근본 차이는 발표 자세, 프레젠테이션 기술 수준, 발표를 향한 의지에 있습니다. 긍정적인 발표자는 밝은 사고방식을 가지고 긍정적인 감정을 경험합니다. 예를 들어 긍정적인 발표자는 발표 시작부터 마무리까지 자신감과 열정, 행복을 느낍니다. 긍정적인 발표자는 긍정적으로 자기 대화에 몰두하고 어떻게 하면 청중을 도울 수 있을지에 주로 집중하기 때문에 긍정적인 감정을 겪습니다.

긍정적인 성향의 발표자

Positive presenters experience positive emotions.

프레젠테이션 이전에 다음의 표현을 참고해 자신과 긍정적인 대화를 나누어야 합니다.

나는 현명하고 준비되어 있으니까 잘할 수 있어.

I'm smart. I'm ready. I can do it.

기분이 정말 끝내주는군.

I feel great.

나는 긍정적인 변화를 가져올 거야.

I am going to make a positive difference.

이 프레젠테이션으로 다른 사람을 도울 기회가 생겨서 기뻐.

I am happy to have this opportunity to help others.

저를 발표자로 선정해주셔서 감사합니다.

I'm thankful they chose me.

청중이 내 발표를 좋아할 거야.

They are going to love what I'm offering them.

나는 꼭 승리할 거야. 그 어떤 것도 방해할 수 없어. 최고의 자격을 갖춘 사람이거든.

I'm going to win! Nothing can stop me. I'm the best.

내가 청중을 돕고자 하는 간절한 마음을 청중도 반드시 느낄 수 있을 거야.

They're going to feel my desire to help them.

발표 기회가 닿는 매 순간, 어렵고 힘든 일에 부딪힐 때마다 긍정적인 자기 대화에 열중하고 긍정적인 행동을 취하십시오. 분명 긍정적인 영향력이 있을 것입니다! 여러분이 인생을 살며 직면했던 가장 큰 도전을 떠올리고 나서 긍정적으로 자기 대화를 잠시 나누어봅니다. 이때 자신이 직면한 장애물과 어려운 환경을 충분히 극복할 수 있다고 믿는 것이 중요합니다.

긍정적인 발표자는 프레젠테이션을 하는 동안 청중의 욕구에 집중합니다. 긍정적인 발표자는 청중의 반응에 따라 말할 내용을 즉시 수정하고 행동을 바꿉니다. 청중이 발표자가 단순히 대본 전달만 하는 것이 아니라는 사실을 깨닫는 순간, 분위기가 한결 풀어집니다. 프레젠테이션을 향한 청중의 신뢰도와 참여도가 대폭 증가합니다. 이런 발표자의 태도는 주제를 더욱 흥미롭고 신뢰할 수 있게 합니다.

만일 청중이 내용을 이해하지 못했거나 지루해서 엉덩이를 들썩들썩하는 모습을 보인다면 여러분은 즉시 발표 진행 방식을 바꿔야만 합니다. 청중의 피드백을 수용해 발표 내용과 행동을 수정하는 발표자는 대처 능력이 매우 뛰어나고 섬세합니다.

긍정적인 발표자는 발표를 하고 나서 청중이 더 나은 삶을 살 수 있도록 자신이 도움을 주었다는 사실에 매우 만족합니다. 발표 도중에 어떤 실수를 하더라도 재빨리 스스로 용서하고 다음에 더 나은 모습을 보여주겠다는 다짐을 해야 합니다. 완벽하지 못한 모습을 비하하고 질책하느라 소중한 시간을 낭비하지 마십시오.

부정적인 자기 대화는 성장하려는 여러분에게 도움 되지 않습니다. 만일 부정적인 생각이 머릿속에 들기 시작한다면 바로 건설적인 생각으로 전환해야 합니다. '다음에 더 나은 모습을 보여주겠다'거나 '같은 실수를 반복하지 않겠다'는 긍정적인 생각으로 꽉 채워 넣어야 합니다.

실수의 경험을 토대로 배우며 자기 훈련 자세를 갖출 때, 여러분은 뛰어난 실력을 갖춘 발표자가 될 수 있습니다. 긍정적인 발표자는 프레젠테이션 기술을 개선시키기 위해 끊임없이 노력합니다. 물론 여러분의 프레젠테이션 기술이 향상되면 발표를 향한 두려운 마음도 감소합니다.

여러분은 청중이 더 나은 삶을 살도록 애쓰는 사람들이라는 사실에 집중하십시오. 여러분이 어떤 상품이나 서비스를 제공하든, 청중에게 진정 도움이 될 것이라고 확신해야 합니다. 타인을 돕는 것에 집중하는 사람은 두렵지 않습니다. 두려움은 자신의 이득에 집중할 때 마음속에서 기어 나오기 시작합니다.

여러분이 청중을 돕는 사람이라는 사명을 갖는 순간, 자기 만족감과 자신감이 마음속에 꽉 찰 것입니다. 긍정적인 생각이 긍정적인 감정, 행동, 결과를 만듭니다. 타인에게 도움이 될 때 가슴이 벅차오르십니까? 당연히 그럴 것입니다.

프레젠테이션하는 동안 청중에게 도움이 될 수 있는 효과적인 팁을 소개하겠습니다.

When you present, there are many effective things you can do to help your audience. Here are some examples:

청중이 원하는 것을 얻도록 돕는다.

Help them get what they want.

청중이 필요로 하는 정보를 제공한다.

Give them the information they need.

청중을 기쁘게 만들고 웃게 한다.

Entertain them and make them laugh.

유용한 기술을 가르쳐준다.

Teach them a useful skill.

긍정적 행동을 하도록 격려한다.

Encourage them to take positive action.

시간을 절약하고 비용을 아껴 이익을 늘릴 방법을 제시한다.

Show them how to save time, decrease costs, and increase profits.

최고의 인생을 살도록 청중에게 기대감을 심어주고 변화할 수 있는 동기를 부여한다.

Inspire them to become their best.

부정적인 성향의 발표자

Negative presenters experience negative emotions.

부정적인 발표자는 부정적인 사고방식을 가지고 있어서 주로 부정적인 감정을 느낍니다. 부정적인 발표자는 처음부터 끝까지 초조하고 열정이 없으며 불행해합니다. 부정적인 발표자는 부정적인 자기 대화와 앞으로의 일을 걱정하는 것에만 몰두합니다.

발표하기 전, 부정적인 발표자는 다음과 같은 부정적인 표현이 담긴 자기 대화를 나눕니다.

For example, before presenting, their self-talk might include negative expressions like the following:

나는 프레젠테이션에 익숙하지 않고 준비가 안 됐어. 난 할 수 없어.

I'm no good at presenting. I'm not ready. I can't do it.

준비할 시간이 부족했어.

I don't have time to prepare.

너무 초조해. 너무 초조해. 너무 초조해.

I'm so nervous. I'm so nervous. I'm so nervous.

웃음거리가 될 거야.

I am going to make a fool of myself.

이 발표는 근래 나에게 일어났던 일 중에서 최악이야.

This presentation is the worst thing that has happened to me.

청중이 날 비웃을 거야. 해고되겠지.

The audience is going to laugh at me. I might get fired.

난 실패자야!

I'm a loser!

발표하는 동안 부정적인 발표자는 발표에 도움이 되지 않는 생각들로 자신을 초조하게 만듭니다. 이런 태도는 발표자가 이성적으로 생각할 수 있는 능력을 마비시킵니다. 부정적인 발표자는 청중이 자신을 어떻게 생각할지를 지나치게 걱정하며 청중에게 가혹하고 냉혹한 평가를 받을 것이라고 상상합니다. 청중이 자신의 의상부터 영어 기술, 목소리, 몸짓 등 사소한 모든 것을 전부 평가할 것이라고 말입니다.

부정적인 발표자는 실수를 두려워합니다. 부정적인 발표자는 두려움에 위축되어 발표자가 실제로 실수를 하게 될 확률이 더욱 높습니다. 부정적인 생각이 부정적인 감정과 부정적인 행동, 결국 부정적인 결과를 불러옵니다. 부정적인 발표자는 스스로에 대해 지나치게 걱정하므로 청중에게 이득이 될 만한 어떤 것도 주지 못합니다. 타인의 삶을 더 윤택하게 하는 긍정적인 발표자와 다르게, 부정적인 발표자는 청중을 지루하게 하고 시간을 허비하게 합니다.

프레젠테이션 이후 부정적인 발표자는 당혹감, 어리석음, 부끄러움 등의 감정을 느끼고 청중에게 무시당하고 거부당했다고 느낍니다. 한때 저도 발표하는 동안에 저지른 실수를 탓하며 '나는 멍청이야'라고 자책했습니다. 하지만 이제는 실수 역시 배움의 일부 과정이라는 사실을 정확히 이해하고 있습니다. 이미 언급했듯이 실수를 자책하며 난도질하지 마십시오. 다만 실수로부터 배우며 같은 실수를 반복하지 않으려고 온 힘을 들이려는 자세가 중요합니다. 사람들은 대개 부정적인 발표자로 시작합니다. 부정적인 자세와 낮은 수준의 프레젠테이션 기술 탓에 부정적인 상태에서 출발하는 것입니다.

아마도 두 발표자의 가장 큰 차이는 긍정적인 발표자는 긍정적인 결과를 낳고, 부정적인 발표자는 부정적인 결과를 낳는다는 것입니다. 이제 긍정적인 발표자와 부정적인 발표자 사이의 차이점을 인식하고 생각해보는 시간을 잠시 가지겠습니다. 다음을 읽고 적절한 칸에 표시해보세요. 이 과정은 간단하지만 매우 중요합니다.

발표자 유형

	발표자가 The presenter···	발표자 유형 Type of presenter
1	매우 초조해 보인다. is very nervous.	positive ☐ negative ☐
2	지루하다. is boring.	positive ☐ negative ☐
3	이해하기 어렵게 말한다. is hard to understand.	positive ☐ negative ☐
4	신뢰가 가지 않는다. is not believable.	positive ☐ negative ☐
5	동의할 수 없는 내용을 이야기한다. creates disagreement.	positive ☐ negative ☐
6	행동으로 실천하고 싶은 마음을 불러오지 못한다. does not inspire action.	positive ☐ negative ☐
7	청중의 삶을 더 악화시킨다. makes life worse for the audience.	positive ☐ negative ☐
8	시간을 낭비하고 있다. wastes time.	positive ☐ negative ☐
9	부정적인 결과를 얻었다. gets negative results.	positive ☐ negative ☐
10	진정한 자신감이 있다. has true confidence.	positive ☐ negative ☐

11	긴장하지 않고 편안해보인다. is not nervous.	positive ☐ negative ☐
12	이해하기 쉽게 말한다. is easy to understand.	positive ☐ negative ☐
13	신뢰할 수 있다. is believable.	positive ☐ negative ☐
14	동의할 수 있는 내용을 말한다. creates agreement.	positive ☐ negative ☐
15	행동을 고취한다. inspires action.	positive ☐ negative ☐
16	청중에게 더 나은 삶은 제공한다. makes life better for the audience.	positive ☐ negative ☐
17	시간 낭비하지 않는다. does not waste time.	positive ☐ negative ☐
18	긍정적인 결과를 얻는다. gets positive results.	positive ☐ negative ☐

만약 여러분이 (1)~(9)까지 항목 negative에, (10)~(18)까지 positive에 표시했다면 여러분은 두 발표자의 차이점을 명확하게 이해하고 있습니다. 전혀 어렵지 않았을 것입니다. 만일 여러분이 모든 질문에 정확하게 답했다면 마음껏 칭찬해주십시오.

이제 발표자로서의 자신은 과연 어떤 사람인지 생각해볼 시간입니다. 여러분은 영어 발표에서 긍정적인 발표자, 혹은 부정적인 발표자입니까?

아래 사항을 보고 적절한 칸에 표시하십시오

Put a check in the appropriate box in the table below

긍정적인 발표자와 부정적인 발표자

긍정적인 발표자 POSITIVE PRESENTER	+	–	부정적인 발표자 NEGATIVE PRESENTER
자신감이 넘친다. I am confident.	☐	☐	초조하다. I am nervous.
흥미롭게 말한다. I am interesting.	☐	☐	지루하다. I am boring.
이해하기 쉽게 설명한다. I am easy to understand.	☐	☐	이해하기 어렵게 설명한다. I am difficult to understand.
신뢰감을 보인다. I am believable.	☐	☐	신뢰감을 보여주지 못한다. I am not believable.
사람들에게 동기를 부여해서 행동을 변화시킨다. I inspire action.	☐	☐	발표했지만 아무 일도 일어나지 않는다. I present and then nothing happens.
청중이 더 나은 삶을 살게 한다. I make life better.	☐	☐	청중의 삶을 더욱 악화시킨다. I make life worse.
발표 시간을 잘 관리한다. I manage speaking time well.	☐	☐	시간을 낭비했다. I waste time.
주로 긍정적인 결과를 얻는다. I usually get positive results.	☐	☐	주로 부정적인 결과를 얻는다. I usually get negative results.
Total Positive			**Total Negative**

만일 여러분이 긍정적인 발표자라면 정말 멋진 일입니다. 하지만 스스로 부정적인 발표자라는 생각이 든다면 마음속 깊이 다음의 내용을 새겨야 합니다. 방법을 익히기만 하면 여러분도 반드시 긍정적인 발표자로 변신할 수 있습니다.

어떤 사람들은 발표할 때 왜 자신감이 차 있고 누군가는 초조해하며 불확실성으로 가득 차 있을까요? 다음에 그 대답이 나와 있습니다.

긍정적인 발표자와 부정적인 발표자 비교

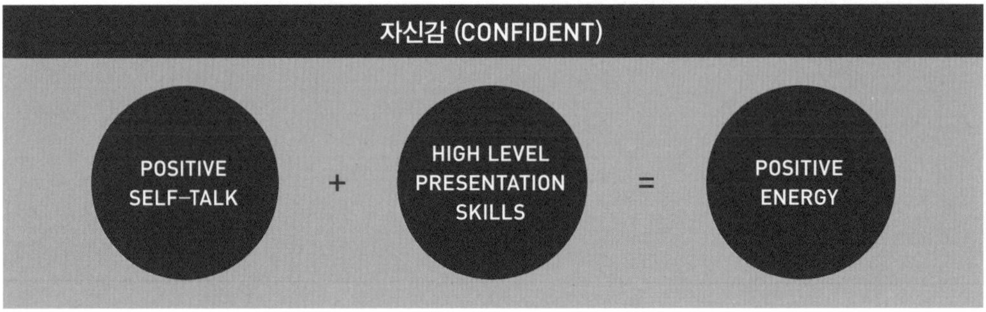

긍정적인 자기 대화 + 높은 프레젠테이션 기술 = 자신감
Positive self-talk + High level presentation skills = Confidence

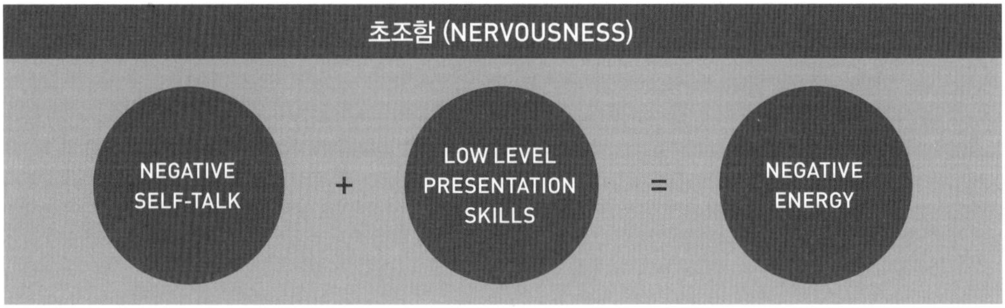

부정적인 자기 대화 + 낮은 프레젠테이션 기술 = 초조함
Negative self-talk + Low level presentation skills = Nervousness

2 자신감이란 무엇인가?

What is confidence?

아래 표에서 여러분은 3명의 발표자 유형을 확인할 수 있습니다. 자신감이 부족한 사람, 지나치게 자신만만한 사람, 진정한 자신감을 갖춘 사람이 있습니다. 언뜻 보기에 3종류의 자신감으로 보일 수 있으나 자신감은 단 한 개, 진정한 자신감뿐입니다.

능숙함이 자신감을 생성한다

자신감이 부족하거나 지나치면 제대로 자신감을 갖추고 있지 못한 것입니다. 여러분이 프레젠테이션 기술을 키우고자 할 때는 가장 먼저 자신감부터 갖춰야 합니다. 진정한 자신감을 지녀야만 잘해낼 수 있습니다. 발표에 능숙해질수록 자신감이 불어나면서 여러분은 승리할 수 있습니다.

자신감이 부족한 것이 반드시 나쁜 것만은 아닙니다. 자신감 부족이 여러분이 진정 바라는 일을 방해하지 않는다는 전제 하에 말입니다. 어떤 일에 미숙하고 기법을 잘 모르면 자신감이 떨어집니다. 자신감이 부족한 사람들은 무언가를 시작하는 것조차 꺼립니다. 그저 주변 환경이 제대로 준비될 때만을 기다립니다. 발표 기회가 생기더라도 "난 아직 준비가 되지 않았어"라고 말하며 거절해버리는 것이 다반사입니다. 자신감이 부족한 사람들은 완벽하게 준비가 된 마법 같은 그날을 기다립니다.

하지만 막연한 기다림이야말로 우리가 기다리는 그 꿈같은 날과 가장 멀어지게 합니다. 잘 모르는 분야의 일을 준비할 수 있는 유일한 방법은 그 일에 직접 부딪쳐 경험해보는 것입니다. 그 분야에 익숙해지기까지 계속 반복하는 것만이 능숙해지는 비결입니다. 연습은 여러분을 갈고닦아 주지만 실전 경험은 여러분의 경쟁력을 더욱 높여줍니다.

자전거 타기, 수영, 아이스 스케이팅 등을 배우고자 한다면 반드시 직접 해봐야 합니다. 만일 스포츠를 즐길 만한 체력이 충분하다면 배우기 위해 더 기다리지 않아도 됩니다. 준비되었는데도 계속 기다린다면 새로운 것을 배움으로써 느낄 수 있는 인생의 기쁨을 스스로 부정하는 것입니다. 발표도 이와 유사합니다. 많은 사람이 처음에는 발표에 대한 두려움을 갖지만 발표와 관련된 실질적인 방법을 학습하고 나면 실전 프레젠테이션에서 새로운 행복과 기쁨을 찾습니다. 수잔 제퍼스(Susan Jeffers) 박사는 다음과 같이 말합니다. "여러분이 두려움을 느껴도 시도해볼 만합니다."

여러분에게 지나친 자신감이 있다면 '타인보다 자신이 더 낫다'는 생각을 하는 것입니다. 경우에 따라서 이런 지나친 자신감은 건방져 보일 수도 있습니다. 그 누구도 건방진 사람을 좋아하지 않습니다. 스스로 높이 평가해 실제보다 더 나은 사람처럼 생각하면 결국 인생에서 매우 큰 실망을 겪고 큰코다치는 일을 당할 수도 있습니다.

제가 초등학교에 다닐 때, 게일 숙모는 저희 형제를 데리고 말을 타러 갔습니다. 당시 저는 카우보이모자와 부츠를 착용한 덕분에 정말로 카우보이가 된 것만 같았습니다. 모두 말타기에 흥분해 있었는데 제 누이 브랜다는 그렇지 못했습니다. 브랜다는 두려운 나머지 결국 땅바닥에 주저앉아 울었습니다. 저는 브랜다의 두려움을 덜어주려고 직접 말을 탄 채 주위를 서성거렸습니다.

약간의 시간이 흐르고 나서 한참을 고민하던 브랜다는 비장하게 말에 올라탔습니다. 얼마 지나지 않아 브랜다는 말 타는 것을 즐기게 되었습니다. 브랜다는 잠깐 사이에 없던 자신감이 차올라 진정한 자신감을 갖춘 변화를 경험했습니다. 브랜다가 능숙한 말타기 선수가 되었다는 것을 의미하는 것은 아닙니다. 그보다는 자신도 말을 탈 수 있음을 깨닫고 두려움이 사라졌다는 것이 중요합니다. 한편 저는 브랜다와 달리 자신감이 사라지는 급격한 변화를 겪었습니다.

형제들과 함께 달릴 수 있는 한 가장 빠르게 말을 몰았습니다. 지나친 자신감에 비해 저는 말타기 능력이 현저하게 부족해서 달리는 말을 멈추는 법을 몰라 당황했습니다. 두려운 마음에 눈물이 하염없이 쏟아져 내렸습니다. 다행히도 형제 조가 옆으로 다가와 말을 멈춰주었고 저는 마구간을 향해 터덜터덜 되돌아갔습니다.

브랜다는 자신감이 부족해 말타기의 즐거움을 모를 뻔했고, 저는 지나친 자신감으로 눈물과 부끄러움으로 범벅되었습니다. 이 에피소드에 자신감이 부족한 사람, 자신감이 지나친 사람, 진정으로 자신감을 갖춘 사람 모두가 등장합니다. 3명에게 일어난 심리적인 과정이 발표자의 태도에도 동일하게 적용됩니다.

여러분은 자신감이 부족한 발표자, 자신감이 지나친 발표자, 진정으로 자신감을 갖춘 발표자 중 어느 유형에 속합니까? 만일 자신감이 부족한 발표자라면 발표할 기회를 있는 대로 수락해 두려움을 극복하는 것이 좋습니다. 회사나 조직에서 아무도 발표를 제안하지 않는다면 자청해보십시오. 지나친 자신감을 보이는 발표자는 이미 스스로 훌륭한 발표자라고 생각하므로 성장하거나 개선될 여지가 희박합니다. 항상 더 나은 자신이 될 수 있다는 생각으로 마음가짐을 전환하십시오. 진정한 자신감을 갖추고 있는 발표자라면 새로운 것을 끊임없이 시도할 필요가 있습니다. 도전 속에서 여러분의 소통 능력이 한층 더 자라날 테니 말입니다.

자신감이란 '무엇인가를 잘할 수 있고 성공할 수 있다'는 확신입니다. 제가 사람들에게 프레젠테이션을 지도할 때, 다음의 내용을 함께 토론합니다.

자신감은 자신을 믿는 것입니다
Confidence is believing in yourself

스스로 믿는다는 것은 인간으로서 여러분이 배우고 성장할 가능성이 항상 열려 있다는 것을 뜻합니다. 주위에서 볼 수 있는 수많은 기술도 굳은 결의, 공부, 연습을 통해 충분히 터득하고 익힐 수 있습니다. 인생에서 여러분의 성장 정도를 결정하는 것은 다른 누구도 아닌 여러분 자신입니다. 또한 훌륭한 발표자가 될 여부 또한 마찬가지입니다.

자신을 믿는다는 것은 자신의 관점을 타인과 공유하고 진정한 나를 보여줄 권리가 있다는 것입니다. 저는 고등학생 때 자존감이 매우 낮았습니다. 그 당시 제가 가진 관점을 타인과 나누고 싶지 않았습니다. 스스로 말하는 내용이 가치 있고 중요하다고는 생각하지 않았습니다. 누구든지 내 관점을 비난할 것이라고 상상했고 그 상황을 원하지 않아서 항상 입을 다물고 지냈습니다. 다행히도 지금은 변했습니다. 이제 자유롭게 타인과 의견을 공유하고 상대방의 비난을 이성적으로 처리할 수 있을 만큼 매우 강해졌습니다.

스스로 믿는다는 것은 항상 부정적이고 비판적인 평가를 하는 주변 사람들로부터 자신을 보호하는 갑옷을 준비하는 것입니다. 이런 믿음을 통해 여러분은 자신을 좀 더 객관적이고 현실적으로 평가할 수 있습니다. 스스로에 대한 믿음이 있으면 비록 두려운 마음이 들어도 나만의 장단점을 파악해 생각한 것을 기꺼이 행동으로 옮길 수 있습니다.

스스로 시도하기 전까지 자신이 무엇을 잘할 수 있는지 알 수 없습니다. 그러므로 자신에 대한 믿음을 처음으로 갖는다는 것은 신념에 찬 행동입니다. 진정한 자신감을 갖추기 전에 스스로 배우고 성장할 수 있다는 신념이 반드시 필요합니다. 프레젠테이션 기술을 조금씩 키우다 보면 자신의 능력에 대한 믿음도 함께 성장할 것입니다. 프레젠테이션을 잘할 수 있다는 믿음이 생깁니다.

자신감이란 무엇인가?

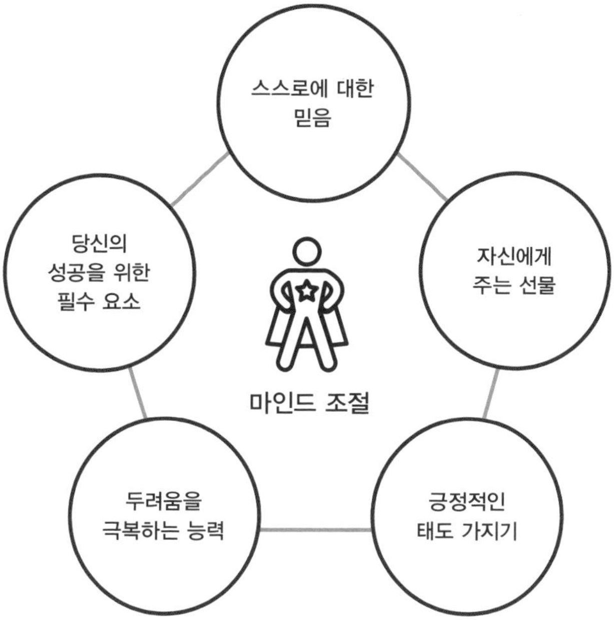

자신감은 자신에게 주는 선물입니다

Confidence is a gift you give to yourself

자신감은 거저 얻어지지 않습니다. 자신감을 얻으려면 그에 상응하는 대가를 치러야 합니다. 이를 위해 많은 시간과 노력, 피와 땀, 눈물까지도 필요합니다. 그렇다면 우리는 무엇을 위해 이런 대가를 치르는 걸까요? 여러분 앞에 놓인 모든 장애물을 뚫고 지나갈 힘을 얻기 위함입니다. 넘어지면 다시 일어나고 또다시 실수합니다. 두려움, 게으름, 자기 믿음이 부족해도 믿음으로 계속 나아가야 합니다. 어느 날 자신감이 여러분에게 기적처럼 찾아와 주기를 바라서는 안 됩니다.

자신감이 넘치는 발표자들은 대가를 치른 사람들입니다. 이런 유형은 사람들 앞에서 넘어졌다, 일어섰다 실수를 반복해왔습니다. 사람들 앞에서 실수하는 것은 당황스럽지만 이

또한 과정 중의 하나입니다. 부끄러움은 잠시뿐이라는 것을 기억하십시오. 위대한 무언가를 위해 작은 희생을 치렀다는 것을 인식하는 순간 일시적인 감정은 곧 사라질 것입니다. 훌륭한 발표자의 자질을 가지고 태어나는 사람은 아무도 없습니다. 모든 사람은 태어날 때부터 어떻게 말하는지 모른 채 태어납니다.

발표할 기회가 생길 때마다 기회를 잡으십시오. "나는 준비가 안 됐어"라는 덫에 빠지지 마십시오. 만일 발표할 완벽한 상황을 기다리고 있다면 아마도 영원히 기다려야 할 것입니다. 여러분이 발표하면서 무엇을 잘했고 어떤 점을 개선해야 하는지 스스로 평가하면서 연습하십시오. 이런 과정을 거치면 더 나은 발표자가 될 수 있습니다.

자신감은 긍정적인 태도를 갖추는 것입니다
Confidence is having a positive attitude

긍정적인 태도를 갖춘다고 성공을 보장할 수는 없습니다. 하지만 분명한 것은 긍정적인 태도가 성공의 가능성을 높일 수 있다는 것입니다. 부정적인 태도는 당신에게 결국 상처를 안겨줄 수밖에 없습니다. 부정적인 태도는 풍요로운 인생이 주는 마음의 평안, 자기 조절, 인내심, 친절함, 행복, 사랑 같은 많은 기쁨을 느끼지 못하도록 방해하기 때문입니다.

긍정과 부정 중 어떤 태도를 지닐지는 여러분 스스로 내려야 하는 결정입니다. 현명하게 선택하십시오! 하지만 긍정적인 태도를 지닐 때 더 많은 혜택을 얻을 수 있습니다. 더욱 행복해지고 동기부여도 잘될 것입니다. 여러분이 품고 있는 태도와 생각은 스스로 어떤 사람으로 생각하는지와 밀접하게 연관이 있습니다.

긍정적인 태도의 여러분은 자신에 대해 더 좋은 평가를 할 것이며 주변 사람들 역시 여러분에 관한 좋은 평판을 나눌 것입니다. 모든 일을 비난하며 부정적으로 평가하는 사람의 주변에는 아무도 없습니다. 부정적인 사람이 여러분에 대해 어떻게 생각하고 말하는지 신경 쓰지 마십시오. 부정적인 사람이 논하는 대부분은 가치 없는 이야기일 뿐입니다.

제가 6학년이 되자 아버지가 말씀하셨습니다. "아들아, 세상 모든 사람이 전부 네 성공을 바라지는 않는다." 당시 필자는 아버지의 마음을 알 수 없었습니다. 아버지의 그 말씀이 이상하게만 느껴졌습니다. 하지만 이제는 아버지가 진실을 알려주었다는 것을 깨달았습니다. 사람들은 여러분을 비난할 것입니다. 무조건 비난하는 사람들 앞에서 무너지지 않기 위해 여러분은 강해져야만 합니다.

때로는 여러분을 돕고 싶은 마음에 비난을 쏟아낼 수도 있습니다. 보통은 여러분을 질투하는 누군가가 상처를 주고 싶은 마음에 보이는 태도일 것입니다. 이런 사람들은 여러분을 깎아내리며 기뻐합니다. 이유야 어찌 되었든 여러분이 그 사람들의 부정적인 소리에 귀 기울이지만 않으면 아무런 영향도 받지 않습니다. 긍정적인 비판이라면 여러분이 발전하는 계기로 삼으십시오. 하지만 부정적인 비난이라면 한 귀로 듣고 흘리십시오.

자신감은 두려움을 극복할 수 있는 능력입니다
Confidence is the ability to overcome fear

두려움은 예전부터 항상 성공의 적이었습니다. 많은 사람이 그 어떤 요소들보다 바로 두려움 때문에 발전을 저지당했습니다. 두려움이란 여러분이 목표를 향해 움직일 때 여러분을 막아서고 인생의 질을 떨어뜨리는 감정입니다. 두려움으로 변화할 가능성과 여러분이 소유하고 있는 것들, 하는 일들이 제한받습니다. 지금보다 더 많은 것을 원하고, 하고 싶고, 소유하고 싶다면 두려움과 당당하게 직면해 이를 극복해야만 합니다.

여러분은 나이와 상관없이 항상 성장할 수 있는 새로운 상황과 도전, 기회들을 만날 수 있습니다. 성장할 수 있는 새로운 상황에 직면할 때, 사람은 누구나 어느 정도의 공포감을 경험합니다. 어렸을 때 초등학교에서 중학교, 고등학교로 넘어가면서 새로운 단계로 나아가는 과정에 대한 불확실성과 두려움을 경험했을 것입니다. 저 또한 그랬습니다.

하지만 성인이 된 지금 한때 아이였던 그 시기를 지나 성장한 덕분에 이와 비슷한 변화에 여러분은 크게 동요하지 않을 것입니다. 성인으로서 집단 앞에서 유능하고 자신감 있게 발표할 수 없다면 여러분은 아직 완전하게 성장하지 못한 것입니다. 많은 성인이 일어나 발표하려는 순간은 마치 이제 유치원을 졸업하고 초등학교 1학년에 올라가는 겁먹은 아이처럼 행동합니다.

만일 여러분이 성인들이나 아이들 앞에서도 발표가 두렵다면 자신을 더욱 통제하고 성장시켜야 합니다. 여러분은 꼭 변화가 필요합니다. 분명 더 나아질 수 있습니다! 이 책을 계속 읽고 여러분의 프레젠테이션 기술과 자신감을 증진시키는 데 도움을 줄 수 있는 구체적인 기법들을 학습하십시오.

자신감은 성공을 위해 꼭 필요합니다
Confidence is necessary for your success

자신감이 없다면 기회는 여러분 옆을 스쳐 갈 것입니다. 자신감 부족은 실천하지 않는 행동으로 이어지기 때문입니다. 여러분이 열망하는 무언가를 향해 행동하지 않는다면 성공은 멀어질 수밖에 없습니다. 자신감이 커질수록 목표와 꿈을 달성하고자 하는 동기가 생깁니다. 자신의 꿈과 목표를 성취하고자 자신의 생각을 구체적인 행동으로 옮기는 실천력이 강해집니다. 강한 자신감을 가진 사람일수록 스스로 더욱 가치 있게 평가하고 자신의 능력을 더욱 인정하는 데 긍정적입니다. 자아 존중감이 높은 사람은 스스로 자랑스러워하므로 고개를 높이 들고 당당한 태도를 보입니다.

자존감이 높은 사람은 발표할 때 타인이 여러분을 무엇이라고 생각할지를 그다지 걱정하지 않습니다. 자신감은 자신의 가치에 의구심을 품거나 원하는 목표를 성취할 수 있을지 끊임없이 의심하는 고통에서 벗어나게 합니다. 자신감이 넘칠수록 자신이 더욱 강하고 영향력 있는 사람이라고 느끼며 힘든 도전 과제에 직면했을 때 패배에 대한 걱정보다 자신감 넘치는 모습을 보여주게 됩니다. 여러분은 다양한 상황에서 더욱 편안하고 여유로워지고 타인 역시 편안해합니다. 타인이 여러분을 신뢰하고 존중하며 더 협력할 수 있게 되지요.

자신감은 마인드 컨트롤입니다
Confidence is mind control

자신감을 통제한다는 것은 생각을 통제하는 것입니다. 마음속에 떠돌아다니는 생각을 여러분은 선택할 수 있습니다. 그 생각들은 여러분에게 득이 되거나 해가 될 수 있습니다. 스트레스를 받는 상황에서 어떤 생각을 품고 있느냐에 따라 겁에 질려 허둥지둥하거나 침착하게 대응할 수도 있습니다.

제가 10세였을 때, 미국 해군 심해 잠수부가 이렇게 말했습니다. "절대 당황하지 마라. 특히 물속에서는." 물속은 특히나 당황하는 사람에게 매우 힘들고 위험한 장소입니다. 이 말은 훌륭한 조언입니다. 만약 물속에서 허우적거리면 죽을 가능성은 매우 높아집니다.

그 후 7년이 지나 고등학생이 되었을 때, 학교 근처에 있는 강으로 외줄 그네를 타러 갔습니다. 외줄에서 뛰어내리고 수면으로 바로 올라오는 대신에 친구를 놀려주기 위해 물 아래로 헤엄쳐 강기슭으로 되돌아가는 계획을 세웠습니다. 강기슭에 거의 도달해 수면으로 나오려는 순간 강 속에 잠겨 있던 나뭇가지에 그만 걸려버렸습니다. 저는 순간 그 자리에서 꼼짝도 못하게 되었습니다.

그때 그 해군 잠수부의 목소리가 머릿속에 또렷이 떠올랐습니다. "절대 당황하지 마라. 특히 물속에서는." 곧장 몸부림을 멈추고 마음을 진정시킨 다음 빠져나갈 방법을 궁리했습니다. 나무 아래 탁한 초록빛 물속에 멈춰 서 있던 그때는 제가 좋아하는 기억 중 하나입니다. 마음을 안정시키자마자 물 밖으로 무사히 나올 수 있었습니다.

낯선 사람에게 자신을 소개해야만 하는 사회적인 모임에서 당황하는 사람들의 모습을 본 적이 있을 것입니다. 초조한 그 사람들은 제대로 생각할 수도 없습니다. 처음 보는 사람들 앞에서 자신을 소개할 때 여러분은 초조합니까? 만약 그렇다면 여러분을 초조하게 만드는 범인은 바로 자기 자신입니다. 두려움 속에서 부정적인 생각을 하는 것은 바로 여러분이기 때문입니다.

당황해 부정적인 생각을 하는 대신 청중이 어떤 사람인지, 여러분이 말할 주제를 긍정적으로 떠올려 받아들이십시오. 물론 청중 앞에서 초연하려면 많은 노력을 해야 합니다. 여러분 마음속에 떠오르는 감정에 대한 책임은 오직 여러분 자신에게 있다는 사실을 다시 한 번 명심하십시오.

마인드 조절이란 무엇인가?

스스로에 대한 믿음	긍정적인 태도 가지기	자신에게 주는 선물	두려움을 극복하는 능력	당신의 성공을 위한 필수 요소
나는 배울 수 있고 성공할 수 있다는 것을 안다.	나는 똑똑해. 나는 준비됐어. 나는 할 수 있어.	나는 기꺼이 컴포트 존에서 벗어나겠다.	나는 두려움을 마주할 것이고 두려움은 사라질 것이다.	자신감 넘치고 유능한 모습을 보여주면 이길 수 있다.

마인드 조절은 사고 통제이다.

3

어떻게 자신감을 향상할 수 있는가?

How can you develop self-confidence?

프레젠테이션 성공을 위한 자신감을 키우려면 2가지를 해야 합니다. 첫째, 여러분의 생각을 통제해야 합니다. 둘째, 발표력을 키워야 합니다.

어떻게 생각을 제어할 수 있습니까?

How can you gain control of your thoughts?

사람들은 대부분 발표에 관해 부정적입니다. 스트레스를 받는 상황에서 생각을 제어하려면 생각하는 능력을 방해하는 공포를 반드시 떨쳐내야 합니다. 어느 정도 연습과 노력이 필요하겠지만, 생각을 충분히 제어할 수 있습니다. 제시된 4단계 과정을 통해 성공으로 향하는 긍정적인 생각을 발전시킬 수 있습니다.

당신의 자신감은 어떻게 생성되는가?

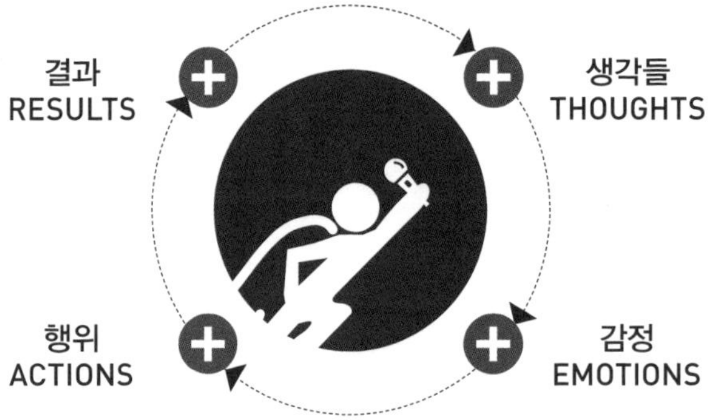

이 원리가 어떻게 작용합니까?
How does it work?

긍정적인 생각은 긍정적인 감정을 일으킵니다. 긍정적인 감정은 긍정적인 행동을 불러옵니다. 긍정적인 행동은 긍정적인 결과를 낳습니다.

예제 Simplified Example

(1) 긍정적인 생각: 나는 열심히 준비했고 이제 프레젠테이션을 선보일 준비도 되었다.

Positive thought: I'm prepared and ready to do this presentation.

(2) 긍정적인 감정: 지금 기분이 정말 좋다.

Positive emotion: I feel great. I'm happy right now.

(3) 긍정적인 행동: 집중하고 있는 당신은 모든 상황을 제어하고 있다. 무엇을 말할지 내용을 기억하며 발표에서 열정적인 모습을 보인다.

Positive action: You are focused and in control. You remember what to say and you are enthusiastic in your delivery.

(4) 긍정적인 결과: 청중은 당신의 발표에 깊은 인상을 받았고 제안을 받아들인다.
Positive result: The audience is impressed with you and they accept your proposal.

어떻게 프레젠테이션 기술을 향상할 수 있습니까?
How can you improve your presentation skills?

자신감 순환

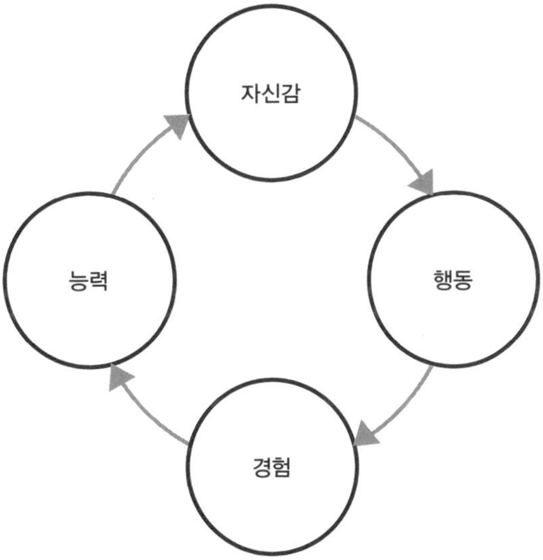

스스로에 대한 믿음을 가지세요.

Have Faith in Yourself.

스스로 믿는다는 것은 프레젠테이션에 관한 기술을 학습하고 나서 자신감 넘치고 유능한 발표자로 변할 수 있다는 것을 의미합니다. 잉글리시 프레젠테이션에 대한 두려움을 성공적으로 극복한 타인의 사례를 보고 듣는다면 여러분도 반드시 바뀔 것이라는 강한 확신이 듭니다. 어떻게 스스로에 대한 믿음을 가질 수 있습니까? 잉글리시 프레젠테이션 기술을 키우기 위해 학습한 내용을 행동으로 옮겨 변하겠다고 결심하십시오.

행동을 취하세요.

Take Action

발표할 기회를 붙잡아서 활용해야 합니다. 상사가 여러분에게 잉글리시 프레젠테이션의 기회를 제공할 때, 마음속에 맨 먼저 떠오르는 생각은 '나는 아직 준비가 안 됐어'라는 생각입니다. 여러분의 내면의 목소리가 아무리 'No'라고 외치더라도 입으로는 반드시 'Yes'를 외치십시오. 아니면 상사에게 직접 찾아가 발표 기회를 달라고 요청하십시오. 여러분의 기술 향상을 위해 방법을 찾고 실행해야 하는 것은 바로 여러분의 몫입니다.

경험치를 쌓으세요.

Gain Experience

프레젠테이션을 준비하고 전달하는 경험은 매우 가치 있습니다. 경험이 쌓이면 발표를 더 효율적으로 준비하고 훌륭하게 전달할 수 있습니다. 발표를 준비하면서 대본을 작성하고 효과적으로 전달하는 방법을 고민하고 파워포인트 같은 프로그램을 사용해 컴퓨터를 적절하게 활용하는 기술 또한 길러집니다. 연습 과정에서 발표자는 자신의 장단점을 찾습니다. 여러분이 아마추어 발표자일 경우 도중에 많은 실수를 할지도 모릅니다. 하지만 이런 실수는 결국 자신을 성공의 길로 이끌어주는 중요한 초석이 됩니다. 발표 경험이 쌓일 때마다 여러분은 점점 더 향상되고 발전합니다. 만족스러웠던 부분은 더욱 가다듬어 자신의 장점으로 부각하고 불만족스러웠던 실수는 고치면서 전문 발표자로 성장할 것입니다.

기술을 더욱 발전시키세요.

Increase Skills

다양한 목적으로 여러 장소에서 청중들에게 발표할 기회를 꾸준히 얻는다면, 여러분은 매우 높은 수준의 프레젠테이션 기술과 흔들리지 않는 자신감이 생길 것입니다. 시간과 노력의 대가를 치른다면 여러분도 반드시 훌륭한 발표자로 거듭날 수 있습니다.

프레젠테이션의 모든 기술을 단번에 개선할 수는 없으므로 발표 기회가 생길 때마다 한두 개씩 집중해야 합니다. 무엇을 바로잡아야 합니까? 처음에는 여러분의 약점을 집중 공략해야 합니다.

단조로운 목소리를 가진 발표자라면 목소리에 어떻게 변화를 줄지 집중합니다. 몸짓에 관해 급격히 자신감이 떨어지는 발표자라면 부담 없는 선에서 자신의 긍정적인 메시지를 전달할 수 있는 몸짓을 고민해야 합니다.

발표 때마다 부족했던 프레젠테이션 기술의 개선 방안에 몰두해야 합니다. 시간이 지나면서 이런 점진적인 개선과 노력이 누적되면 여러분은 '영어 프레젠테이션 슈퍼 히어로'로 변신해 있을 것입니다.

프레젠테이션을 하는 데 약점을 제거하는 일이 우선이라는 의견에 의아할지도 모릅니다. 자신의 약점에 집중해야 하는 가장 큰 이유는 약점이야말로 프레젠테이션에서 긍정적인 결과를 저해하는 가장 큰 요소이기 때문입니다.

긍정적인 프레젠테이션 자세란 무엇입니까?
What is the positive presentation mindset?

여러분은 긍정적인 생각을 통해 긍정적인 프레젠테이션 자세를 만들 수 있습니다. 이 자세를 갖추는 데 가장 매력적인 것은 바로 스스로 이와 관련된 모든 선택을 할 수 있다는 점입니다.

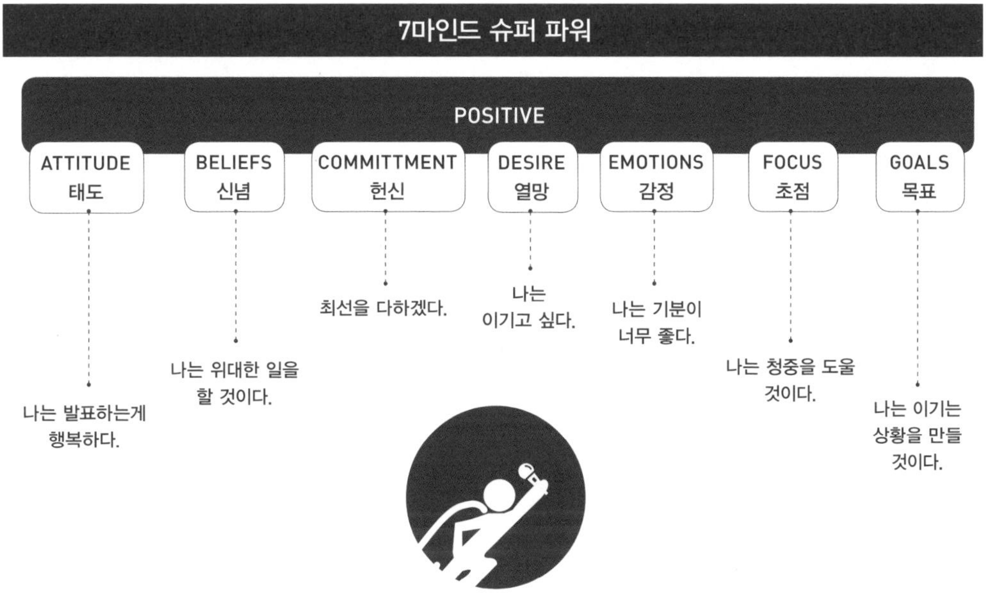

어떻게 마인드 자세를 선택할 수 있습니까?
How can you choose your mindset?

모든 사람은 내면의 목소리가 있습니다. 이런 내면의 목소리는 자신에게 도움이 되거나 해가 될 수도 있습니다. 자신의 가장 좋은 친구가 될 수 있고 최악의 적이 될 수도 있습니다. 도움을 주는 코치가 되거나 상처를 주는 비판자가 될 수도 있습니다. 예를 들어 우리가 실수하면 "나는 멍청해. 왜 항상 모든 것을 엉망진창으로 만들지?" 이런 종류의 부정적인 자기 대화는 자신에게 상처만 입힐 뿐입니다. 부정적인 내면의 목소리가 들릴 때 우리는 즉시 그 대화의 문을 닫아야 합니다. 스스로 긍정적인 대화를 위해 끊임없이 노력해야 합니다. "실수를 저지르고 말았네. 뭐, 세상 끝난 것도 아닌데. 다음에 어떻게 해야 더 잘할 수 있을까?" 이런 긍정적인 자기 대화를 끊임없이 행해야 부정적인 내면의 목소리를 멀리할 수 있습니다.

이제 긍정적인 자세를 갖추도록 도와주는 7가지 요소들을 살펴보겠습니다.

Let's take a look at seven aspects that will help you create a positive mindset.

긍정적인 자세를 갖추도록 도와주는 7가지 요소

⊕ 태도 Attitude	여러분이 긍정적인 발표자일 때, 프레젠테이션에 대해 긍정적인 태도를 보여줄 수 있습니다. 영어로 발표하는 것에 대해 불평, 불만, 두려움을 느끼는 일 따위는 사라질 것입니다. 두려워하기보다 오히려 발표하는 것을 즐길 수 있을 것입니다. 긍정적인 태도가 더 건설적이고 창의적입니다. 마주치는 모든 도전에 관해 사전 대책을 마련하며 주도적으로 이끌고 문제 해결 태도를 보입니다. 자신이 성공할 것이라는 기대를 하고 긍정적인 태도로 타인을 효과적으로 격려하며 의욕을 북돋아줍니다. 긍정적인 태도를 지닌 발표자라면 실패와 실수를 개선의 기회로 받아들입니다. "어떻게 하면 긍정적인 태도가 생깁니까?" 낙관주의자가 되십시오. 프레젠테이션 경험에서 발생할 수 있는 모든 긍정적인 면들을 살펴보고 긍정적인 자기 대화에 집중하십시오. 긍정적인 태도는 여러분이 살면서 결정한 인생 최고의 선택이 될 것입니다.
⊕ 믿음 Belief	프레젠테이션에서 긍정적인 믿음이 있으면 스스로 목표한 것을 이룰 수 있고 반드시 성공한다는 확신이 생깁니다. 긍정적인 믿음을 가진 발표자는 발표하는 내용이 청중에게 이득을 주어 삶이 더욱 윤택해진다고 여깁니다. 긍정적인 발표자는 프레젠테이션에 선택받은 것에 관해 강한 책임감을 느끼며 매우 영예롭게 받아들입니다. 또한 발표가 타인의 삶에 영향을 줄 수 있으므로 매우 진지한 태도로 임합니다. 물론 발표자 또한 경험을 쌓는 좋은 기회로 인식하며 긍정적인 태도를 유지해나갑니다. "어떻게 영어로 발표하는 것에 관해 긍정적인 믿음을 가질 수 있습니까?" 여러분이 성공적인 발표자가 될 수 있다고 믿으십시오. 잉글리시 프레젠테이션 내용이 모두 중요하다고 생각하십시오. 여러분을 성장시키기 위한 배움의 장이라고 여기며 프레젠테이션에 임하십시오.

⊕ 헌신 Commitment	긍정적인 헌신은 성공적인 잉글리시 프레젠테이션을 위해 열정을 다해 연습하고 준비하는 것입니다. 프레젠테이션을 준비하는 것은 과히 재미있는 일이라고는 말할 수 없습니다. 경쟁이 치열한 국제 학회나 세미나 유치를 위해 발표를 준비하는 사람들은 이기고자 하는 강한 열망과 책임감으로 끝까지 남아 연습을 끝마쳤습니다. 비록 이 사람들에게 연습하는 과정은 고되고 힘들지만 최고의 결과를 원한다면 전력을 기울여야 합니다. "어떻게 긍정적인 헌신을 할 수 있습니까?" 여러분에게 발표 기회가 생길 때마다 선택하십시오. 자신이 할 수 있는 온 힘을 다한다면 자부심을 느낄 것입니다. 컴포트 존에서 빠져나와 새로운 것을 시도해야 합니다.
⊕ 열망 Desire	긍정적인 열망은 청중을 도와주어 프레젠테이션의 목표를 성취하고자 하는 것입니다. 또한 경쟁이 심한 프레젠테이션 자리에서 발표자는 경쟁 이상의 이유로 승리를 원합니다. 가장 크고 중요한 열망은 발표자로서 여러분이 최고의 나로 바뀌고자 하는 마음가짐입니다. 올바른 것을 하려는 불타는 열망이 있을 때 그 어떤 것도 여러분을 멈출 수 없습니다. 성공을 맛보는 그날을 위해 기꺼이 준비하고 연습하십시오. "어떻게 긍정적인 열망을 지닐 수 있습니까?" 최고의 나로 변하고자 하는 열망을 북돋을 수 있는 긍정적인 생각을 하십시오. 타인의 삶에 더욱 좋은 영향을 끼치는 것이 얼마나 중요한 일인지 항상 기억하십시오.
⊕ 감정 Emotions	긍정적인 감정은 전염성이 강해 행복감을 선사합니다. 여러분이 긍정적인 생각을 선택할 때 긍정적인 감정이 생겨납니다. 여러분의 기분을 좌지우지하는 것은 결국 여러분의 생각입니다. "어떻게 긍정적인 감정을 지닐 수 있습니까?" 태도는 감정에 영향을 끼치므로 긍정적인 태도를 가지십시오. 긍정적인 자기 대화에 적극 참여하는 것도 좋은 방법입니다. 또한 일이 잘못될 것이라는 걱정 대신 두려움을 극복하고 타인을 도울 방법에 집중하십시오.
⊕ 집중 Focus	긍정적인 발표자로서 여러분은 타인의 더 나은 삶을 위해 고민해야 합니다. 자신의 안위보다 청중에게 더 많은 관심을 기울여야 합니다. 부정적인 발표자는 프레젠테이션을 이렇게 시작하곤 합니다. "여러분 안녕하십니까? 제가 지금 참 초조합니다." 부정적인 발표자는 자신의 상태를 고백해 편안해지고자 합니다. 부정적인 발표자의 발표 태도는 상당히 이기적입니다. 청중에게 동정과 이해를 얻고자 함입니다. 여러분의 강하고 능력 있는 모습을 보여주십시오. "긍정적인 집중을 하는 방법이 있습니까?" 청중에 집중하십시오. 부정적인 자기 대화로 정신이 산만해지지 않도록 하십시오.
⊕ 목표 Goals	여러분의 목표는 온갖 노력을 해 최고의 나로 변하는 것입니다. 이런 자신의 변화된 모습을 통해 자신뿐 아니라 프레젠테이션에 참석한 모든 이에게도 긍정적인 변화를 불러일으킵니다. 타인의 삶을 도우려는 목표를 지닌 사람이라면 항상 스스로에 대한 자부심 또한 느낄 것입니다. "어떻게 긍정적인 목표를 가질 수 있습니까?" 발표할 기회가 생길 때마다 청중이 더 나은 삶을 살 수 있도록 도우십시오. 객관적으로 발표 내용을 점검한 후 강점은 더욱 부각하고 약점은 없애십시오. 프레젠테이션 내용을 비디오로 촬영하고 개선에 대한 굳은 의지로 발표 과정을 신랄하게 평가하십시오. 이런 과정이 반복되면서 여러분은 더욱 발전할 것이며 프레젠테이션에서 비효율적인 부분들은 점차 사라질 것입니다.

4 두려움이란 무엇인가?

What is fear?

두려움은 어떤 대상과 사물이 고통이나 위협을 가할 수 있는 위험한 존재라고 인식되는 불쾌한 감정입니다.

두려움 증상

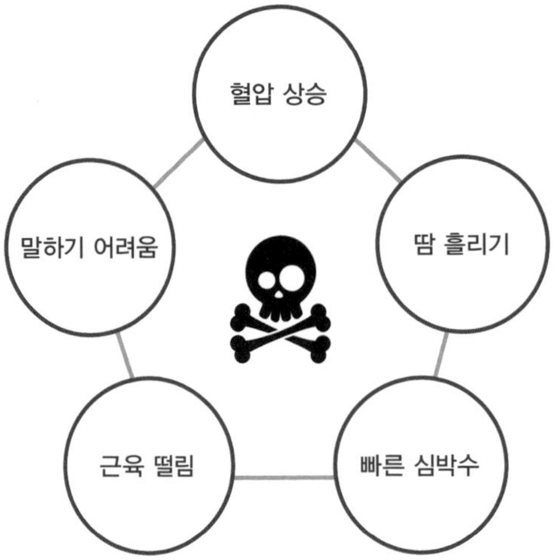

여러분도 프레젠테이션을 할 때 불쾌해지고 싶지 않을 것입니다. 이를 극복하기 위해 왜 사람들이 발표할 때 두려움을 경험하는지 그 이유에 관해 자세히 살펴보겠습니다.

두려움은 위험에 대한 자연스러운 **반응이다** Fear is a natural response to danger	두려움은 위험을 피하고 상처 입지 않은 채로 살기 위해 존재하는 감정입니다. 여러분은 실제에서나 상상 속 위험을 감지할 때 두려움을 느낍니다. 실제 위험한 상황에서 인지하는 두려움은 매우 중요합니다. 길가에서 셰퍼드가 낯선 사람을 맹렬히 공격하다 이제 여러분을 쫓는다고 상상해보십시오. 여러분은 생명을 지키기 위해 미친 듯이 달려 안전한 장소로 이동해야 합니다. 맹수 같은 동물이 여러분을 공격하기 일보 직전인 상황이 발생하면 재빨리 적절한 반응을 보여야 위험한 사태를 피할 수 있습니다. 하지만 여러분이 지어낸 상상으로 발생한 두려움은 부질없습니다. 상상 속 두려움은 우리 자신에게 이득이 될 수 있는 상황조차 피하게 하고 무능하게 만들어버립니다. 자신이 꿈꾸는 사람으로 성장하는 것을 방해할 뿐 아니라 꿈을 성취하는 것을 방해할 수 있습니다. 『누가 내 치즈를 옮겼을까』를 쓴 작가 스펜서 존슨(Patrick Spencer Johnson)은 말합니다. "여러분이 두려움을 느끼는 대상은 여러분이 상상하는 것만큼 끔찍하지 않을 수 있습니다." 마음속 상상의 두려움이 점점 커지면 그 두려움이 현실화되었을 때보다 훨씬 더 끔찍한 결과를 낳을 수 있습니다.
두려움은 당신을 도망자, 투쟁자 또는 겁쟁이로 만든다 Fear prepares you for flight, fight, or freeze	위협이나 두려움을 느낄 때, 여러분은 다음의 3가지 중 하나의 반응을 보입니다. 이 3가지 반응은 도망치기, 투쟁하기, 얼어붙기로 나뉩니다. 프레젠테이션 상황과 연관해 각 반응을 살펴보겠습니다. (1) 도망치기: 대다수 사람은 타인에게 거부당하거나 실수할까 걱정되어 프레젠테이션을 피하려 합니다. 발표할 기회를 피해 두려움에서 도망칩니다. 용기가 부족한 탓에 수많은 기회를 놓치고 맙니다. (2) 투쟁하기: 발표자가 프레젠테이션을 하는 동안 진행 과정이 순조롭지 않거나 초조할 때 분노의 감정이 들기도 합니다. 저도 한때 자신감이 부족한 발표자였을 때 지나치게 큰 목소리로 발표하곤 했습니다. 그때는 어렸고 덩치가 작아서 종종 의견을 무시당했기 때문입니다. 목소리에 힘을 주어 발표하는 것은 이제 당신들과 싸울 준비가 되었다는 것을 알려주는 일종의 보호수단이었습니다. 한번은 발표를 마치고 나서 친구 하나가 저에게 발표하는 동안 기분이 언짢았느냐고 물어왔습니다. 화낸 적이 없었는데 친구의 이야기를 듣자 문득 두려워졌습니다. 투쟁 반응이야말로 스스로 강하게 내보이는 행동이 아니라 자신이 가진 약점을 여실히 보여주는 행위라는 것을 깨달았습니다. 그날 이후로 발표 태도는 많이 변했습니다. 저는 프레젠테이션에서 가장 두려운 것이 바로 투쟁 반응입니다. 청중이 저에게 무엇인가를 배우려 할 수도 있고 정당한 이유 없이 적대적인 상황도 벌어질 수 있습니다. 이러한 도전에 지나친 투쟁 반응을 보여주지 않으려고 저는 항상 철저히 준비합니다. (3) 얼어붙기: 프레젠테이션 도중에 말할 내용을 잊어버리고 가만히 서 있기만 했던 발표자를 본 적 있습니까? 침묵은 발표자를 충격에 빠뜨리고 참을 수 없는 불편함을 느끼게 합니다. 전형적인 3가지의 두려움 반응을 살펴보았습니다. 여러분은 발표하는 동안에 주로 어떤 두려움을 경험합니까?

	• 주로 도망치고 싶다. Flight: I sometimes want to run away. • 주로 공격적으로 변한다. Fight: I sometimes become aggressive. • 할 말을 잊고 그 자리에 얼어붙어 있다. Freeze: I sometimes forget what to say and freeze. • 두려워하지 않는다. Confidence: I don't have a fear response.
두려움은 생존하는 데 필수적이다 Fear is necessary for your survival	우리는 살면서 두려움을 영원히 피할 수 없습니다. 두려움에는 실제로 존재하는 두려움이 있는가 하면, 허구적인 두려움도 있습니다. 프레젠테이션에 관한 두려움은 가상이고 허구입니다. 이 사실을 깨달아야만 상상 속 두려움을 깨부수는 일이 훨씬 빠르고 쉬워질 것입니다.
발표에 대한 두려움은 비이성적이다 Fear of presenting is irrational	저는 무수히 많은 프레젠테이션을 지켜보았습니다. 단언컨대 프레젠테이션 때문에 발표자가 현실적인 위험에 처하는 모습을 한 차례도 목격한 적이 없습니다.
두려움은 성공을 방해한다 Fear can prevent your success	두려움은 행동을 저지하므로 여러분의 성공을 방해합니다. 두려움은 스스로 만들어낸 상상 속 감옥에 불과합니다. 상상을 통해 마음속 깊은 곳에 방해 요소를 심은 것뿐입니다. 자신이 원하는 것을 얻을 수 없고 바라는 사람이 될 수도 없습니다. 두려움이란 감옥 안에서 할 수 있는 것은 아무것도 없습니다. 성공을 열망한다면 반드시 두려움을 떨쳐야 합니다. 『내 영혼을 위한 닭고기 수프』 시리즈의 공동 저자 잭 캔필드(**Jack Canfield**)는 다음과 같이 말합니다. "여러분이 원하는 모든 것은 두려움의 반대편에 있습니다."
두려움은 마인드 컨트롤을 상실한 상태다 Fear is a loss of Mind Control	마인드 컨트롤은 생각을 통제하는 능력입니다. 대중 앞에서 발표할 기회가 생기면 몇몇 사람들은 극심한 공포를 느낍니다. 두려운 감정은 문득 이성적인 사고가 차단될 때 발생합니다. 이성적인 사고는 두려움이 이끌어낸 회피, 투쟁, 얼음 반응으로 지나친 걱정과 동요로 대체되고 맙니다. 100명의 학생과 대학 강당에 앉아 있다고 상상해보십시오. 교수는 과제에 대해 기본 질문을 하기 시작했고 여러분은 이에 대답해야 하는 상황입니다. 불행히도 여러분은 과제를 하지 못했습니다. 교수는 이런 상황을 알지 못한 채 질문에 대답할 누군가를 찾아 강당 주위를 둘러보고 있습니다. 질문자의 눈을 최대한 피하고 있지만 여러분의 심장은 빠르게 요동칩니다. 마음속에서 울리는 말은 '오직 날 선택하지 마, 날 선택하지 마'뿐입니다. 절박한 외침에도 교수는 결국 여러분을 지목합니다. 두려움으로 마인드 컨트롤을 상실한 상태에서 여러분은 더듬거리며 틀린 답을 합니다. 결국 학생들 사이에서 비웃음이 터져 나옵니다.

자신을 타인에게 소개하는 발표가 두려우면 스스로 붕괴하고 중력에 이끌리듯 바닥으로 곤두박질칩니다. 내면의 붕괴는 건강한 정신과 육체의 능력을 마비시켜 무기력하고 한심한 자신이라 느끼게 합니다. 스스로 작아지는 순간, 여러분의 주위를 도는 빛들은 더는

반짝거리지 않습니다. 절망적인 처지에 놓인 여러분의 모습은 결코 자신의 진짜 모습이 아닙니다. 진정한 자신은 친구들과 함께 즐겁게 대화 나누며 두려움을 느끼지 않을 때입니다.

부정적인 프레젠테이션 자세란 무엇입니까?
What is the negative presentation mindset?

긍정적으로 프레젠테이션에 임하는 자세에 관해 학습했습니다. 부정적인 프레젠테이션 자세를 알아보겠습니다. 안타깝게도 부정적인 생각은 부정적인 태도만을 낳습니다.

당신의 두려움은 어떻게 생성되는가?

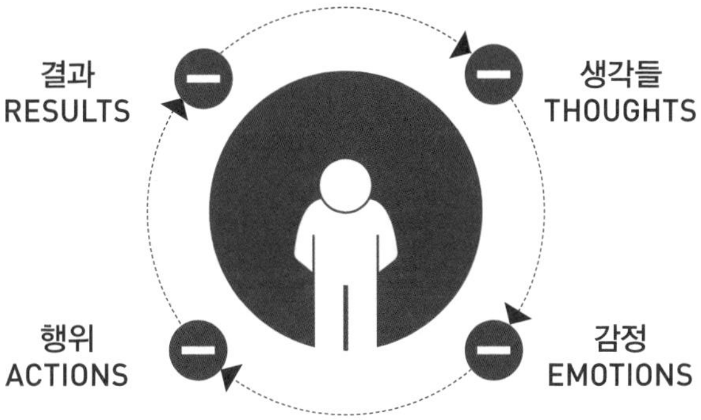

어떻게 작용합니까?
How does it work?

부정적인 생각은 부정적인 감정을 불러옵니다. 부정적인 감정은 부정적인 행동을 일으킨다는 말입니다. 부정적인 행동은 당연히 부정적인 결과를 낳습니다.

Negative thoughts create negative emotions. Negative emotions create negative actions. Negative actions create negative results.

예제 Simplified example

(1) 부정적인 생각: 청중이 너무 많다. 난 준비도 안 됐다.

Negative thought: This audience is too big. I'm not ready.

(2) 부정적인 감정: 너무 초조하다. 너무 초조하다. 너무 초조하다.

Negative emotion: I'm so nervous. I'm so nervous. I'm so nervous.

(3) 부정적인 행동: 몸은 덜덜 떨리고 목소리는 갈라지며 할 말을 까맣게 잊어버린다.

Negative action: You body shakes, your voice cracks, and you forget what to say.

(4) 부정적인 결과: 청중은 지루해하고 실망한 것 같다. 여러분의 제안을 거절한다.

Negative result: The audience looks bored and disappointed. They reject your proposal.

7가지 태도의 약점

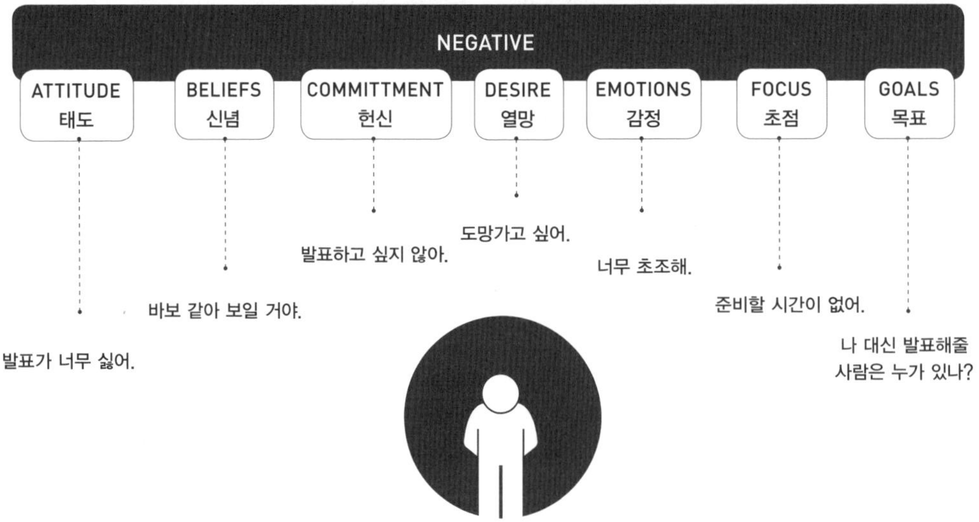

부정적인 자세를 불러일으키는 7가지 요소를 살펴보겠습니다.

부정적인 자세를 불러일으키는 7가지 요소	
⊖ 태도 Attitude	잉글리시 프레젠테이션에 부정적인 태도를 보이는 것은 여러분에게 해가 됩니다. 부정적인 태도를 지닐 때 생각은 건설적이지 못하고 창의력은 결핍됩니다. 여러분은 해야 할 일을 미루고 자신이 처한 상황을 동정하며 시간을 보낼 것입니다. 자신은 항상 실패할 것이라고 강하게 믿고 있습니다. 부정적인 태도를 지닌 발표자가 청중을 격려하고 열정을 불러일으켜 영감을 줄 수는 없습니다. 사람은 모두 실수하고 실패를 경험합니다. 하지만 부정적인 태도를 지닌 사람들은 실수나 실패를 유별나게 받아들입니다. 일상적인 실패 요소를 자신이 실패할 수밖에 없는 결정적인 증거로 믿으며 실패에 대한 결과를 미리 단정 짓습니다. 부정적인 태도는 결코 긍정적인 결과를 불러일으킬 수 없습니다.
⊖ 믿음 Belief	부정적인 발표자는 잉글리시 프레젠테이션에 부정적인 믿음을 갖고 있습니다. 자신이 실수를 저지를 것이라 단정 짓고 청중이 자신을 비웃으며 바보 같다고 생각할 것이라 상상합니다. 부정적인 믿음은 자신을 프레젠테이션에 적합한 사람이 아니라고 믿게 합니다.
⊖ 헌신 Commitment	부정적인 발표자는 주어진 상황에 온 힘을 들이며 헌신하지 않습니다. 대신 될 수 있는 대로 빨리 잉글리시 프레젠테이션을 끝마치려고 합니다. 자신의 발표에 헌신하는 모습은 찾아볼 수 없습니다.
⊖ 열망 Desire	부정적인 발표자는 주어진 상황에서 도망치고 싶어 합니다. 부정적인 발표자는 발표에 대한 열망을 품고 있지 않습니다. 오로지 실패에 대한 두려움만 가득합니다.
⊖ 감정 Emotions	부정적인 발표자는 온갖 종류의 부정적인 감정들을 경험합니다. 잉글리시 프레젠테이션을 끔찍이 여깁니다. 부정적인 발표자는 프레젠테이션을 해야 한다는 사실에 공포를 느낍니다. 부정적인 감정들은 발표를 하기 전부터 끝날 때까지 사그라지지 않습니다.
⊖ 집중 Focus	부정적인 발표자는 자기 자신과 감정에만 집중합니다. 청중에게 자신이 초조하고 발표 내용을 잊어버렸으며 실수할 것만 같다고 이야기합니다. 부정적인 표현은 자기중심적이고 청중을 배려하지 않은 태도입니다. 자기중심적인 자세와 마음가짐을 스스로 깨닫고 고치지 못한다면 청중의 욕구 대신 자신이 처한 상황에만 집중하는 이기적인 발표자가 됩니다.
⊖ 목표 Goals	부정적인 발표자는 발표 자체를 피하려 합니다. 부정적인 발표자는 가능한 한 발표에서 벗어나려 기를 쓰며 노력합니다. 아프다는 핑계를 대며 최대한 발표 기회를 거절하고 다른 사람에게 떠맡기려 애씁니다.

5

프레젠테이션에서 일반적으로 발생하는 7가지 두려움은 무엇인가?

What are 7 common presentation fears?

프레젠테이션에서 흔히 느끼는 두려움에는 어떤 것이 있는가?

흔한 프레젠테이션 두려움	때때로 이런 두려움을 느껴요.	
1. 말할 내용을 잊어버릴 거예요.	네 □	아니오 □
2. 실수를 할 거예요.	네 □	아니오 □
3. 청중이 너무 많아요.	네 □	아니오 □
4. 사람들이 저를 뚫어져라 쳐다볼 거예요.	네 □	아니오 □
5. 청중이 저를 부정적으로 평가할 거예요.	네 □	아니오 □
6. 사람들이 제 영어 실력을 평가할 거예요.	네 □	아니오 □
7. 질의응답-질문에 대답을 못 할 거예요.	네 □	아니오 □

두려움의 종류

흔한 두려움 Common Fears	어떻게 각각의 두려움을 극복할 수 있습니까? How can you overcome each fear?
무엇을 말해야 할지 잊어버립니다 I will forget what to say	발표 내용을 간소화하라 Simplify your speech. 프레젠테이션 내용이 복잡하면 기억하기 쉽지 않고 발표 내용에 핵심을 짚기 어려워 중요 내용을 놓치게 됩니다. 여러분은 가능한 한 발표 내용을 간소화해야 합니다. 전문가들은 프레젠테이션에서 복잡한 용어 사용을 매우 선호합니다. 어려운 용어가 지적으로 보이게 한다고 생각합니다. 하지만 프레젠테이션을 복잡하고 어렵게 만들 뿐입니다. 최대한 간결한 용어, 단순한 문장, 짧은 단락을 사용하십시오. 대부분의 대본은 엄청난 정보를 담고 있습니다. 간소함이 발표자의 기억을 돕고 청중도 메시지를 명확히 이해하는 데 도움을 줄 수 있다는 사실을 잊지 마십시오. 쉽고 간결한 단어를 사용했을 때 영어 발음에 대한 문제 또한 자연스럽게 해결됩니다. 티끌인가, 금인가 Dirt or Gold. 대본과 시각 보조 교재를 포함하여 프레젠테이션의 모든 콘텐츠는 티끌 아니면 금입니다. 티끌은 콘텐츠에서 불필요한 모든 것이고 금은 여러분이 목표하고 성취하고자 하는 필수 콘텐츠를 말합니다. 청중은 티끌에 관심이 없습니다. 대중이 원하는 것은 '금'입니다. 금덩어리를 내어주십시오. 그러면 여러분이 원하는 승리가 있을 것입니다. 최근에 저는 운영 체제 소프트웨어 엔지니어를 지도했습니다. 그 사람은 샌프란시스코에서 열리는 소프트웨어 학회에서 40분간 진행되는 교육 프로그램을 준비해야 했습니다. 이 엔지니어가 준비한 슬라이드 중 하나는 위젯이 어떻게 스마트폰에서 기능하는지를 자세하게 다루고 있었습니다. 학회의 청중은 위젯에 관해 잘 알고 있는 컴퓨터 응용 개발자와 플랫폼 개발자로 구성되어 있었습니다. 이 같은 불필요한 티끌을 제거해야 합니다. 그래야 청중에게 진정한 금을 선사할 수 있습니다. 기승전결로 구성된 대본을 작성하라 Create a well-organized script. 여러분의 대본이 서론, 본론, 결론을 갖췄을 때 프레젠테이션은 이해하기 쉽고 논리적인 흐름을 보여줄 수 있습니다. 대본을 간소화하려면 본론에 주요 핵심 사항을 적게 넣으면 됩니다. 여러분과 청중이 감당할 수 있을 3~5개의 핵심 사항보다 추가로 더 많아지면 청중은 정신적 과부하가 일어납니다. 내용이 이해될 때까지 연습하라 Practice until you know your material. 대부분 발표자는 연습량이 충분하지 않다는 사실을 알고 있습니까? 발표 준비를 미루지 마십시오. 가능한 한 빨리 준비를 시작해야 합니다. 발표 준비와 연습은 편안함과 자신감을 불러옵니다. 발표 연습을 하면서 여러분 머릿속에 점점 장기간 동안 떠올릴 수 있는 기억력이 강화될 것입니다. 몸짓, 목소리, 시각 보조 자료 사용까지 연습하면 개선됩니다.

	이 과정은 발표 전달 기술의 발달로 이어집니다. 연습은 프레젠테이션에 대한 확신과 전문성, 품격을 갖추게 합니다. 요점 노트 사용하기 Use key point notes. 대본 없이 프레젠테이션할 수 있다면 이상적일 것입니다. 대본을 들고 발표한다면 여러분과 청중 사이에 가로막이 놓인 것과 다름없습니다. 하지만 요점이 간략히 적힌 3×5 크기의 카드는 발표에 도움이 될 수 있습니다.
분명히 실수할 거예요 I will make a mistake	누구나 실수한다 Yes, you will make mistakes. 우리는 완벽하지 않아서 실수를 피할 수 없습니다. 발표할 때 벌어지는 실수에는 2종류가 있습니다. (1) 인간적인 실수 Human Mistakes 누구에게나 일어날 수 있는 '인간적인 실수'는 큰 문제가 아닙니다. 발표 도중 포인터를 바닥에 떨어뜨렸다고 상상해보십시오. 별일 아닙니다. 청중들이 웃을 수도 있습니다. 이 광경을 보고 청중이 웃는다고 해서 비웃는 것은 아닙니다. 발표 도중 일어나는 실수에 대해 그 누구도 개의치 않는다는 사실을 잊지 마십시오. 자그마한 실수를 기억하는 사람은 아무도 없습니다. (2) 책임과 관련해 일어나는 실수 Job Related Mistakes 발표에서 해야 하는 일을 제대로 준비하지 않았거나 내용을 제대로 이해하지 못해 무슨 말을 해야 할지 몰라서 발생한 실수 등입니다. 당혹감과 부끄러움은 여러분이 당연히 감당해야 하는 몫입니다. 발표를 위해 해야 하는 일은 반드시 하십시오. 그러면 청중 앞에서 수치를 느끼는 고통에서 벗어날 수 있습니다.
청중의 규모가 너무 커요 The audience is too big	청중의 규모가 크다는 것은 좋은 일이다 A big audience is a good thing. 프레젠테이션의 목적은 청중이 더 나은 삶을 살도록 돕는 것입니다. 청중의 규모가 크면 클수록 '더 많은 사람에게 도움을 줄 수 있다'는 것을 의미합니다. 발표자가 많은 사람 앞에 서고 발표 분위기에 점점 익숙해지면 앞으로 어떤 규모의 청중 앞에 서더라도 편안함을 느낄 수 있습니다. 잉글리시 프레젠테이션을 할 때 어느 정도의 청중 앞에서 편안함을 느낍니까? 여러분이 편안함을 느끼는 청중의 수는 5명 이하 또는 20, 100, 500, 1,000, 5,000, 5,000 이상인가요? 여러분이 원하는 청중의 규모는 5명 또는 5,000명일 수도 있습니다. 하지만 청중의 규모와 관계없이 발표 문장을 공들여 쓰고 노력을 쏟아부어야 한다는 사실에는 변함이 없습니다. 여러분의 마음가짐과 사고가 자신을 바라보는 청중의 수를 결정하기 마련입니다. 소규모 청중 앞에서 편안함을 느끼는 발표자, 대규모 청중 앞에서 당당한 발표자 등 부류가 나뉩니다. 만일 여러분이 대규모 청중 앞에서 발표하는 데 문제가 없다면 발표자가 자

	신을 믿고 있음을 나타냅니다. 반면 대규모 청중 앞에서 발표하는 것에 부담감을 느낀다면 자신을 믿지 못한다는 말이 될 것입니다. 발표하는 자신을 믿으십시오. 자신을 믿는 순간 발표자로서 많은 변화를 느끼게 될 것입니다.
청중들이 저를 뚫어지게 응시해요 People will stare at me	청중이 발표자를 응시하는 것은 매우 좋은 일이다 It's good when people stare at you. 발표할 때 청중을 둘러보면 누군가는 팔짱을 낀 채 앉아서 여러분을 강렬하게 응시할 지도 모릅니다. 이때 청중의 표정은 마치 화난 사람처럼 보이기도 합니다. 그러한 청중 앞에서 발표자는 당황하고 걱정이 듭니다. 발표자를 더욱 초조하게 만들고 발표 내용에 대한 집중력까지 흐트러지게 합니다. 하지만 프레젠테이션을 하고 나서 발표자를 응시하던 청중이 다가와 발표자를 칭찬한다면 여러분은 깜짝 놀라고 말 것입니다. 청중은 결코 여러분을 초조하게 만들지 않습니다. 부정적인 생각으로 자신을 초조하게 만들지 마십시오. 여러분의 감정은 전적으로 여러분의 책임입니다. 설사 청중 사이에서 실제로 화난 사람이 있더라도 발표자가 그 사실에 영향을 받아 부정적인 감정을 품을 필요는 없습니다. 청중의 감정을 책임지는 것은 여러분이 아니라 바로 청중 자신의 몫입니다. 기분이 좋지 않아 보이는 청중을 목격했다면 여러분에게 유리한 쪽으로 생각하거나 청중이 다른 무엇인가에 집중하고 있다고 여기십시오. 이런 긍정적인 생각이 발표자의 심란한 마음을 막아줄 것입니다.
청중이 저를 부정적으로 평가할 것 같아요 The audience will judge me negatively	좋은 사람들은 결코 부정적인 평가를 하지 않는다 Good people will not judge you negatively. 대부분 청중은 좋은 사람들입니다. 긍정적인 에너지로 여러분이 발표하면 청중 역시 여러분을 좋아할 수밖에 없습니다. 여러분의 콘텐츠가 청중이 원하는 것을 성취하도록 돕는다면 청중은 프레젠테이션에 만족할 것입니다. 또한 여러분이 열정을 다해 메시지를 전달한다면 청중 또한 여러분의 메시지에 동의할 것입니다. 세계 어느 곳을 가더라도 여러분은 좋은 사람들을 만날 것입니다. 그 사람들 중 여러분을 부정적으로 평가하는 사람은 단 한 사람도 없습니다. 세상 모두가 좋은 사람은 아니며 언제나 부정적으로 평가하는 사람이 주위에 있을지도 모릅니다. 일부 사람은 여러분에게 부정적일 수 있습니다. 그들은 여러분에게 선입견을 품고 질투하며 말도 안 되는 이유로 부정할 수 있습니다. 굳이 부정적인 태도를 보인 이들에게 휩쓸려 영향 받을 필요는 없습니다.
청중이 제 영어 실력을 평가할 거예요 People will judge my English ability	프레젠테이션의 목적은 청중을 이해시키는 것이다 Your aim is to be understood.. 영어를 모국어로 구사하는 원어민으로서, 한국에서 수년간 잉글리시 프레젠테이션 코치로 일해온 제가 깨달은 사실이 있습니다. 바로 대부분의 한국 사람들은 타인이 자신의 영어 실력을 어떻게 평가할지를 지나치게 걱정한다는 것입니다. 영어 실력을 걱정하는 것은 부정적인 자기 대화의 일종입니다. 여러분에게 도움될 것이 없으니 바로 멈춰야 하는 생각입니다. 가치를 제공하다 Provide Value

	영어로 말하는 능력이 완벽해야 할 필요는 없습니다. 발표의 핵심은 완벽이 아닙니다. 성공적인 프레젠테이션에서 가장 중요한 요소는 발표자의 메시지가 청중에게 명확히 전달되고 그럴 가치가 있는지에 달려있습니다.
Q&A 시간 동안 질문에 대답할 수 없을 것 같아요 I won't be able to answer the questions during Q&A	Q&A는 발표자에게 또 다른 기회의 시간이다 Q&A is an opportunity. 대부분의 사람은 **Q&A** 시간을 두려워합니다. **Q&A** 시간이 발표자를 두렵게 하는 가장 큰 이유는 프레젠테이션 전 과정 중에서 가장 예측하기 어려운 시간이기 때문입니다. 청중은 발표를 들으며 궁금했던 모든 것을 여러분에게 질문할 수 있습니다. 발표자에게 **Q&A** 시간이 두려울 수밖에 없는 또 다른 이유는 최악의 상황까지 상상하기 때문입니다. 대답할 수 없는 질문을 받고 당황해하는 발표자를 지켜보며 청중이 비웃을 것이라 상상합니다. 또한 질문자는 발표자에게 무조건 적대적일 것이라고 믿습니다. 이런 걱정은 부정적인 자기 대화입니다. 부정적인 자기 대화는 결코 생산적이지 못하고 스트레스만 더욱 가중시킬 뿐입니다. 대신에 프레젠테이션의 목적은 청중을 돕기 위함이라는 것을 다시 한 번 인식하십시오. **Q&A** 시간은 발표자가 청중의 질문에 대답해 발표 내용의 이해를 도울 수 있는 매우 중요한 시간입니다. 청중이 발표 내용을 정확히 이해하지 못한 채로 강연장을 떠난다면 발표자는 가장 중요한 목적을 상실한 것입니다. **Q&A**의 중요성을 깨닫고 프레젠테이션에서 승리할 수 있는 전략으로 이 시간을 소중하게 활용하십시오. 사람들은 도움이 필요해서 질문하는 것입니다. 청중의 이런 마음을 이해하고 적극적으로 도와준다면 발표자가 질문에 정확하게 답변하지 못하더라도 진심을 존중할 것입니다. 발표자가 모든 내용을 다 알아야 하는 것은 아닙니다. 하지만 청중에게 어떻게든 도움을 주려고 온 힘을 다하고 있다는 것을 보여주어야 합니다.

6 프레젠테이션에서 발생하는 불확실성에 대한 두려움은 어떻게 제거할 수 있는가?

How can you eliminate the fear of the unknown?

프레젠테이션하는 데 필요한 정보

자신감 있고 유능한 발표자는 프레젠테이션과 관련된 다양한 변수를 제거할 수 있어야 합니다. 프레젠테이션에 관해 많이 알면 알수록 발표자는 편안할 것입니다. 자신의 발표 내용을 잘 모른다면 불편할 수밖에 없습니다. 주변의 변수는 발표를 불안정하게 만들고 발표자에게 두려움과 의심을 불러일으킵니다.

발표하는 데 확신하려면 자신이 모르는 것에 대한 두려움을 꼭 없애야 합니다. 아무런 노력 없이 정보가 저절로 여러분을 찾아올 것이라고 기대하지 마십시오. 스스로 상황을 주도하고 필요한 정보를 찾아 나서십시오. 여러분이 발표할 콘텐츠, 청중, 발표 장소, 장비,

질의응답 등을 발표하기에 앞서 파악하고 있어야 합니다.

발표하기 전에 파악하고 있어야 할 것들

	당신은 이것을 알고 있다 You know it	당신은 이것을 알지 못한다 You do not know it
콘텐츠 Your content	프레젠테이션할 때 편안하고 자신이 생기는 최고의 방법은 콘텐츠의 내용에 대해 정확히 알고 있는 것이다. 그래서 발표 준비와 연습이 상당히 중요하다. 여러분이 무엇을 행동하고 말할지 알고 있다면 발표가 수월할 것이다. 발표 준비가 되어 있다면 변수가 생기더라도 쉽게 대처할 수 있다. 제대로 준비될 때까지 연습하고 또 준비해야 한다.	대부분 사람은 종종 발표가 임박해야 콘텐츠를 준비한다. 프레젠테이션 준비에 박차를 가하는 대신 발표를 어떻게 할지 걱정하며 귀중한 시간을 낭비한다. 발표 콘텐츠를 제대로 알지 못하면 불확실성과 스트레스가 커져 실패에 이른다. 발표 진행이 조금이라도 잘못되면 회복하는 데 어려움을 겪을 것이다.
청중 Your audience	청중의 욕구, 바람, 열망을 잘 이해한다면 소통하는 콘텐츠를 개발할 수 있다. 그러나 처음 보는 사람들의 취향을 파악하기란 쉽지 않다. 발표 전에 최대한 청중의 얼굴을 맞대고 만나볼 수 있는 시간을 가지기를 바란다. 잘 모르더라도 얼굴을 튼 사람들이 청중이라면 발표할 때 훨씬 편안하다.	청중의 성향, 욕구, 바람, 열망을 잘 이해하지 못할 경우 청중과 소통하는 프레젠테이션을 선보이기는 어렵다. 결국 긍정적인 결과를 얻는 데 실패한다. 발표 전에 청중을 직접 만나지 못해 어떤 사람들인지 파악되지 않는다면 프레젠테이션 진행은 어려울 수밖에 없다.
장소 Your venue	발표를 위해 다른 곳으로 이동해야 할 때도 있을 것이다. 발표 장소의 위치와 이동 방법까지 정확하게 파악해둬야 한다. 발표하는 장소의 크기, 좌석 배치, 음향과 영상 장비, 조명까지 알아야 한다. 무대 파악을 해둬야 발표 환경을 적절하게 통제할 수 있다.	발표하는 장소에 익숙하지 않을 경우 많은 문제에 직면하게 된다. 이동 중에 길을 잃거나 장소나 건물을 착각할 수도 있다. 심지어 다른 도시로 이동하기도 한다. 엉뚱한 장소에 도착해서 발표 시간에 늦는다면 스트레스를 받을 것이다. 청중을 위한 좌석 배치가 부적절하거나, 조명이나 음향이 말썽을 일으킨다면 사태는 더 심각해진다.
장비 Your equipment	대부분의 발표자는 장비를 사용한다. 하지만 때마다 다른 사람의 도움을 받아 장비를 설치하거나 작동시킬 수는 없다. 스스로 장비를 설치하는 방법과 자신이 사용할 장비는 사용법을 제대로 익혀놓는 것이 중요하다. 장비 사용법을 알고 있다면 자신감이 향상된다. 컴퓨터, 소프트웨어, 빔 프로젝터, 포인터, 마이크, 조명까지 확실히 사용법을 숙지해야 한다. 만일 문제가 발생한다면 어떻게 대처할지 행동 계획도 세울 수 있다.	장비 사용법을 모른다면 발표 도중에 문제가 발생했을 때 전문성이 떨어져 보일 수 있다. 문제에 대한 대처 기술이 부족하다면 청중은 발표자와 메시지 역시 신뢰하지 못한다. 장비 문제를 다루지 못하면 발표 내용의 수준이 질적으로 떨어져 보일 수도 있다. 예를 들어 음향에 문제가 발생했고 프로젝터 디스플레이 이미지가 흐릿하다면 청중은 발표에 부정적인 마음이 들어 실패할 수밖에 없다.

질의응답 전략 Your Q&A strategy	질의응답 시간은 발표자가 청중과 소통해서 가까워질 수 있는 중요한 때다. 청중이 질문하는 이유는 발표 주제를 좀 더 잘 알고 싶기 때문이다. 청중이 물어볼 가능성이 있는 모든 질문을 사전에 대비하고 대답을 마련해둬야 한다.	발표자는 으레 질의응답을 두려워한다. 하지만 발표자가 청중을 도울 마음이 없고 스스로에 대한 믿음조차 부족한 메시지가 청중에게 전달된다. 청중이 발표자를 의심한다면 원하던 목표를 달성할 수 없다.

예상치 못했던 두려움을 맞닥뜨렸을 때 이를 제거할 수 있는 몇 가지 전략이 있습니다.

예상치 못했던 두려움을 맞닥뜨렸을 때

콘텐츠 Your content	**Q.** 어떻게 콘텐츠가 더 좋아지고 있다는 것을 알 수 있습니까? 미루지 마라. Do not procrastinate. 미리 준비하라. Prepare in advance. 시간이 부족하다고 말하지 마라. Never say to yourself that you do not have enough time. 내용은 스스로 작성하라. Write the material yourself. 메모를 가지고 연습하라. Practice with notes. 메모 없이 연습하라. Practice without notes. 빔 프로젝터나 컴퓨터가 작동하지 않는 상황처럼 문제가 발생했을 때 해결 방안을 미리 생각해두어 대처하라. Practice dealing with problems, like a beam projector or computer not working. 동료를 청중으로 생각하고 연습한 다음 피드백을 받아라. Practice with an audience of your peers and get feedback from them. 마음속으로 연습하라. Practice in your mind. 발표할 장소에서 연습하라. Practice in the venue where you will be speaking. 연습 장면을 촬영하고 재검토하라. Videotape and review your practice sessions. 연습하는 동안 긍정적인 자기 대화를 나누고 거듭 연습하라. Use positive self-talk during your practice presentations. Practice. Practice. Practice.

청중 Your audience	**Q.** 어떻게 청중을 제대로 파악할 수 있습니까? 만나본 적 없는 사람들 앞에서 발표해야 하는 상황이라면 발표 전에 미리 만나보는 시간이 있으면 좋다. 소규모 사람들 앞에서 발표할 경우 발표자가 자기소개를 하고 나서 사람들과 가벼운 대화를 나누는 것이다. 오늘 하루는 어땠는지, 날씨는 어떻고 회사나 조직에서 맡은 직무는 무엇인지 등을 편하게 물어보라. 그러면 서먹했던 분위기는 누그러지고 발표자는 청중의 특징을 더 잘 파악할 수 있게 된다. 대략 50명 앞에서 발표해야 한다면 발표 전에 될 수 있는 한 많은 사람에게 자신을 소개해보라. "발표에 참석해주신 여러분 모두에게 감사드립니다." 호텔 연회장이나 콘퍼런스 센터에서 500명 이상의 청중을 대상으로 발표를 앞두고 있다면 해당 장소를 돌아다니며 방 안의 테이블에 앉아 있는 사람들에게 자기소개를 하라. 참석자들에게 행사에 온 동기를 묻고 발표에서 얻고자 하는 것은 무엇인지 친절히 물어본다.
장소 Your venue	**Q.** 어떻게 장소에 관해 더 잘 알 수 있습니까? 발표 장소를 알아두려면 위치, 크기, 배치, 좌석 배열, 음향과 시각 장비, 조명에 관한 정보를 수집해야 한다. 장소는 어디인가? 지도를 구할 수 있는가? Where is the location? Can you get a map? 청중에게 적합한 크기인가? Is it the appropriate size for your audience? 업체에 요청해 다른 장소로 바꿔야 하는가? Do you need to request a different room? 장소의 배치와 좌석 배열 상태는 어떤가? What is the layout and seating arrangement? 테이블과 의자를 재배열할 수 있는가? Can you rearrange the tables and chairs? 강연대가 있는가? Does it have a lectern? 빔 프로젝터가 설치돼 있는가? Does it have a beam projector? 빔 프로젝터가 시각 자료를 적절하게 잘 보여주는가? Will the beam projector display your visual aids properly? 마이크와 음향 장치를 갖추고 있는가? Does it have a microphone and sound system? 조명 조절 장치와 전기 플러그는 어디에 있는가? Where are the light controls and electrical plugins? 전력을 위한 연장 코드가 필요한가? Do you need an extension cord for electrical power? 어댑터가 필요한가? Do you need any adapters?

장비 Your equipment	**Q.** 어떻게 장비 사용법을 알 수 있습니까? 기술을 두려워하거나 지레 겁먹지 마라. 사전에 사용법을 미리 익혀두어야 한다. 동료나 친구에게 알려달라고 부탁해 스스로 준비해보라.
질의응답 Q&A	**Q.** 어떻게 질의응답을 준비할 수 있습니까? 질의응답 준비를 하려면 여러분은 청중이 물어볼 가능성이 있는 질문을 예측해야 한다. 질문 내용이 비교적 예측 가능하다면 **Q&A** 시작 전 청중이 궁금해할 만한 예상 질문에 대한 답변까지 마련해두어야 한다. 발표 중간에 이를 미리 언급하는 것도 **Q&A**에 대한 두려움을 없애면서 청중을 만족하게 할 수 있다. 때때로 청중은 대답하기 까다로운 질문을 할 수도 있다. 예산에 관한 세부 사항, 계획에 대한 문제점, 제안에 대한 약점같이 대답하기 쉽지 않은 질문들 말이다. 청중이 질문하지 않기를 바라고 걱정하며 시간을 허비하지 마라. 그런 질문에 대한 답변을 미리 준비하고 연습하라.

여러분은 Step 2에서 성공적으로 슈퍼 파워 비밀의 문 2 '마인드 컨트롤 마스터'를 배웠습니다. 이제 Step 3을 준비할 시간입니다. 학습한 자기 인식은 일회성이 아니라 지속해야 하는 자기 성찰, 자아 이해, 자기 극기라는 사실을 꼭 기억하십시오.

Step 2 Unlock Superpower 2! Mind Control Master

- 나는 생각을 통제해 감정을 다스린다.
  I control my emotions by controlling my thoughts.
  네 □
  잘 모르겠습니다 □

- 나는 긍정적인 자기 대화에 적극 참여한다.
  I engage in positive self-talk.
  네 □
  잘 모르겠습니다 □

- 나는 긍정적인 자세를 지녔다.
  I have a positive mindset.
  네 □
  잘 모르겠습니다 □

- 나는 자신을 믿는다.
  I have faith in myself.
  네 □
  잘 모르겠습니다 □

- 나는 발표할 때 발생한 실수에서 배움을 얻는다.
  I learn from my presentation mistakes.
  네 □
  잘 모르겠습니다 □

- 나는 진정한 자신감을 가졌다.
  I have true confidence.
  네 □
  잘 모르겠습니다 □

Step 2 Key Learning Points

- 2가지 유형의 발표자가 있다: 긍정적인 발표자와 부정적인 발표자.
  There are two types of presenters: positive and negative.

- 긍정적인 발표자는 긍정적인 결과를 낳는다.
  Positive presenters get positive results.

- 자신감은 당신이 무언가를 잘할 수 있고 어떤 것에 성공할 수 있다고 느끼는 감정과 믿음이다.
  Confidence is a feeling or belief that you can do something well or succeed at something.

- 자신감은 유능함에서 나온다.
  Confidence comes from competence.

- 자신감을 높이기 위해 생각을 통제하고 기술을 개발해야 한다.
  To develop confidence you need to control your thoughts and develop your skills.

Step 3
긍정적인 콘텐츠:
유익한 콘텐츠 만들기

Step 3
Positive Content:
How to Create Beneficial Content

슈퍼 파워 비밀의 문 3:
창의력 마스터

창의적인 인생을 살고자 한다면,
잘못될 것이라는 두려움을 떨쳐버려야 한다.
– 조셉 칠턴 피어스(미국 작가)

To live a creative life we must lose our fear of being wrong.
– Joseph Chilton Pearce, American Author

긍정적인 콘텐츠를 선택하면 승리할 수 있습니다!
Choose to create positive content and you can win!

긍정적인 결과와 부정적인 결과

긍정적인 발표자	+	긍정적인 콘텐츠	+	긍정적인 전달	=	긍정적인 결과
부정적인 발표자	+	부정적인 콘텐츠	+	부정적인 전달	=	부정적인 결과

매력적인 프레젠테이션 콘텐츠를 만드는 것은 논리적이고 창의적인 과정입니다.

이제 Step 3에서 슈퍼 파워 비밀의 문 3 '창의력 마스터'를 열게 될 것입니다. 잉글리시 프레젠테이션 슈퍼히어로가 되려면 프레젠테이션에 다음의 내용을 담으면 도움이 됩니다.

(1) 청중이 가진 문제에 관한 실질적인 해결책

(2) 영감을 불러일으키는 프레젠테이션 자료

(3) 청중의 긍정적인 감정 경험

(4) 적절한 때에 터져 나오는 웃음

(5) 행동으로의 실천

1

2가지 유형의 콘텐츠란 무엇인가?

What are the two types of content?

콘텐츠는 청중이 발표자의 아이디어와 제안을 동의할 수 있도록 발표에 쓰인 모든 것을 말합니다. 콘텐츠는 대본, 시각 보조 자료, 음악, 제품 설명, 청중의 감정 상태나 결정 과정에 영향을 끼치는 데 사용되는 기타 요소를 포함합니다. 여러분의 콘텐츠가 인정받으려면 청중에게 '가치'를 전달해야 합니다. 청중이 만족해야 콘텐츠가 유용한 정보가 됩니다.

긍정적인 프레젠테이션 방법론은 2종류의 콘텐츠만이 존재합니다.

긍정적인 콘텐츠와 부정적인 콘텐츠	
긍정적인 콘텐츠 Positive Content	청중은 혜택을 받고 발표자는 목표하는 바를 성취하도록 도와주는 콘텐츠
부정적인 콘텐츠 Negative Content	청중은 혜택을 누리지 못하고 발표자도 목표한 바를 이룰 수 없는 콘텐츠

2가지 스타일의 콘텐츠는 어떻게 다릅니까?
What are some differences between the two types of content?

긍정적인 콘텐츠와 부정적인 콘텐츠 2

긍정적인 콘텐츠 Positive Content	부정적인 콘텐츠 Negative Content
⊕ 흥미로운 Interesting	⊖ 지루한 Boring
⊕ 이해가 잘되는 Easy to understand	⊖ 혼동되는 Confusing
⊕ 신뢰할 수 있는 Believable	⊖ 신뢰할 수 없는 Not believable
⊕ 공감을 이끌어내는 Creates Agreement	⊖ 공감할 수 없는 No agreement
⊕ 행동으로 실천하고 싶은 Inspires Action	⊖ 실행하고 싶지 않은 No action

청중에게 이점을 주는 모든 콘텐츠는 긍정적인 콘텐츠입니다. 긍정적인 콘텐츠를 생산하고 부정적인 콘텐츠를 제거하는 것만으로도 여러분은 목표한 바를 성취할 수 있습니다.

프레젠테이션 준비 과정 7단계 (Seven Presentation Preparation Steps)

청중 이해하기 Understand your audience	청중은 누구인가? Who is your audience?
주제 고르기 Select a topic	무엇을 말할 것인가? 그 이유는? What will you speak about? Why?
목표 적기 Write your objective	이 프레젠테이션의 목표는 무엇인가? What is your objective?

주요 논점 브레인스토밍 Brainstorm your main points	어떻게 아이디어를 생성할 것인가? How can you generate ideas?
대본 작성 Write your script	어떻게 이야기를 체계화할 것인가? How can you structure your talk?
시각 보조 자료 생성 Create your visual aids	어떤 시각 자료가 당신을 도와 승리로 이끌 것인가? What visuals will help you win?
연습 Practice	어떻게 승리를 준비할 것인가? How can you be prepared to win?

프레젠테이션 준비 1단계부터 3단계까지 살펴보겠습니다.

청중 이해하기
Understand Your Audience

긍정적인 콘텐츠를 생성하려면 청중의 욕구, 바람, 열망을 정확히 파악해야 합니다. 청중과 관련된 세부 정보를 수집하는 것이 매우 중요합니다.

최소한 다음 사항을 알아야 합니다.

(1) 청중은 누구이고 무엇에 관심이 있는가?

Who are they and what are their interests?

(2) 주제에 관해 청중의 이해 정도는 어떠한가?

What do they understand about the topic?

(3) 청중은 주제에 대해 어떻게 생각하고 믿고 있는가?

What do they currently think and believe about the topic?

(4) 어떻게 하면 청중이 발표자의 메시지에 동의해 'Yes'라고 대답하게 할 것인가?

What action do you predict they will agree to take?

(5) 청중이 행동으로 옮기도록 발표자가 요구하는 것이 있는가?

What is your call to action?

이 5가지 질문들을 좀 더 자세히 살펴보겠습니다.

청중을 이해하기 위한 5가지 질문

청중은 누구이고 무엇에 관심이 있는가? Who are they and what are their interests?	청중이 전문 사업가, 대학생, 의사, 연구원, 신원을 확인할 수 있는 그룹의 사람들인가? 모든 사람은 저마다 관심사가 있고 자신의 현재 상황을 개선하는 데 관심이 있다. 사업가들은 사업 목표를 성취하는 데 흥미를 느끼고 대학생은 사회생활의 시작에 흥미가 있으며 의사들은 환자를 돕는 것에 관심이 있다. 프레젠테이션을 성공적으로 마치려면 청중들이 흥미를 느끼는 부분에 초점을 맞춰라. 자신에게 물어보라. '어떻게 하면 청중의 욕구와 요구 조건을 충족시켜 청중이 목표하는 바를 성취하도록 도울 수 있을까?'
청중의 주제 이해 정도는 어떠한가? What do they understand about the topic?	청중이 주제에 관해 이미 많은 것을 알고 있는가? 청중은 주제의 분야에 전문가인가, 초심자인가? 발표자는 청중의 이해도에 따라 자신의 콘텐츠를 조정할 수 있다. 청중이 관련 분야의 전문가라면 발표자가 굳이 별도로 설명할 필요는 없다. 하지만 청중이 그 분야의 초심자라면 상황은 달라진다. 발표자에게 친숙한 내용이라고 해서 청중에게 제대로 설명하지 않고 핵심 내용을 배제한다면 청중은 내용 파악에 어려움을 겪게 될 것이다.
청중은 주제에 대해 어떻게 생각하고 믿고 있는가? What do they currently think and believe about the topic?	청중이 발표 주제에 호기심을 느끼고 협조적인가, 무관심하고 회의적이며 적대적인가? 청중이 주제를 제대로 이해하고 있는지 발표자가 알고 있는 것은 매우 중요하다. 청중의 마음을 읽은 발표자는 청중에게 많은 영향을 끼치고 프레젠테이션에서 유리한 위치를 확보할 수 있기 때문이다. 영향력 있는 발표자가 되었을 때 발표자는 청중의 마음까지도 변화시킬 수 있다. 만약 청중이 변화를 원치 않거나 적대감을 보이더라도 발표자는 평정심을 잃지 말고 전문가다운 면모를 유지해야 한다.

어떻게 하면 청중이 발표자의 메시지에 동의해 'Yes'라고 대답하게 할 것인가? What action do you predict they will agree to take?	여러분이 청중에게 등산을 권하거나 헌혈에 참여하도록 유도하는 것과 같이 단순한 행동 변화를 촉구하는 프레젠테이션을 진행한다고 가정해 보자. 이런 종류의 프레젠테이션은 단 한 번의 진행으로 청중에게 행동 여부를 결정하게 할 수 있다. 하지만 청중에게 수백만 달러의 컴퓨터 시스템을 권하는 것과 같이 고가의 수익을 창출하는 프레젠테이션을 진행할 때, 청중이 최종 결정을 하기까지 수많은 단계를 거쳐야 한다. 여러 단계의 과정으로 구성된 프레젠테이션은 발표자가 청중에게 다음 단계의 프레젠테이션에서 무엇을 논할지 명확히 설명해야 한다. 청중이 다음 단계의 필요성을 느끼도록 발표를 진행시켜야 하는 것이다. 청중이 컴퓨터 시스템을 구매하려면 제품에 대해 더 깊이 이해하고 구매에 대한 생각이 확고해지도록 발표자는 각 단계를 치밀하게 준비해야 한다.
청중이 행동으로 옮기도록 발표자가 요구하는 것이 있는가? What is your call-to-action?	발표자들은 청중이 프레젠테이션의 메시지를 행동으로 실천해주기를 바라지만 정작 청중에게 실천을 요구하지 못한다. 청중에게 원하는 행동을 요청하지 않으면 청중은 이를 결코 실행하지 않는다. 청중에게 바라는 행동이 있다면 프레젠테이션에서 직접 언급해 당당히 요구하라.

청중 분석 체크리스트: 구체적인 세부 사항 모으기
Audience analysis checklist: Gather specific details

청중의 눈높이에 맞는 프레젠테이션을 준비하기 위해 알맞은 정보를 수집해야 합니다. 다음은 발표에 필요한 정보를 모으는 데 도움을 주는 질문 목록입니다.

발표에 필요한 정보를 모으는 데 도움을 주는 질문 목록

질문 Question	왜 중요한가? Why is it important?
청중의 규모는 어느 정도인가? How large is your audience?	회의실에서 소규모 인원을 대상으로 하는 프레젠테이션과 호텔 연회장에서 대규모 인원을 대상으로 하는 프레젠테이션은 콘텐츠가 달라야 한다. 소규모 청중은 발표자와 상호작용이 가능하므로 좀 더 세밀한 정보 전달을 할 수 있다. 대규모 청중은 많은 이미지와 큰 폰트, 즐겁고 재미를 줄 수 있는 발표 방식을 선호한다.

청중은 누구이고 참석 목적은 무엇인가? Who are the attendees and what motivates them to attend?	발표자는 청중을 위해 존재한다. 따라서 청중은 발표자에게 최우선적인 존재다. 청중은 스스로 선택해 프레젠테이션에 참여하기도 하지만 타인의 권유로 억지로 참석할 때도 있다. 자발적으로 참석한 참가자는 어느 정도 동기부여가 되어 있고 열성적으로 프레젠테이션에 참여하기 때문에 메시지 전달이 훨씬 쉽다. 따라서 청중의 주된 동기를 파악해 욕구를 채워준다면 프레젠테이션을 더 효율적으로 진행할 수 있다.
의사 결정권자는 누구이고 이들에게 영향력을 행사하는 사람은 누구인가? Who are the decision makers and influencers?	발표자의 제안을 수용하는 단 한 명의 의사 결정권자가 있거나 여러 의사 결정권자가 있을 수 있다. 발표자가 청중이 자신의 제안을 수용하거나 거절하는 과정을 이해하는 것은 중요하다. 영향력을 행사하는 사람은 의사 결정자들이 신뢰하는 자다. 이들은 의사 결정권자의 선택에 지대한 영향을 끼치므로 발표자는 청중의 욕구를 채워주고 지지를 끌어내야 한다.
청중의 문화적 기질은 어떠한가? What is the cultural makeup of your audience?	청중의 문화적인 기질을 이해하면서 다른 문화권의 청중이 불쾌할 수 있는 요소를 피하고 흥미를 느끼는 요소를 더욱 적극 활용한다. 상대방의 문화에서 명함을 주고받는 방식이 특별하고 독특한 인사법이라면 이를 따라 해보는 것도 좋다. 이런 행동은 상대방의 문화를 존중하는 뜻을 내비쳐 좋은 인상을 남길 수 있다. 미국의 사업가들은 계약을 체결하고 나서 손에 힘주어 악수하고 상대방을 정면으로 쳐다보며 눈 맞춤을 시도한다. 만일 상대방이 악수를 대충 하거나 눈을 제대로 마주치지 못한다면 신뢰할 수 없는 사람이라는 인상을 주어 이후 좋은 결과를 기대하기 어렵다.
청중의 교육 수준은 어떠한가? What is their education level?	청중의 교육 수준을 이해하고 적절한 수준의 단어와 예시를 사용해 발표하면 핵심 사항을 효과적으로 전달할 수 있다. 발표 메시지를 청중이 제대로 이해할 수 있도록 발표자가 온 힘을 다해야 한다. 청중의 교육 수준을 미리 파악하면 청중의 생활 방식과 흥밋거리에 관해 중요한 단서를 제공받을 수 있다.
청중의 직업은 무엇인가? What are their occupations?	청중이 기술자, 과학자, 연구원들로 구성되면 분석적이고 정보 위주로 설명되는 프레젠테이션을 선호한다. 청중 성격에 따라서 원하는 정보를 제공해야 한다. 하지만 청중이 홍보, 판매, 디자이너 등이라면 감성적으로 접근해야 한다. 직종이 다른 청중은 각자 다른 용어, 유행어, 전문 용어를 쓴다. 발표자가 청중의 다양한 언어를 사용해 발표한다면, 청중은 발표자의 메시지를 더욱 열린 마음으로 수용할 것이다.
청중이 가진 생각은 무엇이고 그 청중을 하나로 연결하는 것은 무엇인가? What are their common beliefs or what bonds them together as a group?	대규모 청중은 때때로 신념이 있기도 하다. 이런 청중은 자신의 기준으로 좋고 나쁨, 옳고 그름을 평가한다. 청중이 여러분과 똑같은 정치 성향과 종교적인 믿음을 지니고 있는가? 같은 회사 소속의 그룹 앞에서 프레젠테이션할 때 발표자가 청중의 기업 문화를 잘 이해하고 있는가? 청중이 진보와 보수 중 어느 쪽 성향을 더 보여주고 있는가? 만일 이런 사전 이해 없이 프레젠테이션을 한다면 끔찍한 재앙을 맞을 것이다.

청중이 현재 직면한 두려움, 도전 과제, 문제는 무엇인가? What fears, challenges, or problems do they currently face?	청중이 속한 기업과 산업의 성장, 정체, 쇠퇴 상태는 프레젠테이션에 참석한 청중의 태도와 이후 행동에 큰 영향을 끼친다. 회사가 건강히 운영되는 경우 참가자들 역시 열정을 다해 기분 좋게 프레젠테이션에 참여한다. 하지만 회사가 열악한 상황에 놓여 있다면 직원들의 사기는 저하되어 프레젠테이션 참여에 소극적인 태도를 보인다. 이런 어려운 상황에서 발표자가 청중의 두려움, 도전 과제, 당면한 문제에 대해 성공적인 방향을 제시해줄 수만 있다면 청중은 프레젠테이션에서 원하는 목표를 달성하게 된다.
청중이 바라는 목표는 무엇인가? What are their goals?	프레젠테이션의 목표는 긍정적인 결과를 얻는 것이다. 긍정적인 결과를 성취하려면 청중이 목표한 바를 성취할 수 있도록 발표자가 도와야 한다. (1) 청중이 바라는 개인적 목표 재정 독립, 스트레스 경감, 건강 개선, 여가 확보, 가족과 함께 더 많은 시간 보내기 등 (2) 청중이 바라는 직업적 목표 기술 개발, 자격증 취득, 승진, 지도력 향상, 자신의 영향력 확장 등 (3) 청중이 바라는 조직적인 목표 시장점유율 증가, 신제품 소개, 새 고객 확보, 경영 프로세스 혁신, 업계 선두 주자, 수익 향상, 비용 절감 등

청중에 관한 정보를 어떻게 찾을 수 있습니까?
How can you find information about your audience?

청중과 관련된 정보를 수집하는 데 여러분이 할 수 있는 5가지 사항들이 있습니다.

(1) 미팅 기획자에게 도움을 요청해 청중에 관한 질문의 답을 얻으십시오.
(2) 발표 전에 간단한 설문지를 작성해 참석자들에게 전달하십시오. 서베이몽키 (www.surveymonkey.com)라고 불리는 온라인 서비스 제공 사이트를 이용해 간편하게 실행할 수 있습니다.
(3) 일부 참석자들과 인터뷰를 하십시오.
(4) 경영자의 정책 방침, 제품, 서비스, 기업 가치를 익히려면 그 회사의 인터넷 사이트를 방문하십시오.
(5) 관련 산업에 관한 새로운 기사가 있다면 미리 읽어두십시오.

주제 고르기
Select a topic

발표할 주제가 정해져 있는 프레젠테이션이 있습니다. 고객을 대상으로 하는 판매 프레젠테이션과 안전에 관한 브리핑, 관리자를 대상으로 하는 정기 정보 업데이트 등이 이에 해당합니다.

하지만 주제가 발표자 본인에게 전적으로 달려 있기도 합니다. 발표자로서 과연 어떤 주제를 선택해야 할까요? 이를 결정하려면 발표자는 자신에게 질문을 던지고 나서 종이 위에 여러 대답을 적어봅니다. 그러면 다양한 아이디어가 생겨나고 이 중에서 마음에 드는 답을 얻을 수 있을 것입니다.

(1) 요즈음 청중에게 필요한 것은 무엇인가?
(2) 청중의 개인적인, 직업적인 목표는 무엇인가?
(3) 무엇이 청중에게 큰 이득을 줄 수 있을까?
(4) 나 자신이 즐길 수 있는 주제는 무엇이 있을까?

어떻게 시작할 것입니까?
How can you get started?

(1) 아무것도 적혀 있지 않은 종이를 준비해 4등분으로 접습니다.
(2) 위의 4가지 질문을 각 칸에 적습니다.
(3) 타이머를 10분으로 설정해놓고 질문에 관한 답들을 멈추지 않고 적어 내려갑니다. 답변의 내용이 어떤지는 신경 쓰지 않아도 됩니다.
(4) 모든 아이디어를 검토해보고 그중 가장 마음에 드는 3가지에 동그라미를 칩니다.
(5) 선정한 답변 중 가장 마음에 드는 최고의 답을 주제로 선택합니다.

여러분은 자신이 가장 잘 이해하는 주제를 선택할 것입니다. 그러면 청중에게 많은 혜택을 제공할 수 있습니다.

문장으로 목표 적기
Write your objective in one sentence

프레젠테이션을 통해 여러분이 성취하고자 하는 최종 결과는 무엇입니까? 프레젠테이션 이후 청중이 무엇을 생각하고 어떻게 행동하기를 원하는지 구체적인 목표를 설정하십시오.

(1) 목표 Objective

긍정적인 프레젠테이션 방법론을 사용하면 모든 프레젠테이션에서 원하는 목표, 목적과 관련해 긍정적인 결과를 달성할 수 있습니다. 설득하기, 정보 전달하기, 지도하기, 고무시키기, 재미 주기 등의 전달 방법을 통해 발표자의 목표를 성취할 수 있습니다. 이때 프레젠테이션의 목표는 반드시 한 문장으로 압축할 수 있어야만 합니다.

(2) 목표 문장의 예시 Example purpose statements

"The purpose of this presentation is to teach you how compound interest can make you wealthy."

발표의 목적은 복리가 여러분을 어떻게 부자로 만드는지 그 방법을 가르쳐주는 것입니다.

"The goal of this presentation is to show you how to install the new customer relationship management software in three easy steps."

이 프레젠테이션의 목적은 3단계의 쉬운 방법으로 새로운 고객 관계 관리용 소프트웨어 설치를 보여주는 것입니다.

2

청중과 소통해 승리할 수 있는 5단계는 무엇인가?

What are the 5 Steps to Connect and Win?

프레젠테이션에서 목표하는 바를 성취하기 위해서는 발표자가 콘텐츠와 전달 기술을 사용해 청중이 다음 5단계를 경험할 수 있어야 합니다.

청중과 소통해 승리할 수 있는 5단계

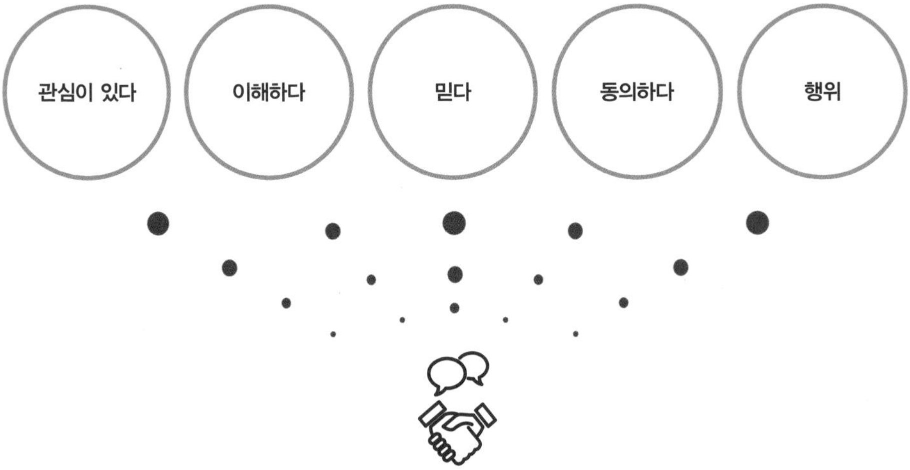

소통해서 승리할 수 있는 5단계는 프레젠테이션 콘텐츠를 준비할 때 사용할 수 있는 도구입니다. 이 방법을 통해 청중의 현재 상황, 욕구, 바람, 목표를 더 잘 이해할 수 있습니다. 청중에 관해 더 많은 것을 알고 원하는 것이 무엇인지 정확하게 파악할수록 프레젠테이션의 긍정적인 결과와 가까워집니다.

5단계에서 'Connect'라는 단어는 매우 중요합니다. 프레젠테이션과 관련해 생각해볼 수 있는 3가지 방법이 있습니다.

(1) 발표자는 탄탄한 논리와 청중을 돕고자 하는 진실한 마음을 전해야 합니다. 프레젠테이션을 체계적으로 조직화하고 핵심 사항을 논리적으로 다루면 청중과 지적으로 교류할 수 있습니다. 청중이 원하는 것을 얻을 수 있도록 발표자가 진심으로 돕고자 한다면 청중과 감정적으로 연결되어 소통할 수 있습니다. 전 미국 대통령 시어도어 루스벨트(Theodore Roosevelt)는 다음과 같이 이야기했습니다. "여러분이 얼마나 청중에게 관심이 있는지 알기 전까지 아무도 여러분이 얼마나 아는지 관심을 두지 않습니다."

(2) 발표자가 흥미로워해야 모든 청중이 여러분이 말하는 내용에 집중합니다. 발표를 듣는 것은 마치 흥미로운 영화 한 편을 보는 것과 같습니다. 발표자와 청중이 함께하는 그 순간 하나로 연결되어 소통하는 것입니다. 이런 소통은 그 누구에 의해서도 깨질 수 없습니다.

(3) 5단계는 '흥미' 단계부터 시작해 '행동' 단계까지 모든 요소가 한결같이 유지되어야 합니다. 1단계부터 5단계까지 직선 같은 배열이라고 생각하면 쉽습니다. 일련의 흐름 중 어느 한 단계라도 5단계에서 벗어나는 경우 목표한 바를 성취할 수 없습니다. 5단계는 한 단계 이상의 과정이 동시에 발생할 수도 있습니다. 5단계는 여러분의 프레젠테이션 준비를 돕는 도구라는 사실을 명심하십시오.

5단계와 관련해 유도된 질문들은 청중에 관해 알고 싶어 하는 필수 정보를 수집하는 데 도움이 될 것입니다. 다음 표를 읽고 단계별 질문 유형에 관해 스스로 생각해보십시오.

단계별 질문 유형

Step 1	흥미 INTEREST	청중이 원하는 것은 무엇이고 발표자는 청중이 원하는 것을 얻도록 어떻게 도울 것인가?
Step 2	이해 UNDERSTAND	발표 주제에 관해 현재 청중의 이해 정도는 어떤가?
Step 3	믿음 BELIEVE	주제에 대한 청중의 믿음 정도는 어떤가? 관련 내용에 적대적인가? 무관심한가? 지지하는가?
Step 4	동의 AGREE	프레젠테이션에서 청중이 동의하는 것은 무엇이고, 반대하는 것은 무엇인가?
Step 5	행동 ACT	여러분이 청중이 실천하기 바라는 행동은 무엇인가? 청중에게 행동을 권했다면 쉽게 'yes'라고 답할 방법을 사용했는가?

5단계는 단순하지만 쉽지 않습니다
The 5 Steps are Simple, but Difficult

얼핏 보면 간단한 원리여서 이미 본인이 그 의미를 잘 알고 있다고 생각합니다. "모든 사람이 이미 5 Steps를 잘 알고 있어요." 아이러니하게도 그같이 말했던 사람들은 오히려 이해하지 못하고 있는 사람들이 대부분이었습니다. 더 많은 사람이 단순한 5단계의 원리를 제대로 이해해 효과적으로 적용하고 있다면 수많은 발표자가 지금처럼 청중의 시간을 낭비하지는 않을 것입니다. 5단계 이론은 단순하지만 쉽지 않습니다. 왜냐하면 따라야 하는 규정이 있기 때문입니다.

프레젠테이션 콘텐츠를 만들어 업데이트할 때 자료의 잠재 효과에 관해 끊임없이 질문하고 답해야 합니다. 콘텐츠를 객관적으로 평가해야 합니다. 대본과 시각 보조 자료를 검토하고 청중을 떠올리며 다음의 5가지 질문을 되새기면 좋습니다.

(1) 청중이 흥미롭다고 생각할까? Will they think it's interesting?

(2) 청중이 내용을 이해할까? Will they understand it?

(3) 청중이 내용을 신뢰할까? Will they believe it?

(4) 청중이 내용에 동의할까? Will they agree with it?

(5) 청중이 내용을 행동으로 옮길까? Will they take action?

만일 여러분이 앞서 질문들에 관해 'No'라고 답한다면 추가 질문을 하며 내용을 개선해야 합니다.

(1) 어떻게 내용을 더 흥미롭게 만들지? How can I make it more interesting?

(2) 어떻게 내용을 더 이해하기 쉽게 만들지? How can I make it easier to understand?

(3) 어떻게 내용을 더 신뢰할 수 있게 만들지? How can I make it more believable?

(4) 어떻게 청중이 발표 내용에 동의할 수 있게 만들지? How can I make it, so they will agree?

(5) 어떻게 청중이 발표 내용을 행동으로 실천하게 하지? How can I make it, so they want to take action?

청중과 소통해 승리를 이끄는 5단계 과정은 언제 사용할 수 있습니까?
When can you use the 5 Steps to Connect and Win?

여러분은 발표의 모든 과정에서 5단계 원리를 사용할 수 있습니다. 발표 전에는 청중에 관해 정보를 수집하면서, 발표 동안에는 청중을 평가하는 데 이 이론을 적용할 수 있습니다. 발표자의 이야기에서 드러나는 청중의 반응, 행동, 표정을 단서로 청중을 설득했는지, 아니면 청중의 관심 밖으로 밀려났는지를 측정할 수 있습니다. 청중을 살피고 발표 내용에 관해서도 청중의 흥미도, 이해도, 동의, 신뢰 같은 반응 요소를 판단해야 합니다. 청중이 여러분의 발표 내용에 매료되어 있다면 계속 같은 방식으로 이어나갈 수 있을 것입니다. 하지만 어떤 부정적인 요소라도 감지된다면 즉시 발표자의 전달 방식을 바꿔야 합니다. 청중

중 누군가가 졸거나 이해하지 못하는 것처럼 보인다면 휴식 시간을 주거나 좀 더 쉽고 간단한 설명으로 대체해야 합니다.

프레젠테이션이 종료된 이후에 여러분은 승리나 실패 원인을 분석하기 위해 5단계 원리를 사용할 수 있습니다. 만일 여러분이 긍정적인 프레젠테이션 결과를 성취했다면 이는 5단계 원리를 통했기 때문입니다. 반대로 목표에 실패했다면 원리를 다시 적용해서 무엇이 잘못되었는지 살펴야 합니다.

프레젠테이션 승리 또는 실패 원인 분석

청중이 흥미로워했나? Were they interested?	네 □ 아니오 □	왜?
청중이 내용을 이해했나? Did they understand?	네 □ 아니오 □	왜?
청중이 나를 신뢰했나? Did they believe me?	네 □ 아니오 □	왜?
청중이 동의했나? Did they agree with me?	네 □ 아니오 □	왜?
청중이 발표 내용을 행동으로 옮기고자 했나? Did they want to take action?	네 □ 아니오 □	왜?

어떤 일에 흥미를 느끼고 최종 행동으로 옮기기까지 얼마의 시간이 걸립니까?
How long will it take to move someone from interest to action?

누군가 값싼 물건이나 위험성이 낮은 결정에 흥미를 느끼면 실행으로 옮기기까지 얼마 걸리지 않습니다. 덥고 붐비는 지하철역을 통과하고 있는 여러분의 모습을 한번 상상해보십시오. 길거리에서 차가운 음료를 내놓은 판매대가 있다면 판매자가 얼음처럼 시원한 소다 한 캔을 들고 "콜라 드릴까요?"라고 말한다면 여러분은 기꺼이 'Yes'라고 외칠 것입니다. 이 짧은 순간에 5단계의 모든 단계를 거쳤습니다.

반대로 가치가 높은 상품과 서비스, 높은 위험을 감수해야 하는 결정은 더 많은 시간이 걸립니다. 몇 달 혹은 몇 년에 걸쳐 수많은 미팅을 반복하는 과정에서 마침내 합의에 도달할 수도 있습니다. 5단계 원리를 제대로 이해하고 이상적으로 적용한다면 시간을 최대한 짧고 효율적으로 조정할 수 있습니다.

스티브 잡스 예시: 청중과 소통해 승리하는 5단계
Steve Jobs example: The 5 Steps to Connect and Win

스티브 잡스는 청중과의 소통을 통해 승리하는 5단계 법칙을 완벽하게 적용했습니다. 이런 법칙을 어떻게 적용했는지 살펴보겠습니다.

1단계 스티브 잡스는 흥미로운 프레젠테이션을 선보였습니까?
Step 1. Were Steve Jobs' presentations interesting?

스티브 잡스는 기조연설이나 신제품을 선보이는 프레젠테이션에서 모든 사람이 흥미를 느낄 만한 발표를 진행했습니다.

스티브 잡스는 어떤 방식으로 청중에게 흥미를 유발했을까요? 스티브 잡스는 다양한 기법을 사용했습니다. 예를 들어 매력적으로 상품 설명하기, 은유법 사용하기, 청중이 얻을 수 있는 혜택에 집중해 설명하기, 담화 등 여러 기술을 선보였습니다. 잡스가 청중의 흥미를 끌기 위해 사용한 몇몇 기술들을 소개하겠습니다.

(1) 스티브 잡스는 상품을 매력적으로 설명했습니다.

He used captivating product descriptions.

'iPod: One thousand songs in your pocket.'

'내 주머니 속의 1,000가지 노래.'

'MacBook Air: The world's thinnest notebook.'

'세상에서 가장 얇은 노트북.'

(2) 스티브 잡스는 은유법을 사용했습니다.

He used metaphors.

"What a computer is to me is the most remarkable tool that we have ever come up with. It's the equivalent of a bicycle for your mind."

"제게 컴퓨터는 인류가 생산한 가장 놀라운 도구입니다. 마치 여러분 마음속의 자전거와 같습니다(자전거가 우리를 물리적으로 가고 싶어 하는 장소로 데려가듯 컴퓨터도 정신적으로 우리가 하고 싶어 하는 일로 이끌어준다는 의미)."

(3) 스티브 잡스는 청중에게 줄 수 있는 혜택에 집중했습니다.

He used audience-focused benefit statements

"Why do you want 3G? Well, you want it for faster data downloads. And there's nowhere you want faster data downloads than the browser and downloading email attachments."

– Steve Jobs, 2008 Worldwide Developers Conference.

"왜 3G를 원합니까? 아마도 데이터를 빠른 속도로 내려받기를 원할 것입니다. 브라우저와 첨부 파일 내려받기보다 더 빠르게 데이터를 원하는 곳은 없을 것입니다."

– 스티브 잡스, 2008 세계 개발자 회의

"The all-new iPod Nano gives music fans more of what they love in their iPods, twice the storage capacity at the same price, an incredible 24-hour battery life, and a gorgeous aluminum design in five brilliant colors."

"모든 신기종 iPod Nano는 음악을 사랑하는 팬들에게 iPod에서 팬들이 사랑했던 것 이상을 제공합니다. iPod과 동일한 가격으로 2배 더 커진 저장 용량, 24시간 유지되는 놀라운 배터리 수명, 5가지의 매력적인 색깔의 알루미늄 디자인 등입니다."

(4) 스티브 잡스는 극 연출의 대가였습니다.

He was a master of creating theater

"This is the MacBook Air, so thin it even fits inside one of those envelopes you see floating around the office."

"이것은 MacBook Air입니다. 사무실에 돌아다니는 어떤 봉투에도 들어갈 정도로 매우 얇은 두께를 자랑합니다(스티브 잡스는 프레젠테이션 동안에 실제로 봉투에 MacBook Air를 집어넣어 입증)."

여러분의 프레젠테이션은 어떻습니까? 흥미롭다면 그 이유는 무엇입니까? 그렇지 않다면 그 이유는 무엇입니까? 프레젠테이션을 더욱 흥미롭게 만들려면 여러분에게 필요한 것은 무엇입니까?

2단계 스티브 잡스의 프레젠테이션은 이해하기 쉬웠습니까?
Step 2. Were Steve Jobs' presentations easy to understand?

스티브 잡스는 프레젠테이션에서 간단한 단어와 짧은 문장을 사용했습니다. 서두르지 않았으며 종종 진행을 멈춰 흐름을 조절했습니다. 스티브 잡스가 사용한 슬라이드도 단순하고 이해하기에 쉬웠습니다.

스티브 잡스는 적절한 때에 청중의 경험을 최대한 통제할 수 있었습니다. 예를 들어 어떤 문장을 이야기할 때 적합한 슬라이드, 이미지, 애니메이션이 정확히 스크린에 등장했습니다. 청중에게 보여주고 싶고 들려주고 싶은 내용을 자신이 원하는 순간에 내보내며 완벽하게 이끌었습니다.

스티브 잡스는 프레젠테이션에서 복잡한 내용을 줄이고 혼란스러운 내용은 빼버렸습니다. 단순함의 미학을 선보였고 대부분 사람은 이런 아름다움을 좋아합니다. 여러분도 프레젠테이션에서 최대한 복잡한 것을 제거해보십시오. 복잡성이 사라지면 청중은 여러분이 전하는 메시지를 더 잘 이해할 수 있고 발표자의 노력과 기술에 감사함을 표현할 것입니다.

여러분은 프레젠테이션에서 쉬운 표현, 간단한 문장과 긍정적인 단어를 많이 사용합니까? 여러분의 프레젠테이션은 이해하기 쉬운가요? 회사나 조직에서 사용하는 프레젠테이션은 복잡한가요, 아니면 단순한가요?

3단계 스티브 잡스의 발표는 신뢰할 수 있었습니까?
Step 3. Were Steve Jobs' presentations believable?

스티브 잡스의 프레젠테이션은 신뢰할 수 있었습니다. 스티브 잡스는 자신의 제품에 강한 확신을 지니고 있었으며 자신이 발표하는 내용을 굳게 믿었습니다. 스티브 잡스는 오랜 시간에 걸쳐 신뢰를 쌓았고 사람들 대부분은 그를 천재로 여겼습니다. 전 세계의 사람들이 스티브 잡스를 찬양했습니다.

스티브 잡스의 지도력과 성공으로 애플은 전 세계에 영향을 끼치는 회사로 도약했습니다.

- 애플은 컴퓨터 산업을 바꿔놓았습니다.
- 애플은 음악 산업을 바꿔놓았습니다.
- 애플은 전화 산업을 바꿔놓았습니다.

여러분은 발표자로서 스스로 신뢰할 수 있습니까?
여러분이 진심으로 믿고 있는 바를 이야기할 때 어떤 기분이 듭니까?
여러분이 믿지 않는 어떤 것을 이야기할 때 어떤 기분이 듭니까?

4단계 스티브 잡스는 청중의 동의를 이끌어냈습니까?
Step 4. Did Steve Jobs' create agreement?

스티브 잡스는 대화 방식의 프레젠테이션을 선택했습니다. 모든 프레젠테이션에서 긍정적인 표현을 많이 사용했습니다. 이 책에서 여러분이 학습한 것처럼 긍정적인 발표자는 긍정적인 결과를 낳습니다. 긍정적인 언어를 사용하고 긍정적인 반응을 유도하는 질문을 통해 청중의 동의를 얻을 수 있습니다.
스티브 잡스가 어떻게 세계 최초의 17인치 노트북을 묘사했는지 예시를 소개하겠습니다.

"It's stunning. It's the most incredible product we have ever made. Look at that screen. It's amazing. Look at how thin it is. Isn't that incredible?"
"정말이지 근사합니다. 우리가 제작한 것 중 가장 놀라운 제품입니다. 스크린을 보십시오. 놀랍습니다. 얼마나 얇은지 확인해보십시오. 엄청나지 않습니까?"

제품을 묘사하기 위해 스티브 잡스가 사용한 모든 단어가 긍정의 단어라는 사실을 눈치챘나요? 스티브 잡스가 청중에게 던진 질문이 모두 'Yes'라는 응답을 유도하고 청중의 동의를 이끌어내고 있다는 사실을 알 수 있을 것입니다.
스티브 잡스가 사용한 긍정의 단어에는 다음과 같은 것들이 있습니다.

- 놀라운 Amazing
- 멋진 Awesome
- 아름다운 Beautiful
- 재미있는 Fun
- 환상적인 Fantastic
- 엄청난 Great
- 믿을 수 없는 Incredible

- 혁신적인 Revolutionary
- 성공 Success
- 여러분 You

항상 기억하십시오. 긍정적인 표현은 긍정적인 감정을 불러일으키고, 긍정적인 감정은 긍정적인 청중의 행동을 이끌어낸다는 사실을 말입니다.
여러분은 긍정적인 표현을 사용하고 있습니까?

5단계 프레젠테이션에서 스티브 잡스는 발표 내용을 행동으로 옮기도록 청중의 감정을 고무시켰습니까?
Step 5. Did Steve Jobs' presentations inspire people to take action?

신제품을 출시하거나 기존 제품을 상향시킬 때마다 사람들은 오매불망 기다렸습니다. 사람들은 애플사의 매끈하고 우아한 디자인의 마술 같은 신제품을 맨 먼저 손에 넣고 싶어 합니다. 사람들은 애플사의 제품을 소유하기 위해 프리미어급 가격을 기꺼이 지불합니다.

여러분은 설득력을 갖췄습니까?
프레젠테이션을 마무리할 때 청중에게 행동 개시를 촉구합니까?
청중이 다음 단계로 나아가고자 하는 마음이 들도록 동기부여를 합니까?

3

흥미로운 콘텐츠를 만드는 방법

How to make your content interesting.

흥미로운 콘텐츠를 만드는 방법

청중이 프레젠테이션 주제에 흥미를 느끼기를 바란다면 발표자가 먼저 콘텐츠에 흥미를 느껴야 합니다. 발표자 스스로 말하는 내용에 대해 흥미와 열정이 떨어진다면 청중은 이를 바로 알아차리고 여러분의 제안을 거절할 것입니다. 발표하는 동안 여러분은 청중의 리더입니다. 성공적인 프레젠테이션을 위해 반드시 청중이 흥미를 느끼고 이를 행동으로 실천하는지 관심을 기울여야 합니다.

흥미로운 콘텐츠는 시작부터 청중의 이목을 끌며 발표가 끝나는 그 순간까지 청중을 집중하게 합니다. 여러분이 청중이 원하는 것을 이야기하면 청중의 관심을 얻을 것이고, 발표자가 원하는 것을 이야기하면 철저히 외면당할 것입니다.

여러분은 발표에 어떤 콘텐츠를 사용할지 선택해야 합니다. 프레젠테이션이 흥미로울지, 아니면 지루할지는 여러분의 선택에 달려 있습니다. 이제 둘의 차이를 살펴보겠습니다. 프레젠테이션을 성공적으로 이끄는 데 도움이 될 것입니다.

흥미로운 프레젠테이션과 지루한 프레젠테이션 비교

흥미로운 Interesting	지루한 Boring
⊕ 흥미로운 제목 Interesting title	⊖ 지루한 제목 Boring title
⊕ 매력적인 오프닝 Captivating opening	⊖ 뻔한 오프닝 Typical opening
⊕ 청중이 집중하는 Audience focused	⊖ 발표자만 집중하는 Presenter focused
⊕ 긍정적인 Positive	⊖ 부정적인 Negative
⊕ 능숙한 전달 방식 Skillful delivery	⊖ 미숙한 전달 방식 Unskilled delivery

흥미로운 프레젠테이션이 되려면 흥미로운 제목, 매력적인 도입, 청중 중심, 긍정적인 발표 전달 기술을 갖춰야 합니다.

제목을 흥미롭게 지어라
Create an interesting title

프레젠테이션 제목은 매우 중요합니다. 훌륭한 제목은 발표가 시작되기도 전에 청중의 관심을 사로잡을 수 있습니다. 훌륭한 제목으로 시작한 프레젠테이션은 청중이 전달받은 메시지를 실천할 수 있도록 탄력적인 힘을 가할 수 있습니다. 청중이 프레젠테이션의 제목을 보고 '이 발표를 꼭 듣고 싶다'는 생각이 들어야 합니다.

콘퍼런스를 위한 발표는 참석 인원과 회의실 형태에 따라 제목이 바뀔 수 있습니다. 프레젠테이션 제목을 흥미롭게 만드는 법은 그다지 어렵지 않습니다.

효과적인 제목의 5가지 법칙

The 5 principles of an effective title

(1) 특정한 청중을 언급하라(두루뭉실하고 일반적인 청중을 타겟으로 언급하는 것은 지루하다)

Address your specific audience (being vague or general = boring)

(2) 청중이 얻는 구체적인 혜택과 열망하는 결과를 강조하라

Highlight the specific benefit or outcome they desire

(3) 청중이 피하려 드는 특정한 고통을 강조하라

Highlight the specific pain they most want to avoid

(4) 호기심을 자극하라

Create curiosity

(5) 시급한 사안임을 강조하라

Add urgency

이 5가지 법칙을 전부 사용할 필요는 없습니다. 일부 법칙을 적용해 여러분의 발표 내용을 좀 더 창의적이고 흥미롭게 만들어보십시오. 창의력이 흘러넘치도록 도와줄 공식을 몇 가지 예시와 함께 소개하겠습니다.

공식1. [행동하여] 좋은 [결과] 얻는 방법

How to [Action] a good [Outcome]

'How to cook a great dinner in just 15 minutes!'

15분 만에 준비하는 근사한 저녁식사!

공식2. [간단한 행동]으로 [혜택] 얻는 방법

How to [Benefit] by just [Doing Simple Actions]

'How to swim like an olympian by doing this one stretch before going in the pool.'

수영하기 전 스트레칭으로 올림픽 선수처럼 수영하기

공식3. [청중의 1순위], [2순위 열망] 만족시키기

How to get/win [Audience's Desired Benefit] and [Audience's Secondary Benefit]

'How to get your child to respect & listen to you...and still be a cool parent.'

아이가 당신을 존중하고 경청하게 만들면서…여전히 좋은 부모로 남는 법

공식4. [청중의 걱정을] 잠재우며 [행동하게] 하는 방법

How to [Audience's Action] without [Audience's #1 Worry]

'How to get a flood of new clients without paying a penny in advertising.'

광고에 돈 한푼 쓰지 않고 성공적으로 새로운 고객 확보하기

공식5. [청중의 관심분야에서] 숨겨져 있는 [혜택] 찾아내기

[Gain] Hiding in your [Audience's Location]

'Optimization secrets hiding in your YouTube analytics.'

유튜브 분석에 숨겨져 있는 최적화의 비밀

공식6. 새로운 [상품 개발로] 평범한/보잘 것 없는 [청중에게] [그들이 열망하는 목표를] 얻게 하는 방법

How a new [Discovery/App] Made a plain/ugly [Audience] [Audience's Desired Gain]

'How my new software made an ugly website beautiful...in 24 minutes.'

새로운 소프트웨어로 24분 만에 엉망진창 웹사이트 멋지게 바꾸는 방법

공식7. [간단한/말도 안되는/엉뚱한] 생각으로 [원하는 바] 얻는 방법

How i made a [Gain] with a [Simple/Crazy/Wild Idea]

'How i got my newborn to sleep with a cherry red gibson guitar.'

체리 레드 깁슨 기타로 신생아 재우는 방법

공식8. 여러분이 원하는 [결과의] [청중] 유형에는 오직/항상 [이러한 숫자]가 있다.

There are only/always [Number] types of [Audience] you ever want to [Result] – Which group are you in?

'There are only 4 types of employees you ever want to hire– which group are your employees in?'

당신이 고용하고 싶은 직원에는 딱 4가지 유형이 있다– 당신의 직원은 어떤 유형인가?

공식9. [청중이 원하는 것을] 시작해야 하는 가장 위대한 이유

The greatest reason in the world to start [What Audience Wants To Achieve]

'The greatest reason in the world to become a Presentation Superhero.'

프레젠테이션 슈퍼히어로가 되고 싶은 가장 위대한 이유

공식10. [결과]를 위한 [몇] 단계

[Number] Steps to [Outcome]

'4 steps to a passionate marriage.'

열정적 결혼 생활을 위한 4단계

공식11. 왜 [청중은] [놀라운 결과를 달성하는가]?

Why [Audience] [Achieves Exciting Result]

'Why grammar school teachers live longer?'

왜 문법 교사는 더 오래 사는가?

흥미로운 제목과 지루한 제목 비교

	흥미로운 제목 Interesting title	지루한 제목 Boring title
'How to' 제목은 유익한 정보 제공을 암시하는 제목 중 하나	**How to Win Friends and Influence People** 친구를 사귀고 영향력 있는 사람이 되는 방법	**Relationships require work** 관계는 노력을 요구한다
도입에 핵심 개수를 언급	**Three ways to make more money** 돈을 벌 수 있는 3가지 방법	**Money Problems** 금전 문제들

매력적으로 오프닝을 시작하라
Start with a captivating opening

오프닝의 목적은 청중의 관심을 사로잡고 나서 계속 이 집중력을 유지시키는 데 있습니다. 발표자는 프레젠테이션의 시작부터 끝까지 발표 내용에 청중이 집중할 수 있도록 주의를 기울여야 합니다. 청중은 여러분이 운전하는 롤러코스터에 탑승한 사람들입니다. 운전이 끝날 때까지 놀이 기구에서 내려올 수는 없습니다. 구불구불한 길로 청중을 안내하는 동안 청중은 여러분이 의도한 다양한 감정을 경험하게 됩니다. 편안함, 행복감, 슬픔, 기쁨, 동기부여, 희망 등의 감정은 프레젠테이션에서 긍정적인 결과를 얻는 데 도움이 됩니다.

발표자는 청중이 이와 같은 다양한 종류의 감정을 느끼기를 원할 것입니다. 성공적인 프레젠테이션은 동기부여를 받은 청중이 실천으로 옮길 준비를 마친 상태입니다.

다음과 같은 프레젠테이션 오프닝은 피하십시오.

"Hello everyone. Thank you for having me. I am excited to be here. My name is (name), and I am going to be speaking to you today about (topic). To begin, (topic) is important because..."

"여러분, 안녕하세요. 저를 초대해주셔서 감사합니다. 저는 오늘 이 자리에 서게 되어 기쁩니다. 제 이름은 (이름)이며, 오늘 여러분에게 말할 것은 (주제)입니다. 처음에는…."

이런 유형의 오프닝은 3가지의 부정적인 측면이 있습니다.

(1) 자기중심적이고 지루합니다.
(2) 독창성이 없어서 지루합니다.
(3) 매력이 없으니 지루합니다.

여러분이 사용할 수 있는 매력적인 오프닝을 좀 더 살펴봅시다.

매력적인 오프닝	
질문 Question	질문을 던지며 발표를 시작하는 것은 간단하면서도 청중의 관심을 이끄는 데 효과적이다. 'Yes', 'No'로 대답할 수 있는 질문 방식을 사용하고 청중이 질문에 반드시 'Yes'라고 답할 수 있는 질문을 한다. 예제 Examples • Not Good: Did you know that 100% of you will be getting bonuses next week? Predicted response: No! 비호감형 질문: 다음 주에 여러분 모두 보너스를 받게 될 것을 알고 있나요? 예상 답변: No! • Good: Would you be happy if you found out that 100% of you are getting bonuses next week? Predicted response: Yes! 호감형 질문: 다음 주에 여러분 모두 보너스를 받게 된다면 기쁘겠지요? 예상 답변: Yes! • Not Good: Have you ever taken a free trip to Hawaii? Predicted response: No! 비호감형 질문: 하와이로 자유 여행을 가본 적이 있나요? 예상 답변: No!

	• Good: Would you like to take a free trip to Hawaii? Predicted response: Yes! 호감형 질문: 하와이로 자유여행 가고 싶나요? 예상 답변: **Yes!**
이야기 Story	사람들은 이야기를 즐긴다. 발표자의 사정부터 고객 성공 사례, 가설, 종류에 상관없는 각종 다양한 이야기로 청중의 흥미를 사로잡을 수 있다. 이야기는 발표 자료에 생명을 불어넣는다. 청중은 발표자가 이야기에 열심히 집중하고 발표자가 하는 말을 경청한다. 발표자가 청중 같은 삶의 도전 과제를 가지고 있다고 상상해보라. 중요 사항으로 꽉 찬 자료를 읽어주는 것 대신 발표자가 고백하는 이야기에 귀를 기울인다. 이야기는 대중에게 많은 영향을 끼치기 마련이다. 훌륭한 이야기는 사람의 마음을 움직인다. 청중이 발표자의 이야기를 쉽게 기억하고 프레젠테이션이 끝난 뒤에도 핵심 사항에 대한 여운을 오래 남긴다. 이야기 없이 집중적으로 정보를 쏟아붓는 프레젠테이션은 청중에게 별다른 인상을 남기지 못한다. 지나치게 많은 정보는 청중에게 부담을 줄 수 있다. 청중은 발표 내용의 핵심과 의미를 헤아리려 많은 에너지를 쏟는다. 청중이 더 많이 생각하고 에너지를 기울일수록 주의력과 집중력은 점점 떨어진다. 청중이 핵심을 쉽게 이해하도록 돕는 것이 발표자의 몫이다. 정보를 제공하려는 프레젠테이션은 관념적이고 이해하기 어려우며 지루하다. 청중의 혼동을 막고 지루함을 피하려면 발표자는 이야기 안에 핵심을 집어넣어야 한다. 이야기와 자료가 만나 더 의미 있고 유용한 정보를 청중에게 제공할 수 있다. 어떻게 훌륭한 이야기를 할 수 있을까? 될 수 있는 대로 자세한 세부 사항을 이야기에 넣어라. 세부 사항이 구체적일수록 더 좋은 이야기가 탄생한다. 자동차 사고에 관해 2가지 다른 방식으로 이야기해보겠다. Version 1: Fewer details = Less impact I was driving my car and unfortunately I crashed into a tree. Thankfully my air bag deployed and saved my life. I recommend all of you to wear your seat belts, and drive safely. 버전 1 자동차를 운전하다가 운이 나쁘게도 나무와 충돌하고 말았습니다. 다행히도 에어백이 터져 생명은 구할 수 있었습니다. 여러분 모두 꼭 안전띠를 매고 안전 운전하십시오. Version 2: More details = More impact Last week, I was driving my brand new black BMW M4 sports car. It was a beautiful and powerful car. I was on a curvy Bay Area back road early in the morning, and I was taking the turns so fast my tires were squealing. Anyhow, I lost control and smashed my dream car into a tree. Now I have to live with the consequences of my stupid behavior. Guys, it's important for you to be careful when driving. Wear your seat belt and remember the speed limit is there to protect you. 버전 2 지난주에 새로 뽑은 검정 **BMW M4** 스포츠카를 몰고 있었습니다. 굉장히 멋지고 강력한 차였습니다. 이른 아침, 굴곡 심한 베이 에어리어(**Bay Area**) 뒷길을 지나가고 있었습니다. 빠르게 운전하다 차의 핸들을 급작스럽게 꺾은 탓에 타이어에서 끽끽 소리가 났습니다. 그 순간 차가 균형을 잃더군요. 오랫동안 꿈꿔오던 제 차는 바로 앞에 서 있는 나무와 정면충돌했습니다. 그날의 어리석은 행실로 일어난 책임을 지며 남은 인생을 살아가야 합니다. 여러분, 안전 운전은 매우 중요합니다. 차를 운전할 때는 꼭 안전띠를 매고 속도 제한을 지키십시오. 생활 속 작은 실천이 여러분의 생명을 구할 것입니다. 모든 이야기의 4가지 핵심 요소는 무엇인지 정리해보자. ① 등장인물: 누가? ② 배경: 언제, 어디서? ③ 갈등: 무엇을?

	④ 해결 방안: 어떻게? 프레젠테이션에 사용할 수 있는 이야기의 아이디어에는 무엇이 있을까? 영감을 받도록 다음 질문들을 곰곰이 생각해보라. • 여러분이 속해 있는 조직과 그 생산품의 현재, 과거, 미래 모습은 어떤가? • 청중이 직면하고 있는 도전 과제는 무엇이고 극복 방안은 무엇인가? • 현재 상황은 어떤가? • 청중의 변화 여부에 따라 미래의 모습은 어떻게 달라지는가? • 여러분의 상품과 서비스가 청중의 문제를 해결하는 데 어떤 도움을 줄 수 있는가? • 기술, 산업, 세계 시장은 어떻게 변하는가? • 자기 자신과 회사는 어떻게 성공했는가? • 실패로부터 배운 점은 무엇인가? • 자신이 현재 하는 일의 목적은 무엇인가?
놀라운 통계 수치 Surprising Statistic	놀라운 통계 수치는 발표자의 메시지가 곧장 청중의 마음에 전달될 수 있다. 또한 통계 수치를 청중과 연관해 해당 수치를 자신의 일로 받아들일 수 있도록 조직하라. 예제 Example Only 97% of you will employed here at the end of this week. 오직 여러분의 97%만이 이번 주말까지 이곳에 고용될 것입니다.
인용 Quotes	주제와 관련된 인용구를 사용하면 발표 내용이 더욱 흥미로워진다. 사람들에게 존경받는 위인의 말을 인용하면 발표 내용의 신뢰도가 올라간다. 발표 내용과 관련하여 필요한 인용구는 쉽게 찾을 수 있다. www.quoteland.com 같은 인터넷 사이트에서 인용구를 골라 참고하기를 바란다. 예제 Example "A man who has committed a mistake and doesn't correct it is committing another mistake." – Confucius "실수를 저지르고 고치지 않는 사람은 또 다른 실수를 하는 것이다." – 공자
시나리오 상상하기 Imagine Scenario	발표 주제와 관련해 청중이 시나리오를 상상하게 하라. 2가지 예시를 선보이겠다. (1) 만일 주제와 관련된 시나리오라면 어떤 느낌이 들지 상상해보기 Example: Imagine your doctor said that you were the healthiest person she has ever met. How would you feel? 예시: 의사가 여러분에게 여태 만나봤던 사람 중에서 가장 건강하다 말한다면 한번 상상해보십시오. 어떤 기분이 듭니까? (2) 어딘가에 있거나 무엇을 하고 있는지 상상해보기 Example: Imagine you are on a family vacation in Spain and you lose all of your money, credit cards, and identification. What would you do? 예시: 당신이 스페인에서 가족 휴가를 보내고 있는데 현금, 신용카드, 신분증 등을 모두 잃었다고 상상해보십시오. 어떻게 할 것입니까?

청중을 집중시켜라
Be audience focused

프레젠테이션은 여러분이 아는 것을 청중에게 가르치는 시간이 아닙니다. 프레젠테이션이란 청중이 알고자 하는 내용을 청중이 원하는 방식으로 전달하는 시간입니다. 여러분의 프레젠테이션에 청중이 집중한다는 것은 청중을 위한 내용으로 채워져 있다는 것을 반증합니다.

프레젠테이션은 청중에게 이익을 주고자 합니다. 하지만 대부분의 발표자는 청중에게 집중하지 않습니다. 오히려 자기중심적인 사고로 내용만 전달합니다. 이런 자기중심적인 프레젠테이션에서 청중이 깨닫는 것은 없습니다. 다음 스토리 1과 2중 어떤 것이 더 마음에 드는지 천천히 읽어보십시오.

스토리 1

I went on vacation to Phi Phi Island in Thailand. It was the best trip I've ever taken. I swam in the crystal clear ocean every day. The water was pleasantly warm, and hundreds of vibrantly colored tropical fish surrounded me while I swam. Each day after swimming I would relax on a comfortable beach chair under a sunshade and get the most amazing hour-long foot massage. I loved it, and I can't wait to go back there again someday. Thanks for listening.

저는 태국 피피섬으로 휴가를 갔습니다. 참 훌륭한 여행이었지요. 매일 수정처럼 맑은 바닷물 속에서 수영하며 시간을 보냈습니다. 물은 기분 좋게 따뜻했고 수영하는 동안 수백 마리의 다양한 열대 물고기들이 제 주위로 헤엄쳤습니다. 수영이 끝나자 차양 아래 안락한 의자에 앉아 휴식을 취했습니다. 발 마시지도 1시간 동안 시원하게 받았지요. 정말 행복했고 언젠가 꼭 다시 가보고 싶다는 생각이 듭니다. 들어주셔서 감사합니다.

스토리 2

I went on vacation to Phi Phi Island in Thailand. It was the best trip I've ever taken, and you should consider going there. You can swim in the crystal clear ocean every day. The water is pleasantly warm, and hundreds of vibrantly colored tropical fish will surround you while you swim. Every day after swimming you can relax on a comfortable beach chair under a sunshade and get the most amazing hour-long foot massage. You will love it there. I highly recommend you to go to Thailand. If you have any questions about Phi Phi Island or if you want travel tips that will save you money feel free to ask me.

저는 태국 피피섬으로 휴가를 갔습니다. 참 훌륭한 여행이었지요. 여러분도 꼭 가보기를 권합니다. 수정같이 맑은 바닷물을 바라보며 매일 수영할 수 있습니다. 물은 기분 좋게 따뜻할 것이고 다채로운 색깔의 열대 물고기들이 여러분 주위를 둘러쌀 것입니다. 매일 수영하고 나서 차양이 드리워진 안락한 의자에 앉아 바닷가에서 휴식을 취하면 됩니다. 1시간 동안 시원한 발 마시지도 받을 수 있지요. 분명 피피섬의 매력에 푹 빠질 것입니다. 태국으로 여행 갈 것을 여러분께 적극 추천합니다. 피피섬에 관한 질문이 더 있거나 여행비를 아낄 수 있는 팁이 필요하다면 언제라도 편안하게 물어보십시오.

스토리 1은 발표자 중심이고 스토리 2는 청중 위주로 짜였습니다. 스토리 2는 청중을 이야기 속의 등장인물로 설정해 적극적인 참여자로 유도했습니다. 여러분은 어느 발표가 더 마음에 듭니까? 아마 대부분이 스토리 2를 선택할 것입니다. 청중 중심의 발표에서 필요한 혜택을 더 얻을 수 있으니 말입니다.

만일 프레젠테이션이 자기중심적이라면 발표문에서 'I' 대신 'You'라는 단어를 사용해서 쉽고 간단하게 청중 중심의 콘텐츠로 바꿀 수 있습니다. 여러분의 발표 내용을 들으려고 일부러 시간을 내서 참여한 청중에게 원하는 무엇인가를 주어야 합니다. 청중에게 원하는 것을 제공한다면 청중도 여러분이 원하는 것을 반드시 되돌려줄 것입니다.

긍정적인 발표자가 되어라
Be a positive presenter

우리는 긍정의 에너지를 언제든지 사용할 수 있습니다. 주위에는 부정적인 요소들로 꽉 차있고 미디어는 하찮고 터무니없습니다. 기분 나쁜 소식은 우리를 끊임없이 피곤하게 합니다. 따라서 프레젠테이션 주제를 고를 때는 긍정적인 주제를 고르십시오. 만일 죽음, 질병, 무주택 문제, 해고, 시장 점유율 상실 등 부정적인 주제를 다뤄야 한다면 발표의 마무리에는 밝은 빛을 제시해주십시오. 이 문제들을 어떻게 해결할 수 있는지 방법에 집중해 긍정적인 마무리를 지으십시오. 사람들은 부정적인 주제를 좋아하지 않습니다. 부정적인 주제는 우리를 처참하고 참담하게 만들기 때문입니다. 때로는 문제 극복을 위해 부정적인 주제를 다뤄야만 할 때도 있습니다. 이때는 청중이 반드시 용기, 긍정, 희망을 잃지 않도록 발표 준비를 해야 합니다. 청중에게 필요한 것은 격려, 낙관, 희망이라는 사실을 기억하십시오.

능숙한 발표 기술을 보여주어라
Demonstrate skillful delivery

세상에 지루한 주제는 존재하지 않습니다. 지루한 발표자만이 있을 뿐입니다. 여러분에게 매우 높은 수준의 프레젠테이션 기술이 있다면 어떤 주제도 흥미롭게 만들 수 있습니다. 대본, 시각 보조 교재, 목소리 등의 요소들을 결합해 프레젠테이션을 즐겁고 흥미롭게 구성할 수 있습니다. 대본에서 긍정적인 언어를 사용하고 디자인된 시각 보조 교재를 사용해 적절한 변화를 준다면 청중은 발표에 관심을 보입니다. Step 4는 어떻게 하면 더 높은 수준의 프레젠테이션 전달 기술을 습득할 수 있는지에 대해 더 자세히 다루겠습니다.

4

청중의 머리에 쏙쏙 들어오는 콘텐츠를 만드는 방법

How to make your content easy to understand.

청중을 설득하는 프레젠테이션 제작 과정

청중이 주제를 올바르게 이해하려면 발표자 스스로 주제에 대해 정확히 파악하고 있어야 합니다. 여러분은 발표 주제에 관해 풍부한 지식과 다양한 경험을 갖췄거나 좀 더 자세한 조사와 연구를 해야 할 수도 있습니다. 자료에 관해 철저히 파악하고 나서 청중이 쉽게 이해할 수 있도록 간단하고 체계적인 형태로 제시해야 합니다. 쉽게 이해할 수 있는 콘텐츠가 있고 혼동을 일으키는 콘텐츠도 있습니다. 이 중 어떤 콘텐츠를 사용할지 선택하는 것은 바로 발표자입니다. 두 콘텐츠의 차이를 인식하고 나서 올바른 선택을 한다면 여러분의 프레젠테이션은 승리에 가까워질 것입니다.

'이해가 잘 되는' 콘텐츠와 '혼란되는' 콘텐츠 비교

이해가 잘 되는 Understandable	혼란되는 Confusing
⊕ 체계가 잡힌 Well-organized	⊖ 체계가 없는 Disorganized
⊕ 간단명료한 Simple	⊖ 복잡한 Complicated
⊕ 논리적인 Logical	⊖ 비논리적인 Illogical
⊕ 균형 잡힌 Balanced	⊖ 균형이 안 맞는 Imbalanced
⊕ 적절하게 정보를 다룬 Sufficient information	⊖ 지나치게 많은 정보를 다룬 Too much information

청중에게 발표 내용을 간단명료하게 논리를 갖추어 체계적으로 전달해야 합니다. 다만 전달 정보는 지나쳐서도 안 되지만 충분히 다뤄져야 합니다. 적절한 정보를 균형 있게 다룰 때 효과적인 프레젠테이션이 될 수 있습니다.

논리적이고 체계적인 프레젠테이션 완성하기
Create a well-organized presentation with logical flow

체계적으로 잘 조직된 프레젠테이션은 청중이 이해하기 쉽고 주요 논점과 증거 그리고 추론 등을 잘 따라갈 수 있는 프레젠테이션입니다. 체계적인 프레젠테이션을 사용할 때, 발표자의 자신감은 증가하고 신뢰도도 높아지며 청중의 흥미 또한 지속적으로 유지될 수 있습니다. 발표자는 리허설에서 긴장을 풀어 발표 내용을 쉽게 숙지하고 효율적인 프레젠테이션을 구성할 수 있습니다.

체계적이지 못한 프레젠테이션에서 청중은 콘텐츠 이해를 위해 스스로 시간을 들여 힘들게 내용 파악을 해야 합니다. 다시 말해 이런 상황은 발표자가 자신이 해야 할 역할을 청중에게 떠밀었을 때 발생하는 것입니다. 어떻게 생각하십니까? 청중은 여러분이 준비한 메시지를 이해하기 위해 열심히 시간과 노력을 들이는 것을 원치 않을 것입니다. 청중에게 이런 것을 요구하는 경우 청중은 쉽게 프레젠테이션에 관한 흥미를 잃고 자신의 소중한 시간을 낭비시켰다는 인식을 품으며 발표자에게 부정적으로 돌아설 것입니다. 그러므로 발표자는 항상 체계적인 프레젠테이션을 만들어야 합니다. 그래야 청중은 내용을 제대로 이해할 수 있을 테니 말입니다.

체계적인 프레젠테이션은 서론, 본론, 결론의 구성을 제대로 갖추고 있습니다. 필자가 여러분에게 적극 사용하기를 권하는 효과적이면서 인기 있는 프레젠테이션 기법은 일명 'Tell them, Tell them, Tell them'이라는 방법입니다.

어떻게 적용할 수 있습니까?
How does it work?

'Tell them, Tell them, Tell them' 기법		
(1) Tell them	청중에게 전달할 메시지 알리기 Tell them what you are going to tell them.	요점을 미리 말하라
(2) Tell them	발표하기 Tell them.	상세한 증거 자료를 이용해 요점을 하나하나 설명하라
(3) Tell them	청중에게 전달한 메시지 상기시키기 Tell them what you told them.	요점을 다시 한 번 반복하라

'The Tell them, Tell them, Tell them' 기법은 3번에 걸쳐 주요 요점을 반복하는 체계적인 발표 패턴입니다. 반복해서 요점을 설명하면 청중은 간단하고 쉽게 핵심 사항을 이해하

고 기억할 수 있습니다. 이 방법은 청중을 위해 매우 효과적인 메시지 전달 기법입니다.

프레젠테이션의 기승전결

도입 Introduction 청중에게 전달할 메시지 알리기 Tell them what you are going to tell.	오프닝: 이야기, 질문, 인용구 등을 사용하라 미리보기: 주요 요점은 무엇인가? 목적: 청중이 얻는 혜택은 무엇인가?
본론 Body 발표하기 Tell them.	요점 1: → 다음으로 전환 요점 2: → 다음으로 전환 요점 3: → 다음으로 전환
결론 Conclusion 청중에게 전달한 메시지 상기시키기 Tell them what you told them.	• 검토: 주요 요점은 무엇이었나? • 행동 지침 촉구 • 질의응답

Example 예제

도입 Introduction	오프닝 흥미 유발	What is the most important thing about any presentation? (Get audience responses) The most important thing about any presentation is to get positive results. Would you like to know how you can get positive results? *(Get audience responses)* Great! 프레젠테이션에서 가장 중요한 것은 무엇입니까?(청중 반응) 프레젠테이션에서 가장 중요한 것은 긍정적인 결과를 얻는 것입니다. 긍정적인 결과를 얻는 방법을 알고 싶습니까?(청중 반응…**Yes!**)
	전체 개요	Today, you will learn three factors that lead to positive presentation results. A positive presenter, plus positive content, plus positive delivery skills create positive results. 이제 긍정적인 프레젠테이션 결과를 이끌어낼 수 있는 3가지 요소를 배울 차례입니다. 긍정적인 발표자, 긍정적인 콘텐츠, 긍정적인 전달 기술들이 바로 긍정적인 결과를 이끌어냅니다.
	핵심 사항은 무엇인가?	1st How you can become a positive presenter? 2nd How you can you create positive content? 3rd How you can develop positive delivery skills? (1) 어떻게 긍정적인 발표자가 될 수 있습니까? (2) 어떻게 긍정적인 콘텐츠를 만들 수 있습니까? (3) 어떻게 긍정적 전달 기술을 발달시킬 것입니까?

	청중에게 무슨 혜택을 줄 수 있나?	The purpose of this presentation is to help you get positive presentation results every time you speak. Are you ready to get started with question one? (Audience responds... Yes!) 프레젠테이션의 목적은 여러분이 발표할 때마다 긍정적인 결과를 얻을 수 있도록 돕는 것입니다. 1번 질문부터 시작할 준비 되었습니까?(청중 반응…Yes!)
본론 Body 발표하기 Tell them	핵심 사항 1 다음으로 전환	How can you become a positive presenter? 어떻게 긍정적인 발표자로 변할 수 있습니까? To become a positive presenter you need to.... Now that you know how to become a positive presenter you will learn how to create positive content. 긍정적인 발표자로 바뀌려면 여러분은 …이 필요합니다. 이제 긍정적인 발표자가 되는 법을 알았으니 다음은 긍정적인 콘텐츠를 만드는 방법을 알아보겠습니다.
	핵심 사항 2 다음으로 전환	How can you create positive content? 어떻게 긍정적인 콘텐츠를 만들 수 있습니까? To develop positive content you need to.... We have discussed the importance of positive content. It's time for you to receive tips on how to improve your delivery skills. 긍정적인 콘텐츠 개발을 위해 여러분은 …이 필요합니다. 지금까지 긍정적인 콘텐츠의 중요성에 관해 이야기 나누어보았습니다. 이제 전달 기술을 향상할 수 있는 몇 가지 비결을 살펴보겠습니다.
	핵심 사항 3 다음으로 전환	How can you develop positive delivery skills? 어떻게 긍정적인 전달 기술을 발전시킬 것입니까? To develop positive delivery skills you need to.... Let's review what we learned today. 긍정적인 전달 기술을 개발하려면 여러분은 …이 필요합니다. 오늘 배운 내용을 다시 한 번 확인해봅시다.
결론 Conclusion 청중에게 전달한 메시지 상기시키기 Tell them what you told them.	전체 개요 요점	Today, you learned the three factors that lead to positive presentation results. A positive presenter, plus positive content, plus positive delivery skills create positive results. 여러분은 긍정적인 프레젠테이션에서 긍정적인 결과를 이끌어낼 수 있는 3가지 요소를 살펴보았습니다. 긍정적인 발표자, 긍정적인 콘텐츠, 긍정적인 전달 기술들이 바로 긍정적인 결과를 만드는 핵심 요소들입니다. 1st How can you become a positive presenter? *Briefly review how.* 2nd How can you create positive content? *Briefly review how.* 3rd How can you develop positive delivery skills? *Briefly review how.*

		(1) 어떻게 긍정적인 발표자로 변할 수 있습니까? 간략히 방법을 다시 한 번 살펴봅시다. (2) 어떻게 긍정적인 콘텐츠를 제작할 수 있습니까? 간략히 방법을 다시 한 번 살펴봅시다. (3) 어떻게 긍정적인 전달 기술을 발전시킬 것입니까? 간략히 방법을 다시 한 번 살펴봅시다.
	행동 지침 촉구하기 Call-to-action	We are offering an online course to help you transform into the best speaker you can be. If you are interested please sign up for a free account now. 여러분이 최고의 발표자로 변하는 것을 도우려고 회사에서는 온라인 강의를 제공하고 있습니다. 관심이 있다면 무료 데모 계정에 지금 등록하십시오.
	질의응답 Q&A	At this time I'm happy to answer any of you questions. 이제 질문이 있으신 분은 자유롭게 질문하십시오.
	마무리 짓기 Conclude	Thank you all for coming. See you online soon! 청중 여러분에게 감사드립니다. 온라인 강의 코스에서 다시 만나뵙겠습니다!

발표 내용을 체계화할 때 사용할 수 있는 논리 구조는 다양합니다. 이 다채로운 논리 구조들을 Tell them, Tell them, Tell them 기법과 함께 적용할 수 있습니다.

프레젠테이션 체계화 구조

문제 Problem 해결책 Solution	청중이 가진 문제를 확인하고 해결책을 제시한다.
과거 Past 현재 Present 미래 Future	과거에 있었던 일, 현재 일어나고 있는 일, 앞으로 일어날 가능성이 있는 상황들을 설명한다.
특징 Features 이득 Benefits 가치 Value	발표자 제안의 특징과 이득, 가치를 설명한다.
발생 순서 Chronological	사건이 발생한 순서대로 상황을 설명한다.
관련된 주제 Topical	주제 1, 2, 3부터 차례대로 설명한다.

시간 균형 잡기
Balance the use of your time

프레젠테이션을 앞둔 상황에서 사람들은 대부분 심한 부담을 느낍니다. 사람들은 발표 전에 다음과 같이 초조해합니다. “어떻게 12분 동안이나 말하지?” 발표자에게 12분은 긴 시간처럼 느껴질 수 있습니다. 하지만 발표는 서론, 본론, 결론 이 3가지로 구성되어 있어서 결코 긴 시간이 아닙니다.

12분 전체를 하나의 구성으로 보고 부담스러워하기보다 발표자가 관리할 수 있는 작은 단위로 등분하면 발표의 부담을 훨씬 줄일 수 있습니다. 전체 시간에 상관없이 여러분이 다루기 수월한 시간으로 내용을 나누어 준비하십시오. 이때 각각의 구성 항목별로 균형 있게 시간을 배분해야 합니다. 12분을 다음과 같은 구성으로 나누어 발표 준비를 할 수 있습니다.

항목별 프레젠테이션 시간 배분

서론 Introduction	1분 30초
핵심 사항 1 Main point 1	3분
핵심 사항 2 Main point	3분
핵심 사항 3 Main point 3	3분
결론 Conclusion	1분 30초

시간을 균형 있게 나누어 발표를 준비하면 발표자 부담을 줄이고 시간 관리 또한 수월하게 할 수 있습니다. 청중은 체계적으로 짜인 프레젠테이션을 보고 발표의 진행 상황을 더 잘 예측할 수 있고 이해력도 높아집니다.

프레젠테이션 시간 배분 예시

균형 잡힌 시간 Balanced use of time		불균형한 시간 Lack of balance	
서론 Introduction	1분 30초	서론 Introduction	5분
핵심 사항 1 Main point 1	3분	핵심 사항 1 Main point 1	2분
핵심 사항 2 Main point 2	3분	핵심 사항 2 Main point 2	4분
핵심 사항 3 Main point 3	3분	핵심 사항 3 Main point 3	1분
결론 Conclusion	1분 30초	결론 Conclusion	5분
제시간에 마침 Finish on time		계속 말함 Go overtime	
Good Case		Bad Case	

간단명료하게 말하기
Keep it simple

유능한 발표자는 복잡한 주제를 간단하게 전달할 수 있습니다. 핵심을 간단하게 말하는 방법에는 여러 가지가 있습니다. 이해하기 쉬운 단어 사용하기, 짧은 문장 쓰기, 깔끔한 디자인으로 보여주기 등이 이에 해당합니다.

청중이 발표자의 의도를 제대로 파악할 수 있도록 이해하기 쉬운 단어와 문장을 사용하는 것이 좋습니다. 청중이 이해하기 어려운 단어를 사용하면 발표 내용에 대한 혼란을 일으킬 뿐 아니라 집중을 방해합니다. 프레젠테이션에서 혼동되는 단어를 사용하면 복잡한 단어의 의미를 생각하느라 많은 시간을 허비하게 됩니다.

청중이 발표 내용을 이해하지 못하는 상황에서 발표자가 다음 단계로 계속 발표를 진행하면 청중과 발표자 사이의 소통은 사라집니다. 청중과 발표자 사이의 소통이 끊어질 때, 발표 내용과 상관없이 발표자는 결국 프레젠테이션에서 원하는 목표를 달성하지 못하고 실패하고 맙니다.

짧은 문장을 사용하십시오. 짧은 문장은 발표자가 기억하기도 쉽고 청중들이 발표 내용을 수월히 받아들일 수 있습니다. 프레젠테이션 원고를 처음 쓸 때 사람들은 길고 복잡한 내용을 담습니다. 여러분은 발표 내용의 핵심에 도달할 때까지 사용된 쓸데없는 단어와 문장들을 모두 없애야 합니다.

적당한 정보 제공하기
Provide sufficient information

여러분이 아는 모든 것을 청중에게 말할 필요는 없습니다. 하지만 청중이 필요로 하는 정보는 반드시 모두 제공해야 합니다. 만약 청중이 발표 내용을 이미 알고 있다면 과감히 제거하십시오. 앱 개발자가 다른 앱 개발자를 대상으로 발표할 때 위젯이 무엇인지와 같이 이미 알고 있는 사실을 설명하는 것을 피하십시오. 발표를 지루하게 만들고 쓸모없는 정보를 제공해 청중의 시간을 허비하게 합니다.

발표자가 더 많은 내용을 보여주려고 욕심내다 오히려 청중이 이해한 핵심은 줄어들 수 있습니다. 설명할 내용이 많아질수록 핵심에 할애할 수 있는 시간은 줄어들게 되고 결국 청중의 뇌리에 남는 것이 없는 무의미한 발표가 될 수도 있습니다.

15개의 핵심 사항을 다루는 프레젠테이션 안건을 본 적이 있습니까? 프레젠테이션에서 청중이 기억하기 쉬운 가장 효과적인 구성인 3가지 핵심을 다룰 때입니다.

5

신뢰할 수 있는 콘텐츠를 만드는 방법

How to make your content believable.

신뢰할 수 있는 콘텐츠

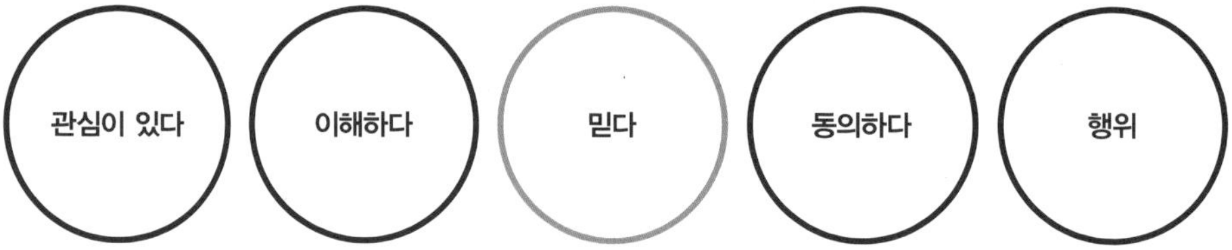

청중이 여러분의 발표에 대해 신뢰하기를 원한다면 먼저 자신의 발표를 믿어야 합니다. 이런 확신이 있을 때 실천을 방해하는 마음속 깊은 곳의 두려움, 불확실성, 의심 등이 사라집니다.

프레젠테이션 콘텐츠를 선택하는 것은 바로 자기 자신입니다. 여러분의 선택에 따라 신뢰 혹은 불신의 콘텐츠가 만들어집니다. 승리하기 위해 반드시 여러분의 현명한 선택이 필요합니다. 이를 위해 신뢰할 수 있는 콘텐츠와 불신이 싹트는 콘텐츠 사이의 차이점을 살펴보겠습니다.

신뢰할 수 있는 콘텐츠와 의심스러운 콘텐츠

믿을 수 있는 Believable	의심스러운 Unbelievable
⊕ 신뢰할 수 있는 Credibility	⊖ 신뢰할 수 없는 No credibility
⊕ 준비된 Prepared	⊖ 준비되지 않은 Not prepared
⊕ 진실한 Authentic	⊖ 거짓된 Fake
⊕ 정확한 Accurate	⊖ 부정확한 Inaccurate
⊕ 증명된 Proof	⊖ 증거가 없는 No proof

프레젠테이션에서 긍정적인 결과를 바란다면 청중이 여러분을 반드시 믿어야 합니다. 청중이 여러분을 신뢰할 수 있어야 하고 진정성을 느껴야 합니다. 또한 발표의 핵심을 입증할 수 있는 명백한 증거를 제시하는 것도 청중의 신뢰를 얻는 데 도움이 됩니다.

신뢰감 형성하기
Establish your credibility

신뢰감은 믿을 수 있는 신용입니다. 신뢰감을 형성하려면 발표자는 주제와 관련해 그 분야의 전문가처럼 보여야 합니다. 발표자의 이런 태도는 청중에게 신뢰감과 경외감을 불러일으킵니다. 청중은 다음을 알고 싶어 합니다.

(1) 발표자는 이 주제의 발표에 적합한 사람인가?
(2) 발표자가 발표 내용을 정확히 알고 말하는가?
(3) 발표자는 이 분야의 전문가인가?
(4) 발표자는 나를 도울 수 있는 자격을 갖췄는가?

발표자는 자신의 경험, 전문 지식, 자격 증명, 행동과 모습으로 청중에게 신뢰감을 얻어야만 합니다.

프레젠테이션 발표자와 신뢰 관계

경험과 전문 지식 Experience and expertise	경험과 전문 지식으로 청중의 신뢰를 얻을 수 있습니다. 판매 담당 기술자인 여러분은 전문가 협회에서 영업 기술 개발을 발표하는 상황입니다. Experience example: "For the past four years, I have trained over 3,000 sales professionals in three countries including Korea, China, and Japan. Before that, I worked for eight years as an overseas sales manager for one of Korea's largest electronics manufacturers." 경험 활용 예시: "저는 4년간 한국, 중국, 일본 3개국에서 3,000명 이상의 판매 전문가들을 교육했습니다. 그전에는 한국에서 가장 큰 전자 제품 제조업 회사에서 해외 영업 매니저로 8년간 근무한 이력도 있습니다." Expertise example: "I have created hundreds of PowerPoint presentations. I know all the tips and tricks to help you learn how to use it effectively. I know every function and shortcut keystroke. I am an expert at PowerPoint. This is important because I will easily teach you how to drastically improve your PowerPoint skills." 전문 지식 활용 예시: "저는 그동안 수백 개의 PPT 프레젠테이션을 제작했습니다. 따라서 어떻게 하면 PPT를 활용해 효과적으로 발표 기술을 향상할지에 대한 유용한 정보를 가지고 있습니다. PPT 전문가로서 컴퓨터 조작과 관련된 모든 기능과 바로 가기 기능을 알고 있습니다. 여러분의 PPT 기술이 쉽고 빠르게 향상되도록 제가 도울 수 있습니다."
자격 증명 Credentials	다음과 같은 자격 증명을 통해 청중과의 관계에 신뢰를 쌓을 수 있습니다. • 학위 • 직위(CEO, 마케팅 이사, 의사 등) • 전문 자격증 • 수상 내용 • 추천서 • 소속(대학, 회사 명칭 등) "Our next speaker has an MBA from Stanford University and she is a systems engineer at Google." "다음 발표자는 스탠퍼드대학에서 MBA 과정을 이수하고 지금은 구글에서 시스템 엔지니어로 일하고 있습니다." "Your self-defense teacher today has a black belt in Brazilian Jiu-Jitsu and she has won her last three professional fights in the Ultimate Fighting Championships (UFC)." "오늘 자기 방어술을 지도할 선생님은 브라질 주짓수 검은 띠를 보유하고 있으며 UFC 프로 경기에서 3번 승리했습니다."
행동과 모습 Actions	여러분이 보이는 행동에서도 신뢰감이 형성됩니다. 여러분이 말하는 내용과 목소리, 몸짓, 표정이 일치할 때 청중의 신뢰도는 더욱 높아집니다. 회사의 신제품을 칭찬하고 있지만 찌푸린 얼굴에 단조로운 목소리로 느리게 말하는 발표자를 본다면 청중은 결코 발표 내용을 신뢰하지 않을 것입니다.

철저하게 준비하기
Be fully prepared

준비를 철저히 마치면 여러분은 더욱 자신감 넘치는 발표자가 됩니다. 스스로에 대한 믿음이 강해질 때 상대방도 자신을 믿을 수 있습니다. 따라서 청중에게 믿음을 주고 싶다면 만반의 준비를 해야 합니다. 제대로 준비된 프레젠테이션을 선보일 때 청중은 발표자를 능력 있고 자신감 넘치는 전문가라고 인식합니다. '발표를 잘한다'는 이유만으로 청중은 발표자가 모든 일에 능숙할 것이라고 믿습니다. 하지만 이런 간단한 발표조차 제대로 해내지 못한다면 청중은 신뢰하지 못해 떠나고 말 것입니다.

솔직해지기
Be honest

정직은 마음을 평안하게 하고 신뢰도를 높여줍니다. 이에 반해 거짓은 불신, 갈등, 화를 불러일으켜 관계를 악화시킵니다. 발표자가 청중에게 거짓을 말하거나 잘못된 방향으로 이끄는 것을 발견하는 순간, 엄청난 충격을 받고 실망합니다. 발표자의 정직하지 못한 태도는 이처럼 신뢰를 깨뜨리는 부정적인 결과를 가져옵니다. 따라서 사실을 불필요하게 과장한다거나 조작하고 정보를 다른 의미로 바꿔 설명하는 행위는 발표자가 절대 해서는 안 됩니다.

정직은 자기계발을 돕습니다. 자기 자신에게 정직할 때 여러분은 약점을 인정하고 이를 개선하려고 노력합니다. 정직하지 못한 태도는 자신의 결점을 감추고 이를 개선할 기회마저 놓치게 합니다.

제가 스타트업 기업 경진 대회에 참가했을 때의 일입니다. 5개의 스타트업 회사들이 참가해 서로의 아이디어를 경쟁적으로 뽐냈습니다. 한 젊은 사업가가 중국에서 한국 TV 콘텐츠를 파는 내용을 소개했습니다. 이 사업가는 이미 사업을 진행해서 수익을 내고 있었습니다.

처음에 청중들은 이 젊은 사업가의 이야기에 흥미를 갖고 귀를 기울였지만 곧 사업 내용이 저작권을 위반하는 내용이라는 사실이 밝혀지면서 실패로 끝나고 말았습니다.

진정성 갖추기
Be authentic

다른 발표자 흉내를 내지 마십시오. 전력을 기울여 여러분 자신을 보여주십시오! 프레젠테이션에 대한 두려움을 극복하는 순간, 진정한 자신을 보여줄 자유를 누릴 것입니다.

정확하게 말하기
Be accurate

청중과 공유하는 발표 내용은 정확해야 합니다. 사소한 실수 하나가 프레젠테이션의 모든 것을 의심하게 할 수도 있습니다. 여러분의 수많은 자료 중 단 한 개의 수치만이 잘못되었다 할지라도 청중은 프레젠테이션 전체를 외면합니다. 청중이 발표에서 더 많은 실수를 발견할수록 발표자는 불리해질 수밖에 없습니다. 의심을 품은 청중은 여러분을 신뢰할 수 없는 사람이라고 생각할 것입니다.

자료의 실수를 피하십시오. 완벽해질 때까지 자료의 내용을 여러 번 확인하십시오. 준비한 발표 내용 중 청중이 의심할 수 있는 그 어떤 작은 여지도 남기지 마십시오.

영어 스펠링 오류도 피하십시오. 쉽게 일어나는 실수이지만 그만큼 쉽게 바로잡을 수 있습니다. 스펠링 오류는 발표자를 무능력하고 엉성하고 게으른 사람으로 보이게 합니다. 스펠링 오류가 발생할 때마다 청중의 마음속에는 부정의 씨앗이 움튼다는 것을 잊지 마십시오. 충분히 시간을 갖고 슬라이드와 문서의 스펠링을 꼼꼼히 점검하십시오.

증거와 함께 주장하기
When you make a claim prove it with evidence

여러분의 주장을 뒷받침하려 다음과 같은 증거 자료를 사용할 수 있습니다.

- 통계자료
- 사실
- 전문가의 의견
- 영상 자료
- 비교

여러분이 제시한 증거의 신뢰도를 높이려면 다음과 같은 요소들이 필요합니다.

- 신빙성 있는 자료
- 정확한 자료
- 객관적인 자료
- 최신 자료

증거의 신뢰도

클레임 Claim	**증거** Evidence
Our mid-size sedan is the best. 우리의 중형 세단이 최고입니다.	According to J.D. Power and Associates, the American-based global marketing information services company, our mid-size sedan has been voted number one in quality and customer service for the past three years. 미국에서 설립된 세계 소비자 만족도 조사 전문 기관 JD파워(JD Power and Associates)에 따르면, 우리의 중형 세단이 '3년간 품질과 고객 서비스 면에서 1위를 차지했다'고 발표했습니다.

We are the industry leader. 우리가 업계의 선두 주자입니다.	According to the most recent Dataquest information we have 83% global market share. 가장 최신 데이터퀘스트 정보에 따르면, 우리가 전 세계 시장의 83%를 차지하고 있습니다.
This is the fastest computer on the market. 시장에서 가장 빠른 컴퓨터입니다.	In January this year, PCMAG tested and reviewed 15 of the fastest laptops, and our laptops are 7% faster than our closest competitor. 올해 1월, 미국의 IT 전문 매체(PCMAG)는 가장 빠른 노트북 15개를 시험했습니다. 그 결과 '우리의 노트북이 경쟁자 제품보다 7% 더 빠르다'는 결과가 나왔습니다.
Seoul is one of the world's safest cities. 서울은 세계에서 가장 안전한 도시입니다.	According to TripAdvisor, one of the world's leading online travel websites, Seoul is the eighth safest city in the world. 전 세계 온라인 여행 사이트의 선두 주자 중 하나인 트립어드바이저(Trip advisor)에 따르면, 서울은 세계에서 여덟 번째로 안전한 나라입니다.

"연설은 두 부분으로 나뉜다. 자신의 견해를 주장하고 그 후 입증하는 것이다."

– 아리스토텔레스

"A speech has two parts. You must state your case and you must prove it."

– Aristotle

6 청중의 동의를 얻는 방법

How to get agreement from your audience.

청중의 동의 얻는 방법

콘텐츠를 선택하는 것은 바로 여러분입니다. 청중은 여러분이 선택한 콘텐츠를 동의하거나 반대할 수 있습니다.

동의를 얻는 콘텐츠와 반대를 조장하는 콘텐츠 사이의 차이점을 살펴보겠습니다. 이 차이를 이해하면 여러분은 프레젠테이션에서 승자가 될 수 있습니다.

동의를 얻는 콘텐츠와 반대를 조장하는 콘텐츠 비교

동의함 Agreement	동의하지 않음 Disagreement
⊕ 기대에 부응함 Exceed expectations	⊖ 기대에 못 미침 Fall short
⊕ 'Yes' 대답을 유도하는 질문 사용 Use 'Yes' questions	⊖ 'No' 대답을 유도하는 질문 사용 Use 'No' questions
⊕ 청중에 관심 두기 Care about your audience	⊖ 청중에 무관심하기 Don't care about your audience
⊕ 유연한 자세 Be flexible	⊖ 융통성 없는 자세 Be inflexible
⊕ 넘치는 자신감 Be confident	⊖ 머뭇거림 Be uncertain

청중의 기대 능가하기
Exceed your audience's expectations

우리 모두 형편없는 프레젠테이션을 참아낸 경험이 있을 것입니다. 발표를 듣다 보면 정신이 혼미해지는 프레젠테이션도 더러 겪어봤을 것입니다. 청중을 지옥 같은 시간에 몰아넣는 것은 결코 올바른 형태의 프레젠테이션이 아닙니다. 청중의 기대치를 능가하는 최고의 프레젠테이션은 청중에게 미친 듯이 만족스러운 발표를 제공하는 것입니다.

또 다른 방법은 청중이 얻고자 하는 가치 있는 정보를 전달하는 것입니다. 청중을 분석하면 무엇이 필요한지 니즈를 발견할 수 있습니다. 청중의 니즈와 기대를 충족시키면 청중은 행복해합니다. 하지만 기대한 것 이상의 프레젠테이션을 보면 청중은 깊은 인상을 받게 됩니다. 이 경우 청중이 발표자의 제안에 동의하며 이를 행동으로 개시할 가능성이 매우 높아집니다.

기대 이상의 프레젠테이션은 청중이 발표에서 바라던 이상의 가치를 기꺼이 제공하는 것입니다. 발표자가 기대 이상의 프레젠테이션 목적의식을 갖고 계획을 세우지 않으면 청중의 예상을 넘어서는 발표는 일어날 수 없습니다. 청중에게 무엇이 필요한지 심사숙고하고 나서 여러분의 창의성을 동원해 청중이 원하는 것 이상을 전달해야 합니다.

저는 국제회의 개최권을 얻기 위해 경쟁을 벌이는 한국의 전문가 협회를 지도했습니다. 샌프란시스코, 파리, 도쿄, 시드니 외 경쟁력 있는 멋진 도시들을 제치고 서울이 경쟁에서 우승할 수 있도록 이끌었습니다.

자국에서 국제 콘퍼런스를 개최하려면 기본적으로 충족해야 하는 몇 가지 중요한 요건들이 있습니다. 국제기구는 개최 도시가 세계 최고 수준의 시설, 편리한 대중교통, 독특한 문화 프로그램 등을 갖췄는지를 반드시 묻습니다. 서울은 충분히 발전되었고 활기차며 흥미로운 요소를 많이 내포하고 있는 도시입니다. 국제기구가 원하는 모든 조건을 갖추고 있다는 말입니다. 따라서 서울은 세계무대에서도 당당하게 경쟁을 벌일 수 있습니다.

하지만 경쟁력을 강화하려면 우리는 기존에 약속한 내용 이상의 것을 제공해야 합니다. 우리가 콘퍼런스에서 추가로 제안할 수 있는 것 중에서 몇 가지 예시를 살펴보겠습니다.

- For a nuclear physics conference, we included tours of Korea's nuclear power plants.

  핵물리학 콘퍼런스는 한국을 방문할 때 한국 원자력발전소를 방문하기로 했습니다.
- For medical conferences, we sometimes include professional certification as part of the scientific programs.

  의학 콘퍼런스는 과학 프로그램의 일부로 참가자들에게 전문 자격증 제도를 선보였습니다.
- For attendees from developing countries, we provide travel grants.

  개발도상국 출신의 참가자들에게 여행 수당을 제공했습니다.
- For every conference, we strive to create a revenue surplus from the conference to contribute to the international organization.

  모든 콘퍼런스마다 국제기관에 이바지할 수 있는 잉여 수익을 만들어내려고 온 힘을 다했습니다.

여러분은 프레젠테이션에서 청중이 기대하는 이상의 전달 기술을 얼마나 선보였습니까? 청중의 기대를 뛰어넘기 위해 발표자는 무엇을 할 수 있습니까?

- 위험 부담이 없는 환불 보장 정책을 제시할 수 있습니까?
- 청중이 예상하는 것보다 더 빨리 원하는 것을 달성해줄 수 있습니까?
- 청중의 시간과 돈을 절약해줄 수 있습니까?
- 청중의 장기 비용을 줄여줄 수 있습니까?
- 추가 비용 없이 컨설팅 서비스를 제공할 수 있습니까?
- 발표자에게 큰 비용 부담 없이 청중에게 가치 있는 특별한 무언가를 제공할 수 있습니까?

'Yes' 질문과 긍정적인 언어 사용하기
Use 'Yes' questions and positive language

'Yes' 질문은 말 그대로 청중에게 긍정적인 반응을 이끌어낼 수 있는 질문입니다. 만일 여러분이 청중이 요구하는 것을 모두 충족시킬 방법을 알고 있다면 'Yes' 질문을 사용할 수 있습니다.

청중이 새로운 회계 소프트웨어 패키지를 원한다면 청중이 원하는 요구 사항은 아래와 같을 것입니다.

The accounting software we require must be able to:
우리가 원하는 회계 소프트웨어는 다음의 사항을 포함해야 합니다.

- Send invoices 송장 보내기

- Manage inventory 재고 관리
- Enter bills 청구서 내용 기재
- Reconcile bank transfers 계좌 이체 조정

청중이 원하는 요구 조건을 모두 충족시킬 수 있다면 다음과 같은 'Yes' 질문을 생성할 수 있습니다.

- Will our accounting software allow you to send invoices?

  Yes, it will.

  회계 소프트웨어로 송장 보낼 수 있습니까?

  네.
- Can you manage your inventory?

  Yes, you can.

  재고 관리할 수 있습니까?

  네.
- Can you enter bills?

  Yes, you can.

  청구서 내용을 기재할 수 있습니까?

  네.
- Can you reconcile bank transfers?

  Yes, you can do that too.

  계좌 이체 내용을 조정할 수 있습니까?

  네.

여러분이 프레젠테이션을 계획하고 있다면 4가지 정도의 질문과 함께 프레젠테이션 내용을 구성할 수 있습니다. 각각의 질문에 대답한 후 증거를 제시하는 방식입니다. 여러분

이 사용할 수 있는 짧은 보기를 소개하겠습니다.

- Will our accounting software allow you to promptly send invoices?

  Yes, it will. You can use a customer testimonial from a customer sharing how satisfied they are with the software.

  우리의 회계 소프트웨어가 즉각 송장을 보낼 수 있도록 해줍니까?

  네, 그렇습니다. 고객 셰어링에서 소프트웨어에 얼마나 만족하는지 고객의 추천 글을 볼 수 있습니다.

- Can you use it to easily manage your inventory?

  Yes, you can. *Pro tip: You can tell a real story about how a company using your software improved their inventory management.*

  회계 소프트웨어로 재고 관리를 쉽게 할 수 있습니까?

  네, 그렇습니다. 소프트웨어를 사용한 후 회사에서 재고 관리가 얼마나 개선되었는지를 들을 수 있습니다.

- Can you effortlessly enter bills?

  Yes, you can. *Pro tip: You can provide some usage statistics.*

  청구서 내용을 쉽게 기재할 수 있습니까?

  네, 그렇습니다. 사용 현황 통계치도 제공할 수 있습니다.

- Can you accurately reconcile bank transfers?

  Yes, you can do that too. *Pro tip: You can demonstrate how easy it is to use the product to do what the customer wants it to do.*

  정확하게 계좌 이체 조정을 할 수 있습니까?

  네, 물론 가능합니다. 얼마나 쉽게 그 상품을 이용해 고객이 원하는 것을 실행할 수 있는지 직접 경험할 수 있을 것입니다.

이전에도 말했듯이 긍정적인 말들은 긍정적인 감정을 불러일으키고, 긍정적인 감정은 긍정적인 청중의 반응 결과를 이끌어냅니다. 많은 발표자가 겪는 문제점은 프레젠테이션 동안 청중의 긍정적인 동의를 이끌어낼 좋은 기회가 있음에도 부정적인 질문과 언어를 자주 사용한다는 것입니다. 이 경우 자신도 모르는 사이에 소중한 기회를 놓쳐버리게 됩니다.

유연해지기
Be flexible

제가 한국의 비즈니스 전문가들과 만찬 회동에 참가했을 때의 일입니다. 그 자리에는 한국전쟁부터 지금까지 한국 역사에 관한 책을 출간한 영국인 작가도 초청되었습니다. 작가의 발표가 시작되면서 발표자는 자신이 생각하는 가장 훌륭한 한국 대통령과 경제 발전을 이룩할 수 있었던 이유에 관한 견해를 청중들과 나누었습니다. 만찬에 참석한 사업가 중 일부는 한국전쟁에 참전 후 미국에서 경제학과 공학 박사 학위를 받은 사람들도 있었습니다.

참석한 사업가들은 매우 언짢아 보였지만, 발표자는 청중이 듣고 싶지 않은 내용을 연달아 이야기하며 분위기를 더욱 악화시켰습니다. 발표자는 청중과 교감할 수 있는 공통점을 찾았어야 합니다. 하지만 발표자는 청중을 위한 선택 대신 자기 자신에게만 집중하는 이기적인 선택을 했습니다. 아군 대신 적군을 만들어낸 것입니다. 이처럼 프레젠테이션에서 자기 자신에게 집중하는 선택은 발표자를 패배자로 만듭니다. 상황에 유연하게 대처하십시오.

청중에게 신경 쓰기
Care about your audience

여러분이 타인에게 관심을 기울이지 않으면 그들도 당신에게 무관심합니다. 예시에서 소개한 영국인 작가는 청중의 관점과 감정을 고려하지 않은 대표적인 발표자입니다. 우리가 준비하고 애쓰는 프레젠테이션의 공통 목표는 바로 긍정적인 결과를 얻는 것입니다. 청중이 언짢아하며 발표자에게 등을 돌렸을 때 긍정적인 결과와는 완전히 멀어집니다. 오직 부정적인 결과만이 여러분을 기다리고 있는 것입니다.

자신감 갖기
Be confident

청중이 고부가 고위험의 결정을 내릴 때 만나는 가장 큰 장애물은 '실수할 수 있다'는 두려운 마음입니다. 발표자는 청중의 마음을 이해하고 두려움을 극복하게 도와야 합니다. 불안하고 초조하면서 소심해 보이는 발표자에게 청중은 확신할 수 없습니다. 청중과 소통의 합의에 도달하려면 발표자는 먼저 스스로에 대한 자신감을 가져야 합니다. 그렇게 형성된 자신감을 청중의 마음속에 심어주어야 합니다.

여러분은 Step 2에서 긍정적인 마인드에 관한 7가지 요소를 학습했습니다. 여러분이 프레젠테이션에서 긍정적인 태도, 긍정적인 믿음, 긍정적인 열정, 긍정적인 헌신, 긍정적인 감정, 긍정적인 집중, 긍정적인 목표를 보여줄 때 청중이 여러분의 제안에 찬성할 것입니다.

7 청중이 실천하도록 영향력을 행사하는 방법

How to influence your audience to take action.

행동하는 청중

프레젠테이션 내용을 행동으로 실천하도록 유도

행동으로 실천 Action	행동하지 않음 No Action
⊕ 원하는 것 요청하기 Ask for what you want	⊖ 원하는 것 요청하지 않기 Don't ask for what you want
⊕ 이유 제시 Provide reasons	⊖ 이유 제시하는 데 실패 Fail to provide reasons

⊕ 가치 설명 Offer value	⊖ 가치 설명하는 데 실패 Fail to offer value
⊕ 'Yes' 답변 유도 Make it easy to say 'yes'	⊖ 'Yes' 답변 유도하는 데 실패 Make it difficult to say 'yes'

원하는 것 요청하기
Ask for what you want

프레젠테이션의 마지막 단계에서 발표자와 청중이 기분이 좋고 발표에 만족한다면 이제 진실을 보여줘야 하는 순간입니다. 발표자가 원하는 바를 청중에게 이야기하고 청중에게 이를 직접 실행하라고 요청해야 합니다. 순조롭게 발표가 진행되었다면 발표자는 청중의 반응을 살펴보고 짐작할 수 있습니다. 청중의 얼굴에서 발표 내용에 흥미를 느꼈는지, 이해했는지, 신뢰가 생겼는지, 발표자의 의견에 동의하는지에 관한 확신 등을 읽을 수 있습니다. 청중의 확신을 확인했다면 이제 발표자가 할 일은 무엇입니까?

청중에게 행동으로 실천하라고 요청할 것입니다.

I am going to ask them to take action.

□ 네 (Yes) □ 아니오 (No)

설득이 목표인 프레젠테이션은 발표자가 원하는 행동 지침이 청중에게 반드시 제시되어야 합니다. 하지만 대부분 발표자는 그러지 못합니다. 마치 청중에게 자신이 원하는 바를 말하는 것을 두려워하는 듯 보입니다. 왜냐하면 발표자가 청중의 거절을 두려워하고 이를 걱정하기 때문입니다. 심지어 청중에게 구체적으로 요청하는 방법도 알지 못합니다.

청중이 행동해야 할 이유 제시하기
Provide reasons for your audience to take action

청중에게 무언가를 설득하려면 그에 합당한 이유를 제시해야 합니다. 청중은 발표자가 아니라 논리를 바탕으로 최종적으로 결정한다는 사실을 명심하십시오. 예전에 저는 새 차를 구매하려고 대리점에 들른 적이 있습니다. 매력적인 차를 발견하고 당장 구매하고 싶었지만 영업사원은 다른 이유로 그 차를 권유했습니다. 자동차를 1대 더 팔면 영업사원이 이 달의 보너스를 받게 된다는 것이었습니다.

프레젠테이션에서 제안한 내용을 청중이 실천하면 청중이 받을 수 있는 혜택은 무엇인지 구체적으로 제시해야 합니다. 그래야 청중의 동의를 이끌어낼 가능성이 높아집니다.

가치 제공하기
Offer value

청중의 고통을 줄여주고 기쁨을 더하며 청중이 처한 상황을 개선해줄 때 발표의 가치가 커집니다. 발표자의 제안으로 청중이 어떤 가치를 지닐 수 있는지 쉽게 이해시켜야 합니다. 상품이나 서비스를 청중에게 제공하고 싶다면 청중이 받을 수 있는 혜택과 가치의 특징을 친절하게 설명하십시오.

프레젠테이션에서 청중이 받을 수 있는 혜택과 가치의 특징	
특징 Features	특징이란 상품과 서비스가 지니고 있는 사실과 특성이다. 데스크톱 컴퓨터, 노트북, 스마트폰 같은 첨단 기술 장비는 특징이 다양하다. 하지만 전자 제품 제조업자들은 이런 제품의 특징이 소비자에게 어떤 혜택을 주는지 충분히 설명하지 못한다. 그래서 소비자는 새로운 스마트폰이나 컴퓨터를 구매할 때 썩 유쾌하지만은 않다. 원하는 제품의 특징을 정확하게 파악하기 어렵기 때문이다. 소비자 스스로 제품의 혜택과 가치를 알아내는 것은 시간 소모가 크고 많은 스트레스를 불러일으킨다. 시장에서 승리하고 싶다면 제품의 특징과 관련해 소비자가 얻을 수 있는 혜택과 가치를 제대로 전달하는 데 집중해야 한다.

혜택 Benefits	혜택이란 제품이나 서비스가 지니고 있는 특징이 줄 수 있는 이득이다. "그래서 제가 얻는 이점은 무엇인가요?"라는 청중의 질문에 대답해줄 수 있는 것이 바로 혜택이다. 즉 청중에게 가치가 될 수 있는 특징이다.
가치 Value	가치란 중요하고 값어치를 가지는 의미다. 프레젠테이션에 가치를 더하는 데 활용되는 질문들이 있다. 청중이 원하는 것을 얻으려면 어떻게 도와야 할까? How can I help my audience get what they want? 청중이 성공하려면 어떻게 도와야 할까? How can I help my audience succede? 청중의 시간을 아끼려면 어떻게 도와야 할까? How can I help my audience save time? 청중이 돈을 절약하려면 어떻게 도와야 할까? How can I help my audience save money? 청중에게 이익이 되려면 어떻게 도와야 할까? How can I help my audience profit?

'Yes' 답변 유도하기
Make it easy to say yes

청중이 여러분의 제안에 얼마나 쉽게 'Yes'라고 답할 수 있나요? 여러분이 토론 클럽에 새로운 회원을 유치하고자 게스트를 초대했다고 상상해보십시오. 5명의 게스트가 참석했고 그 게스트들은 매우 활동적이고 열정적으로 모임 활동에 임했습니다. 여러분과 다른 토론 클럽 회원들은 이들에게 매우 깊은 인상을 받았습니다. 그래서 그 게스트들에게 클럽 가입을 권유했습니다. 게스트 5명 중 3명은 긍정적인 반응을 보이고 있습니다. A와 B 중에서 어느 접근법이 그 게스트들에게 'Yes'라는 대답을 더 끌어내기 쉬울지 생각해보십시오.

A. You tell them to visit your club's website where they need to watch a membership rules video, print and fill out a membership form, return the form before the end of next week, and pay the membership via a bank transfer.

A. 게스트에게 클럽 홈페이지를 방문해 회원 규칙에 관한 영상을 시청하게 한 후 회원 양식을 작성해 다음 주까지 제출하라고 말합니다. 더불어 계좌 이체로 회비를 낼 수 있

다는 이야기도 친절히 전합니다.

B. After the meeting you explain the membership rules, help them fill in the membership form and give them the option of paying cash or by bank transfer.
B. 만나고 나서 게스트에게 회원 규칙을 설명하고 가입 양식을 작성할 수 있도록 옆에서 돕습니다. 회비는 신용카드나 계좌 이체 중에서 원하는 대로 낼 수 있다는 정보도 전합니다.

A는 'Yes' 답변을 이끌어내기 어렵습니다. 5단계나 되는 회원 가입 과정을 게스트 혼자 하기는 쉽지 않습니다. 이 절차는 복잡하고 번거로우며 주변에 가입자를 도와줄 사람이 아무도 없기 때문입니다. 이에 반해 B는 'Yes' 답변을 이끌어내기 수월합니다. B에서는 오직 3단계뿐인 회원 가입 과정에, 이마저도 가입자 주변에 도와줄 사람이 있기 때문입니다.

청중에게 'Yes' 답변을 쉽게 얻을 수 있는 비밀이 여기 있습니다.

(1) 청중의 위험 부담을 줄여주십시오.
(2) 청중이 일해야 하는 시간을 줄여주십시오.
(3) 판매 과정에서 짜증스러운 상황, 피로감, 혼란스러움이 청중에게 발생할 수 있습니다. 이런 부정적인 감정을 청중은 피하고 싶어 합니다. 청중에게 발생할 수 있는 마찰 요소를 최대한 줄여주십시오. 청중의 저항을 완전히 없앨 수는 없겠지만 될 수 있으면 줄이려고 노력해야 합니다.
(4) 쉽고 편안하게 청중이 'Yes'라고 답할 수 있도록 발표자는 끊임없이 고민해야 합니다.

Step 3 Unlock Superpower 3! Creativity Master

- 긍정적인 콘텐츠를 생산한다.
  I create positive content.
  네 □
  아니오 □

- 흥미로운 콘텐츠를 생산한다.
  I create interesting content.
  네 □
  아니오 □

- 이해하기 쉬운 콘텐츠를 생산한다.
  I create content that is easy to understand.
  네 □
  아니오 □

- 믿을 수 있는 콘텐츠를 생산한다.
  I create believable content.
  네 □
  아니오 □

- 프레젠테이션 시작부터 끝까지 청중의 동의를 이끌어낸다.
  I create agreement throughout my presentations.
  네 □
  아니오 □

- 청중에게 행동 개시를 지시한다.
  I ask my audience to take action.
  네 □
  아니오 □

Step 3 Key Learning Points

- 콘텐츠에는 2가지 유형이 존재한다: 긍정적 VS 부정적

  There are two types of content: positive and negative.

- 긍정적인 콘텐츠는 청중에게 혜택을 주고 부정적인 콘텐츠는 혜택을 주지 못한다.

  Positive content benefits your audience; negative content does not.

- 프레젠테이션에서 목표하는 바를 이루려면 '청중과 소통해 승리하는 5단계'로 청중을 이끌어야 한다.

  To achieve your presentation objective you need to lead your audience through the 5 Steps to Connect and Win.

- 프레젠테이션 준비, 진행, 마무리 과정에서 '청중과 소통해 승리하는 5단계'를 사용하라. 이를 통해 목표 달성과 실패한 원인을 명확히 알 수 있다.

  You use the 5 Steps to Connect and Win before your presentation to prepare, during your presentation to adjust, and after your presentation to evaluate why you did or didn't achieve you objective.

- 흥미로운 콘텐츠는 청중의 관심을 집중시킬 수 있다.

  Interesting content helps you capture and maintain your audience's attention.

- 단순하고 체계적인 콘텐츠는 청중을 쉽게 이해시킬 수 있다.

  Simple and well-organized content is easy for your audience to understand.

- 청중에게 신뢰감을 주고 친밀하게 대하며 내용에 대한 타당한 근거를 제시할 때 청중은 발표자에게 믿음이 생긴다.

  You will be believable when you establish credibility and rapport with your audience, as well as provide evidence to prove your claims.

- 프레젠테이션 진행 과정에서 될 수 있으면 빨리, 자주 청중의 동의를 끌어내라.

  Gain agreement early and often during your presentation.

- 청중에게 요청하고 약속을 받아내면 이를 이행할 확률이 높아진다. 아무런 요청을 하지 않으면 청중은 행동하지 않는다.

  Your audience is more likely to act if you ask them for commitment, versus not asking them.

Step 4

긍정적인 전달:
긍정적인 감정 경험하기

Step 4
Positive Delivery:
How to Create Positive Emotional Experiences

슈퍼 파워 비밀의 문 4:
감정 마스터

인간은 논리의 생명체가 아니라 감정의 생명체로 대하는 것이다.
– 데일 카네기

When dealing with people,
remember you are not dealing with creatures of logic, but creatures of emotion.
– Dale Carnegie

긍정적인 전달 기술을 사용하십시오! 당신은 분명 승리할 것입니다!

Choose to use positive delivery skills and you can win!

긍정적인 결과와 부정적인 결과

긍정적인 발표자	+	긍정적인 콘텐츠	+	긍정적인 전달	=	긍정적인 결과
부정적인 발표자	+	부정적인 콘텐츠	+	부정적인 전달	=	부정적인 결과

청중 앞에서 프레젠테이션을 선보이는 주된 이유는 타인을 돕기 위해서입니다. Step 3에서 가치 있고 설득력 있는 콘텐츠 생산법을 배우고 슈퍼 파워의 세 번째 비밀의 문을 통과하면서 창의적 마스터로 변화하는 방법을 익혔습니다.

Step 4에서는 잉글리시 프레젠테이션 슈퍼히어로처럼 콘텐츠를 전달하는 방법을 소개하겠습니다. 높은 수준의 전달 기술이 있는 발표자는 청중의 열정을 돋우면서 영감을 고취하므로 청중이 지루할 틈이 없습니다.

프레젠테이션에서 청중이 느끼는 감정은 긍정적이거나 부정적인 감정 중 하나입니다. 이때 긍정적인 감정은 발표자의 전달 기술과 매우 밀접한 연관이 있습니다. 오직 강력한 전달 기술을 가지고 있는 발표자만이 청중에게 긍정적인 감정을 불러일으킬 수 있습니다. 전달이 서투른 발표자는 청중에게 지루하고 부정적인 감정을 들게 합니다. 여러분은 자신에게 주어지는 모든 프레젠테이션을 더 나은 발표자로 나아갈 수 있는 초석으로 삼아 전달 기술을 키워가야 합니다.

수준 높은 발표자가 되느냐 마느냐의 가능성은 여러분의 선택에 달려 있습니다. 타인에게 혜택을 주는 발표자, 긍정적인 결과를 얻는 발표자, 긍정적인 감정을 불러일으키는 발표자로 변하는 것은 여러분이 선택하는 것입니다. 청중은 프레젠테이션에서 긍정적인 감정을 경험하려 하지만 실제로는 부정적인 감정을 더 느끼는 경우가 많습니다.

Step 3에서 여러분이 학습한 내용을 적용해보겠습니다. 이제부터는 프레젠테이션에 참석한 시간 동안 자리를 끝까지 지키고 앉아 주변을 자세히 둘러보십시오. 여러분은 청중이 현장에서 느끼는 다양한 종류의 감정을 목격할 수 있을 것입니다. 청중의 감정이 과연 발표자의 어떤 행위나 발언에서 발생한 것인지 곰곰이 생각해보십시오. 만일 여러분이 부정적인 감정을 유도하는 발표자를 지도한다면 어떤 점을 충고하겠습니까?

브라이언 트레이시(Brian Tracy)처럼 유명한 비즈니스 작가들은 "사람은 감정을 기반으로 결정을 내리고 논리를 통해 자신의 결정을 옹호한다"고 말합니다. 사람의 심리를 제대로 이해한다면 프레젠테이션에서 논리를 통해 청중과 소통하며 메시지를 전할 수 있습니다. 그뿐 아니라 청중의 감정도 자극해야 합니다. 청중의 마음에 깊은 인상을 남겼을 때, 청중의 의식은 고취되고 발표자의 메시지를 행동으로 실천하기 때문입니다.

1

2가지 유형의 프레젠테이션 전달 기술이란 무엇인가?

What are the two types of presentation delivery skills?

긍정적인 프레젠테이션 방법론에는 2가지 전달 기술이 존재합니다. 바로 긍정적인 전달 기술과 부정적인 전달 기술입니다.

긍정적인 전달 기술과 부정적인 전달 기술	
긍정적인 전달 기술 Positive delivery skills	긍정적인 전달 기술은 프레젠테이션에서 여러분이 목표하는 바를 달성할 수 있도록 도와주는 전달 기술이다. 예를 들어 긍정적인 발표자는 듣기 좋은 목소리로 말하고 자신감 넘쳐 보인다. 게다가 우수하고 의미 있는 시각 자료로 청중의 이해를 돕는다.
부정적인 전달 기술 Negative delivery skills	부정적인 전달 기술은 프레젠테이션에서 여러분이 목표하는 바를 방해하는 전달 기술이다. 예를 들면 단조로운 목소리로 이야기하며 졸음을 유발한다거나 눈을 마주치지 않는 등 폐쇄적인 몸짓을 보이며 초조해하는 경우가 그렇다. 복잡한 시각 자료를 사용하거나 대본에 지나치게 의존하는 예도 마찬가지다.

긍정적인 전달 기술은 발표자가 전하고자 하는 메시지를 명료하고 효율적인 방식으로 강화시킵니다. 부정적인 전달 기술은 메시지를 흐리멍덩하고 효율성 없이 전달해 발표 효과가 미미합니다.

전달 기술은 발표자의 목소리, 몸짓 시각 자료 등을 포함합니다. 발표자는 이런 요소들로 청중의 감정 상태와 의사 결정에 영향을 끼칠 수 있습니다. 청중이 어떻게 생각하고 느끼는지에 따라 발표자의 메시지에 동의하거나 행동이 변합니다. 청중이 발표자의 제안을 기분 좋게 받아들이거나 공감한다면 발표자는 목표한 바를 쉽게 성취할 수 있습니다. 그러므로 프레젠테이션을 하는 동안 청중의 생각과 감정에 긍정적인 영향을 끼쳐야 합니다. 프레젠테이션의 성패는 바로 청중이 어떤 감정을 느끼는지에 달려 있기 때문입니다.

발표자가 원하는 감정을 느끼도록 청중의 감정을 통제해야 합니다. 오케스트라 지휘자가 전체 단원을 이끌어 조화롭고 통일된 음악을 지휘하듯이 발표자는 전달 기술을 가지고 청중의 다양한 감정을 끌어낼 수 있어야 합니다. 발표자가 충분한 연습과 기술을 익히면 청중의 감정을 끌어올릴 수 있습니다. 대중이 원하는 것은 바로 긍정적인 감정임을 기억하십시오.

청중이 지루함을 느끼고 발표 내용을 제대로 이해하지 못한다면 발표자는 자신이 원하는 목표를 달성할 수 없습니다. 여러분이 청중을 지루하게 한다면, 그 어떤 청중도 발표자의 말에 동의하지 못할 것입니다. 부정적인 감정을 경험한 청중은 발표자가 원하는 것을 따르는 대신 거절을 통해 발표자에게 반발하고자 합니다. 다시 말해 프레젠테이션에서 청중이 부정적인 감정을 느끼는 일은 결코 일어나서는 안 됩니다.

하지만 발표자가 적절한 때에 의도한 부정적인 감정은 청중에게 강력한 동기부여가 될 수도 있습니다. 특정한 상황에 대해 분노의 감정이 일거나 좌절과 실망감을 느낀 청중은 발표자가 의도한 대로 행동할 수 있기 때문입니다. 청중이 어떤 문제에 관해 흥분하거나 긴장한다면 이 감정을 이용해 청중을 변화시킬 수 있습니다.

탈북자 박□□는 국제 콘퍼런스에서 눈물을 흘리며 고통스러웠던 시간에 관해 이야기합니다. 박□□는 북한에서 목격했던 일들과 탈출 과정 중 중국에서 벌어진 일들을 세상 사람들에게 알립니다. 자신의 이웃이 공개 처형당하고 중국 거간이 어머니를 강간한 끔찍한 경험담을 고백합니다. 중국에 머무르는 북한 출신의 여성 피난민 대부분이 이런 식으로 착취당하고 있다고 설명합니다. 박□□의 메시지는 놀랍고도 슬픈 내용으로 프레젠테이션에 참여한 사람들을 동요시켰습니다. 부정적인 감정을 유발하는 내용의 메시지였지만 박□□

는 이날 많은 청중의 감정에 강력히 호소하며 효과적으로 발표를 끝마쳤습니다.

우리는 타인에게 공감할 때 그들이 더는 고통 받지 않고 상황이 개선되도록 도우려 합니다. 박□□는 발표 마무리에서 청중에게 호소했습니다. 제발 북한 사람들을 도와달라고 말입니다. 청중은 박□□의 발언에 행복을 느꼈습니까? 아닙니다. 청중은 박□□를 돕고 싶어 합니까? 그렇습니다. 박□□의 프레젠테이션은 유튜브에서 검색해 여러분도 시청할 수 있습니다. 부정적인 감정의 효과에 관해 곰곰이 생각해보십시오.

부정적인 주제를 발표해야 하는 상황도 생길 것입니다. 프레젠테이션에서 부정적인 주제를 다루는 핵심 목적은 단 하나, 문제를 해결하고자 하는 것입니다. 까다롭고 예민한 부정적인 주제를 긍정적인 주제로 바꿀 수 있는 방법은 청중의 관심을 문제점이 아니라 해결책에 돌리는 것입니다. 부정적인 문제의 수렁에 빠져 허우적대는 것 대신 발표자가 해결책에 집중해 청중에게 프레젠테이션의 긍정적인 면을 선보이면 됩니다.

많은 프레젠테이션이 지루하고 이해하기 어렵고 끔찍하게 느껴집니다. 그 주된 이유는 다음과 같습니다.

(1) 대부분의 사람들은 부정적인 발표자들입니다.

Most people are negative presenters.

사람들은 불확실성, 의심, 두려움 같은 부정적인 감정에 압도당합니다. 만약 여러분이 자기 의심으로 꽉 찬 상태에서 청중 앞에 서야 한다면 소통하기 매우 어려울 것입니다. 청중과 소통할 수 없는 발표자는 자신이 목표한 바를 결코 이룰 수 없습니다.

(2) 대부분의 사람이 부정적인 콘텐츠를 만들고 공유합니다.

Most people create and share negative content.

사람들은 자신의 콘텐츠가 얼마나 부정적인지 인식하지 못합니다. 여러분의 콘텐츠가 긍정적인지 부정적인지 반드시 살피십시오. 그 후 부정적인 표현과 한눈에 잘 들어오지 않는 시각 자료 외에 눈에 띄는 부정적인 요소들은 전부 제거하십시오.

(3) 대부분의 발표자들은 전달 기술이 부족합니다.

Most people have weak delivery skills.

사람들은 성공적인 프레젠테이션을 위해 충분히 연습하거나 수정하지 않습니다. 중요한 프레젠테이션 기회가 생기더라도 그다지 좋은 성과를 내지 못합니다. 오히려 철저하게 실패합니다. 여러분이 프레젠테이션 기술 향상을 위해 공을 들이고 노력을 한다면 그 어떤 프레젠테이션에서도 긍정적인 결과를 만들어내고 인정받을 수 있습니다.

(4) 대부분의 발표자들은 부정적인 결과를 얻습니다.

Most people get negative presentation results.

긍정적인 프레젠테이션 결과를 얻으려면 긍정적인 콘텐츠와 긍정적인 전달 기술이 있는 긍정적인 발표자가 되어야 합니다. 마찬가지로 부정적인 콘텐츠, 부정적인 전달 기술을 지니고 있는 부정적인 발표자는 부정적인 결과를 얻습니다.

여러분이 지구상에서 가장 매력적이고 영감을 주는 훌륭한 발표자가 될 수 있다고 스스로 각인시키십시오. 프레젠테이션에서 좋은 발표자가 되기 위해서는 무엇보다 전달하는 메시지가 분명해야 합니다. 항상 긍정적인 방식으로 긍정의 메시지를 전달하려고 노력하십시오.

2가지 프레젠테이션 전달 기술 사이의 차이점은 무엇입니까?
What are some differences between the two types of presentation delivery skills?

긍정적인 전달 기술과 부정적인 전달 기술 비교

긍정적인 전달 기술 Positive delivery skills	부정적인 전달 기술 Negative delivery skills
⊕ 흥미로운 Interesting	⊖ 지루한 Boring
⊕ 이해하기 쉬운 Understandable	⊖ 이해하기 어려운 Confusing

⊕ 신뢰할 수 있는 Believable	⊖ 신뢰할 수 없는 Not believable
⊕ 동의를 얻는 Create agreement	⊖ 동의를 얻지 못하는 No agreement
⊕ 행동에 변화를 일으키는 Inspire action	⊖ 행동에 변화가 없는 No action

여러분은 Step 1에서 평소 자신이 영어로 어떻게 발표하는지 그 모습을 평가해 현재 프레젠테이션 스타일을 확인할 수 있었습니다. 여러분의 프레젠테이션 스타일이 청중이 선호하는 것과 일치한다면 프레젠테이션에서 긍정적인 결과를 얻을 수 있습니다.

프레젠테이션에서 원하는 목표를 달성하고 싶다면 자신이 최고의 발표자가 되어야 합니다. 여러분이 현재 가지고 있는 프레젠테이션 스타일 중 청중이 좋아하지 않는 모습이 있다면 이 부분을 없애고 청중이 선호하는 부분을 더욱 강화시키십시오. 기술은 연마와 평가라는 반복되는 과정을 통해 발전하고 개선됩니다.

당신의 청중이 선호하는 것은 무엇인가?

	Column A	Column B
1	초조한	자신감 넘치는
2	조용한	활기찬
3	재미없는	재미있는
4	일방적인	양방향의
5	자기중심적인	청중 중심적인
6	부자연스러운 몸짓	자연스러운 몸짓
7	열정이 없는	열정적인
8	두려워하는	두려움이 없는

9	비전문적인	전문적인
10	지루한	흥미로운
Total		

2

5Vs란 무엇인가?

What are the 5Vs?

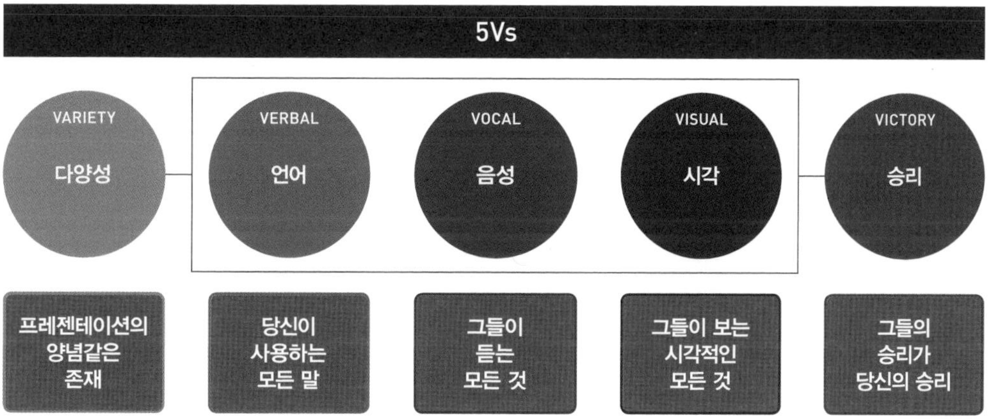

5Vs는 프레젠테이션을 전달하는 데 매우 유용한 도구입니다. 표에서 소통할 때 쓰이는 언어, 음성, 시각 자료를 상자로 표시해놓았습니다. 이 3가지 요소는 5Vs에서 가장 핵심 요소들입니다. UCLA의 심리학 명예교수인 앨버트 메라비언(Albert Mehrabian)의 저서에 소개된 3Vs 요소를 수많은 코치가 가르칩니다. 5Vs는 기존 3Vs에 다양성과 승리라는 2가지 요소를 추가해 개선한 것입니다.

잉글리시 프레젠테이션 슈퍼히어로가 되려는 여러분은 발표의 시작부터 끝까지 청중 전체의 관심을 집중시켜야 합니다. 발표자로서 여러분은 청중 모두가 하나의 콘텐츠에 일제히 집중하는 모습을 바랄 것입니다. 저는 이것을 '한마음으로 하나 된 청중'이라 부릅니다. 청중이 프레젠테이션에 빠져들어 발표 내용 외에 다른 어떤 것도 생각하지 않는 상태입니다.

여러분이 청중에게 프레젠테이션을 언어적 다양성, 음성적 다양성, 시각적 다양성이라는 기술을 사용해 능숙하게 전달한다면 승리에 도달할 확률이 매우 높아집니다.

승리에 도달할 확률을 높이기 위한 전략

1	다양성 VARIETY	다양성은 양념 같은 존재다. 흥미로운 프레젠테이션은 다양한 구성을 보여주고 지루한 프레젠테이션은 지나치게 단조로운 형식이다. 프레젠테이션에서 다양성을 사용해 능숙하게 발표하는 기술을 익히면 청중을 적극적이고 의욕 넘치게 변화시킬 수 있다.
2	언어 VERBAL	언어는 우리가 표현하는 모든 것을 지칭한다. 언어적인 소통은 쓰기와 말하기, 2가지 형태가 있다. 발표에 사용하는 표현들, 슬라이드는 프레젠테이션의 결과에 지대한 영향을 끼친다. 적절한 표현은 프레젠테이션 결과를 승리로 이끌지만 부적절한 표현은 패배를 맞게 한다. 청중은 발표자가 사용한 표현에 따라 웃거나 울기도 한다. 청중에게 동기를 부여하는 표현들과 적절한 음성, 몸짓이 어우러질 때 청중은 프레젠테이션의 메시지를 행동으로 옮길 가능성이 높아진다.
3	음성 VOCAL	음성이란 발표에 사용하는 모든 소리를 가리킨다. 소리가 가진 특징에 따라 청중은 여러분의 발표에 매력을 느끼거나 거부감을 가진다. 기분 좋은 목소리, 명확한 발음, 다양한 목소리를 쓴다면 발표자는 승리할 수 있다. 단조로운 목소리, 불분명한 발음은 프레젠테이션의 목표 달성에 방해된다. 발표자는 목소리뿐 아니라, 청중이 듣는 모든 것에 신경 써야 한다. 예를 들어 영감을 불러일으키는 배경음악과 주위의 웃음소리도 발표에 긍정적인 영향을 끼칠 수 있다. 시끄러운 에어컨 소리나 복도에서 사람들이 떠드는 소리는 발표를 방해한다. 긍정적인 소리는 사전에 적극 끌어들이고 부정적인인 소리는 최대한 배제하거나 없애야만 한다.
4	시각 VISUAL	시각 자료는 청중이 보는 모든 것이다. 청중은 시각 자료에 영향 받아 프레젠테이션에서 중요한 결정을 내릴 수도 있다. ·외모와 풍채 Your appearance and presence ·표정 Facial expressions ·눈 맞춤 Eye contact ·몸짓과 동작 Body language and gestures ·자세 Posture ·시각 자료 Visual aids ·문서 자료 Written materials ·발표실 구성 Room setup 청중이 보는 모든 것은 시각적 자극이 될 수 있다. 눈에 보이는 모든 것은 청중에게 긍정적으로나 부정적으로 영향을 끼칠 수 있다.

5	승리 VICTORY	청중의 상황을 개선하고 목표한 바를 달성하도록 돕는 발표자는 자신의 목표도 이룰 수 있다. 발표자의 상품과 서비스가 고객이 진정으로 바라는 가치라면 발표자는 고객을 집중적으로 설득해야 한다. 고객의 마음에 든다면 발표자의 상품과 서비스를 구매하려고 기꺼이 지갑을 열 것이다. 발표자 스스로 상품과 서비스에 대한 확신이 없다면 고객을 설득하는 것은 불가능하다. 발표자가 확신하는 바를 타인에게 전염시켜야만 한다. 발표자가 자신감있게 해결책을 제시하면 청중도 이에대한 확신을 갖게 된다. 발표자가 말하고 보여주고 행동하는 모든 것이 결국 최종 목표 달성을 돕거나 방해할 수도 있다.

앨버트 메라비언은 언어(말)와 비언어적(음조의 변화와 몸짓) 메시지의 상대적 중요성에 대한 연구로 널리 알려졌습니다. 메시지 전달에서 중요한 것은 '무엇을 말하는지'가 아니라, '어떻게 말하는지'와 '상대방이 우리의 말을 어떻게 생각하는지' 등입니다.

타인과 얼굴을 마주하며 이야기할 때, 목소리의 높낮이와 몸짓에서 알 수 있는 비언어적 요소는 언어적 메시지에 많은 영향을 끼칩니다. 특히 비언어적 요소는 말하는 이의 감정과 자세를 듣는 이에게 전달한다는 면에서 매우 중요합니다. 여러분의 이야기를 전할 때, 전달하는 언어가 목소리 높낮이와 비언어적 행동과 일치하지 않는다면 청중은 후자의 행위에서 느껴지는 것들을 믿습니다.

"여러분의 웃는 모습을 사랑합니다!"라는 문장으로 예를 들겠습니다. 이 표현은 언어적 의미만을 생각했을 때는 긍정적인 메시지로 보입니다. 하지만 발표자가 비꼬는 듯한 말투로 전하면 메시지는 즉시 긍정에서 부정으로 전환됩니다. 또한 발표자가 발표 도중 눈을 굴리고 머리를 흔드는 등 청중의 눈에 띄는 행동을 하면 그들이 전달하려는 메시지의 의미는 다른 의미로 바뀝니다.

발표자는 반드시 시각, 음성, 언어적 요소에 관해 깊이 생각해야 합니다. 소통에서 이런 요소들이 서로 어우러질 때, 같은 의미라도 더욱 효과적으로 전달할 수 있습니다. 이 모든 요소가 하나 될 때, 청중은 여러분을 신뢰하고 확신할 것입니다.

3 자극 반응 마스터 되는 방법

How to become a master of stimulus-response.

프레젠테이션에서 전달하려는 콘텐츠, 전달 기술, 청중의 반응을 예측할 수 있다면 발표자는 목표한 바를 쉽게 달성할 수 있습니다. 또한 발표에 좀 더 자신 있는 자세로 임한다면 프레젠테이션의 전반적인 상황과 결과까지 통제할 수 있습니다. 청중의 반응을 예측한다는 것은 구체적인 요구 사항, 바람, 열망을 발표자가 제대로 이해하고 있는 것을 의미합니다. 이처럼 청중의 이해를 위해 발표자는 꼭 5Vs 법칙을 정확하게 이해한 후 실전에 적용해야 합니다.

3Vs는 자극 반응 도구입니다

The 3Vs are your stimulus-response tools

시각, 음성, 언어적 양식은 5Vs 법칙의 심장이라 할 수 있는 핵심 요소들입니다. 청중과 소통해 승리하려면 반드시 자극 반응 도구를 사용해야 합니다. 자극 반응 도구에는 발표자가 사용하는 표현(언어), 목소리(음성), 몸짓, 표정, (시각) 자료 등이 있습니다.

자극 반응 도구

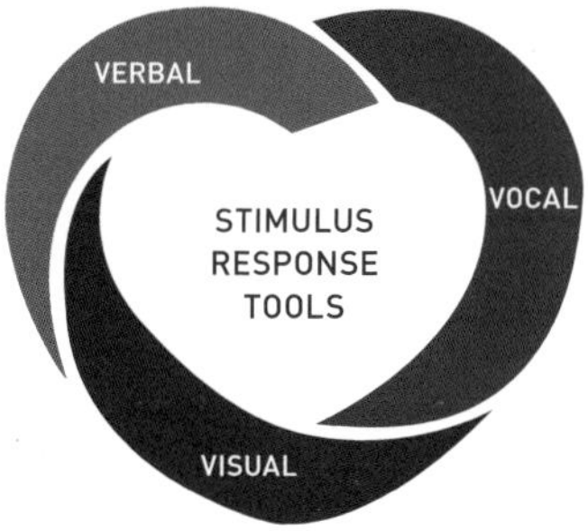

청중은 발표자가 능숙하게 시각, 음성, 언어적 다양성을 선보일 때 프레젠테이션에 호감을 느낍니다. 시각, 음성, 언어적 다양성은 마치 사람의 심장박동과도 같습니다. 다양성은 여러분이 말하고 보여주는 모든 것에 생명을 불어넣습니다. 다양성 없는 발표는 심장박동수가 불안정한 것처럼 청중이 느끼는 감정을 멈추게 합니다. 청중의 심장을 살리고 싶다면 반드시 프레젠테이션에 다양성의 요소를 불어넣어야 합니다.

청중이 다양한 프레젠테이션 자극에 어떻게 반응하는지, 여러분이 얼마나 청중의 반응을 잘 예측할 수 있는지 잠시 살펴보도록 하겠습니다. 발표자의 언어, 음성, 시각적 자극에 청중이 어떻게 반응하는지 잠시 떠올려본 후 해당란에 표시하십시오. 이때 청중의 반응은 긍정적이거나 부정적인 반응 중에서 선택하면 됩니다.

프레젠테이션 자극과 청중의 반응

		프레젠테이션 자극 Presentation stimulus	청중의 반응 Audience response
1	언어 Verbal 당신이 사용하는 모든 표현들 All of your words.	Good afternoon. Sorry, I'm late. I'm so nervous right now. For some of you, this is going to be boring. Let's get started. 여러분 안녕하십니까? 죄송합니다. 제가 좀 늦었습니다. 지금 너무 긴장되네요. 저의 프레젠테이션을 지루해하는 분들도 있을 것입니다. 어찌 되었든 발표를 시작하겠습니다.	Positive–You win! ☐ Negative–You lose. ☐

2		Everyone will be getting a mid-year bonus of $10,000 and five extra vacation days because our profits are higher than ever. 회사 수익이 역대 최고를 기록해 여러분에게 올해 중반부에 1만 달러의 보너스와 5일의 보너스 휴가를 드립니다.	Positive–You win! ☐ Negative–You lose. ☐
3		You'll be happy to know that if you damage or lose your phone it will be replaced for free. 휴대폰이 손상되거나 분실했을 때 새 제품으로 무상 교체해 드립니다. 모두가 틀림없이 기뻐할 소식입니다.	Positive–You win! ☐ Negative–You lose. ☐
4	음성 Vocal 청중이 듣는 모든 것 Everything they hear.	Um...I'd like to um...talk about the ahh...revenue from... last quarter. Um...as you can see...we ahh...have change.... 음…, 저는…, 오늘… 지난 분기 수익을… 음… 이야기하겠습니다…, 보다시피… 우리는… 아… 바뀌었습니다….	Positive–You win! ☐ Negative–You lose. ☐
5		During a training session you are giving for ten employees at your company, you play relaxing music during the breaks. 회사에서 10명의 직원에게 교육을 진행하면서 휴식 시간에 편안한 음악을 틀었습니다.	Positive–You win! ☐ Negative–You lose. ☐
6		While presenting in a large auditorium, you use a microphone so that everyone can hear you clearly. 대규모 강당에서 프레젠테이션할 때, 모든 사람이 명확하게 들을 수 있게 마이크를 사용했습니다.	Positive–You win! ☐ Negative–You lose. ☐
7	시각 Visual 청중이 보는 모든 것 Everything they see.	When you arrive at your customer's office, you look professional and feel great. People think you are friendly. 고객의 사무실에 도착했을 때, 여러분은 전문가로 보이고 기분도 좋아 보였습니다. 사람들은 여러분을 친절한 사람으로 여깁니다.	Positive–You win! ☐ Negative–You lose. ☐
8		You use paragraphs full of text on your presentation slides, and you read your whole presentation from the big screen. 여러분은 프레젠테이션 슬라이드에 빽빽하게 많은 정보를 집어넣었습니다. 대형 스크린에 띄워진 프레젠테이션 내용을 읽어 내려갑니다.	Positive–You win! ☐ Negative–You lose. ☐
9		Your presentation slides are very clear and easy to understand. Your audience is very interested in discussing the content. 여러분의 프레젠테이션 슬라이드는 매우 깔끔하고 내용도 명확해 이해하기 쉽습니다. 콘텐츠에 관해 청중과 이야기하며 흥미를 이끌어냅니다.	Positive–You win! ☐ Negative–You lose. ☐
정답		1. ☐ Negative 2. ☐ Positive 3. ☐ Negative 4. ☐ Negative 5. ☐ Positive 6. ☐ Positive 7. ☐ Positive 8. ☐ Negative 9. ☐ Positive	

청중을 정확하게 분석하고 구체적인 욕구, 바람, 열망을 이해하면 청중의 반응을 쉽게 예측할 수 있습니다. 분석하지 않는다면 청중의 반응을 예측하는 일은 매우 어려워집니다.

당신은 자극 반응의 주인이 되어야 한다

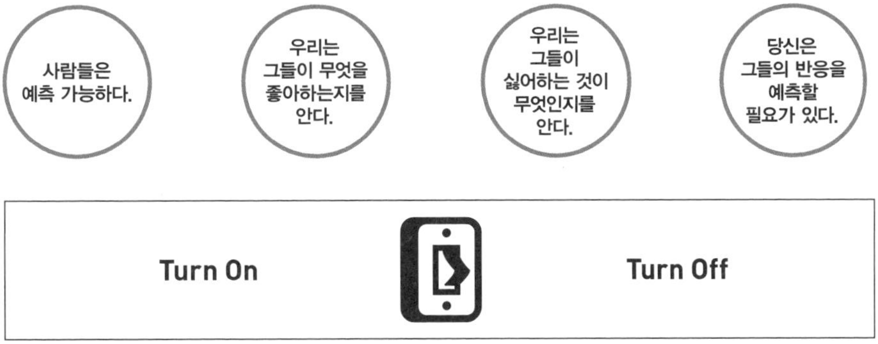

모든 사람에게는 좋아하는 것과 싫어하는 것, 기분을 좋게 하는 것과 나쁘게 하는 것이 있습니다. 대부분의 사람은 기쁨을 느끼는 관심사는 극대화시키고 고통을 유발하는 스트레스 유발은 최소화하고자 합니다. 만일 인생에서 누군가 긍정적인 요소에 더욱 접근할 수 있도록 돕고 부정적인 요소들은 피하도록 해결책을 주는 사람에게 매력을 느낄 것입니다.

자극 반응 도구

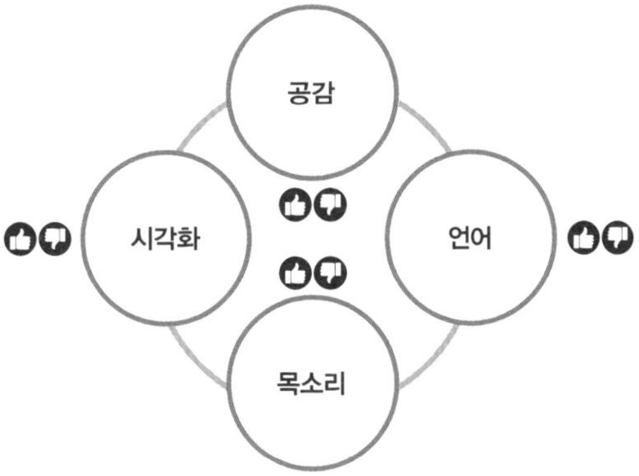

프레젠테이션을 해야 하는 오직 한 가지 이유는 바로 청중이 더 나은 삶을 살도록 돕는 것이라고 말한 것을 기억하십니까? 청중을 돕고 싶다면 발표자의 말과 행동에 어떻게 반응할 것인지 예측해보는 것은 당연한 일입니다.

프레젠테이션을 진행하는 동안 청중은 발표자가 하는 모든 것을 긍정적이거나 부정적으로 해석합니다. 발표자의 목표는 언어, 음성, 시각적 측면에서 불필요한 부정성을 모두 제거하는 것입니다. 불필요한 부정성이란 청중에게 혜택을 줄 수 없는 부정적인 성향의 것들을 말합니다. 예를 들어 초조하다는 이유로 사과하며 시작하는 프레젠테이션 오프닝은 필요하지 않습니다. 반면 해결해야 하는 문제점을 부각하는 것은 프레젠테이션에서 반드시 필요합니다. 이는 청중에게 큰 혜택을 줄 수 있습니다. 긴급한 문제일수록 청중이 실행으로 옮길 가능성 또한 더욱 커집니다.

아래 표에 3개의 예시가 있습니다. 청중이 발표자의 메시지를 긍정적으로 받아들여 기꺼이 행동으로 옮기고자 자극할 수 있는 대본을 골라보십시오.

청중이 행동으로 옮기고자 자극하는 전략

Script 1	"We lost three contracts last week. I don't know why because our software is the market leader. There isn't anything we can do about it now." 지난주에 3건의 계약 달성에 실패했습니다. 우리의 소프트웨어가 도대체 시장을 왜 주도할 수 없는지 이해가 가지 않습니다. 당장에 할 수 있는 게 아무것도 없습니다.	No action Unhelpful negativity ☐ Positive Action ☐
Script 2	"We lost three contracts worth $100,000 each last week. I feel terrible about it." 지난주에 10만 달러 상당의 계약 3건을 놓쳤습니다. 정말이지 참담합니다.	No action Unhelpful negativity ☐ Positive Action ☐
Script 3	"Last week we had the opportunity to win three contracts for $300,000. We lost and the reason why is because our prospective customers were confused by our software demo. We need to improve our software demo immediately." 지난주 30만 달러 상당의 계약 3건을 성사할 기회가 있었습니다. 하지만 기회를 놓치고 말았습니다. 우리 회사의 소프트웨어 데모가 고객이 사용하기에 어렵고 혼란스럽기 때문입니다. 소프트웨어 데모를 즉시 개선해야 합니다.	No action Unhelpful negativity ☐ Positive Action ☐

여러분이 사용하는 언어, 목소리의 특징, 청중이 듣고 보는 모든 것은 프레젠테이션의 최종 결과에 영향을 끼칩니다.

Step 3에서 학습한 청중과 소통할 수 있는 3가지 방법에 관해 다시 한 번 살펴보겠습니다.

청중과 소통할 수 있는 3가지 방법

지적으로나 정서적으로 청중과 소통한다 You connect intellectually and emotionally	청중과 지적으로 소통하려면 프레젠테이션은 간단하지만 체계적이고 논리적이어야 한다. 청중의 생각과 마음을 자극할 수 있는 내용을 담는다. 프레젠테이션 내용을 이해하면 청중은 주제에 관해 더 많이 알고 싶어 한다. 발표자는 청중과 정서적으로 소통하려면 감정적인 경험을 겪도록 도와야 한다. 발표자는 이야기로 청중과 공감대를 형성할 수 있다.
청중과 한마음으로 연결된다 You connect one audience one mind	청중의 대부분이 발표자의 메시지에 푹 빠져들어 몰입하면 발표자와 청중은 한마음으로 이어진다. 모두 하나 되어 한마음을 갖는다는 것은 마치 영화관 화면에 집중하듯이 누구도 딴짓하거나 주의를 다른 곳에 돌리지 않는 것과 같다.
청중과 소통해 승리를 이끄는 5단계를 사용한다 You connect all 5 Steps to Connect and Win	청중은 프레젠테이션에 관심이 있다. 청중은 발표자가 하는 말을 이해하고 믿고 동의하며 이를 실천에 옮기고자 하는 강한 열망을 가진다.

프레젠테이션의 언어, 음성, 시각적 양상이 긍정적이거나 부정적으로 나타날 수 있다는 것을 보여줍니다. 다양한 종류의 긍정적인 언어, 음성, 시각적 자극은 긍정적인 결과를 불러일으킵니다. 이와 반대로 부정적인 언어, 음성, 시각적 자극은 부정적인 결과를 초래합니다.

긍정을 선택한다면 승리한다

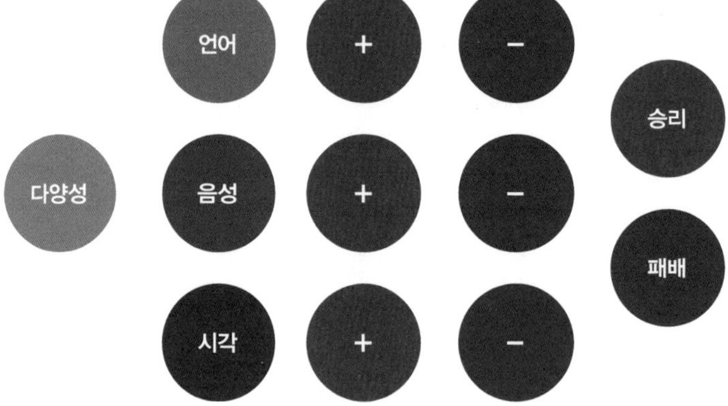

프레젠테이션에서 사용하는 자극이 긍정적인지 부정적인지를 어떻게 구별할 수 있습니까? 발표자가 사용한 자극이 프레젠테이션에서 긍정적인 결과를 불러온다면 긍정적인 자극이 됩니다.

만일 언어, 음성, 시각적인 자극이 부정적이어도 긍정적인 결과를 이끌었다면 이것은 긍정적인 자극입니까? 그렇습니다. 마찬가지로 긍정적인 자극 같지만 부정적인 결과를 이끌었다면 이 자극은 부정적인 자극입니다. 프레젠테이션 결과는 여러분 자신의 책임입니다. 그러므로 여러분이 나누고 싶은 메시지에 청중이 어떻게 반응할 것인지 깊이 생각해야 합니다.

여러분은 긍정적인 발표자가 반드시 긍정적인 결과를 얻는다는 사실을 배웠습니다. 청중이 긍정적인 감정을 가질 수 있도록 5Vs 요소를 능숙하게 사용하는 프레젠테이션 슈퍼히어로가 되십시오.

긍정적인 발표자가 긍정적인 결과를 얻는다

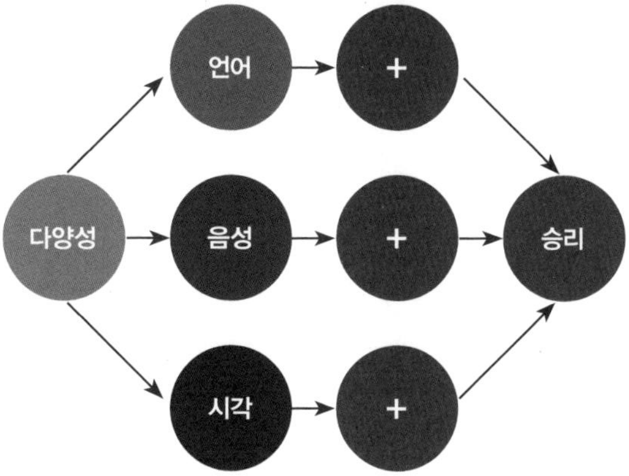

지금까지 자극 반응 도구를 간략하게 훑어보았습니다. 이제부터 각각의 자극 반응 요소를 자세히 들여다볼 것입니다. 이를 통해 여러분은 긍정적인 결과를 얻는 프레젠테이션을 준비하고 전달하십시오.

4

언어: 발표자가 선택한 표현의 모든 것

Verbal: The words you choose to use.

"말하기 전에 두 번 생각하라. 당신의 말과 영향력이 성공과 실패를 결정하는 씨앗이 되어 듣는 이의 마음속에 심어질 것이다."

– 나폴레온 힐(미국 작가)

"Think twice before you speak, because your words and influence will plant the seed of either success or failure in the mind of your listener."

– Napoleon Hill, American author of Think and Grow Rich

긍정적인 단어와 표현을 사용하십시오

Use positive words

프레젠테이션에서 발표자는 현명한 단어를 선택해야 합니다. 여러분이 선택한 단어는 청중의 반응을 이끌어내는 데 결정적 역할을 하기 때문입니다. 프레젠테이션의 목표가 설득이라면 발표자가 사용하는 단어는 청중의 동의나 거부로 방향이 정해집니다. 올바른 표현으로 발표자가 명확하고 자신감 넘치며 유능한 모습으로 메시지를 전한다면 목표하는 바를 달성해 승리할 가능성이 매우 높아집니다. 반대로 적절하지 않은 표현을 사용하면 아무리 능숙히 메시지를 전하더라도 실패할 것입니다.

청중으로부터 긍정적인 반응을 유도하는 것은 프레젠테이션의 결과를 긍정적으로 달성하게 해줍니다. 마찬가지로 부정적인 반응을 유도하는 것은 긍정적인 결과로부터 멀어지게 합니다. 발표자가 전하는 모든 메시지에 청중이 동의하는 것은 가장 이상적인 프레젠테이션입니다. 모든 발표자가 꿈꾸는 프레젠테이션일 것입니다.

프레젠테이션에서 청중의 동의를 얻고자 한다면 대본을 작성할 때 단어와 표현을 현명하게 선택하십시오. 대본을 반복적으로 검토하고 청중의 부정적인 반응이 예상되는 부분이 있다면 단어, 표현, 심지어 문장까지 과감히 수정하십시오.

저는 한국의 한 대기업 전자 회사에서 사용자 경험 디자인(UX design)을 담당하고 있는 대표의 프레젠테이션 지도를 맡았습니다. 이 프레젠테이션은 샌프란시스코에서 개최되는 콘퍼런스로 1,000명의 소프트웨어 개발자들을 대상으로 하는 발표였습니다. 프레젠테이션의 목표는 개발자들을 설득해 특수 운영체제를 위한 응용 소프트웨어를 디자인하게 하는 것이었습니다. 회사에서 준비한 대본에는 다음과 같은 문장이 들어 있었습니다.

"소프트웨어 개발자로서 여러분은 훌륭한 소프트웨어를 제작할 의무가 있습니다."

"As a software developer, you have an obligation to create great software."

이 문장에서 문제가 되는 곳을 찾아보십시오.

문제가 된 단어 의무(obligation)는 부정적인 의미를 내포하고 있습니다. 그 누구도 무엇을 해야만 한다고 강요하는 것을 좋아하지 않고 하고 싶어 하지 않습니다. 어떻게 이 문장을 수정해야 할까요? 의무(obligation) 대신 기회(opportunity)로 단어를 대체했습니다.

"소프트웨어 개발자로서 여러분은 훌륭한 소프트웨어를 제작할 수 있는 기회를 가지고 있습니다."

"As a software developer, you have an opportunity to create great software."

기회(opportunity)는 긍정적인 의미를 내포하고 있으므로 두 번째 문장이 발표에서 더 좋습니다. 사람들은 기회를 사랑합니다. 대본에 쓰인 문장 하나하나를 검토해 수많은 부정적인 단어를 제거했습니다. 부정적인 단어를 긍정적으로 바꾼 이 작업만으로도 의뢰인의 메시지 전달력은 크게 향상되었습니다.

프레젠테이션 슈퍼히어로의 미션은 청중이 프레젠테이션에서 가치 있는 기회를 잡도록 돕는 것입니다. 특히 청중이 발표자의 메시지를 행동으로 옮겨야 하므로 청중에게 각성을 촉구해야 하는 것이 슈퍼히어로의 미션입니다.

대본과 슬라이드를 작성할 때, 청중이 진정 알고 싶어 하는 내용과 청중의 반응을 예측해 단어와 표현을 작성하십시오. 긍정적인 결과를 얻는 것이 프레젠테이션의 목표라는 것을 망각하지 마십시오. 대본을 검토하면서 긍정적인 결과 달성을 방해할 것 같은 모든 단어, 표현, 문장, 단락들을 삭제해야 합니다.

다음 연습 문항에 제시된 문장을 읽고 각각의 문장에 청중이 어떻게 반응할지 표시하십시오. 여러분의 프레젠테이션 대본을 향상하는 데 도움이 될 것입니다.

프레젠테이션에서 청중에게 영향을 끼칠 만한 문장

1	"Today you will receive three tips to help you find the love of your life." "오늘 여러분에게 자신의 인생을 사랑할 방법을 찾게 도와줄 3가지 비결을 소개합니다."	Positive response ☐ Negative response ☐
2	"Good afternoon everyone. For some of you, this presentation is going to be very boring." "여러분 안녕하십니까? 청중의 누군가는 프레젠테이션의 내용이 지루할 수도 있습니다."	Positive response ☐ Negative response ☐
3	"At our airport, you will get fast, convenient, and comfortable service." "여러분은 우리 공항에서 빠르고 편리하며 쾌적한 서비스를 받을 것입니다."	Positive response ☐ Negative response ☐
4	"My grandma is sick, my puppy died, and I lost my job recently. Why? Why? Why? I don't know. Thanks for listening." "최근에 할머니가 건강이 나빠지고 강아지가 죽었으며 저는 실직했습니다. 왜 이런 일이 벌어졌습니까? 도무지 그 이유를 모르겠습니다. 들어주셔서 감사합니다."	Positive response ☐ Negative response ☐

5	"Do you want to know the secret to living a satisfying and meaningful life?" **"만족스럽고 의미 있는 삶을 사는 법을 알고 싶습니까?"**	**Positive response ☐** **Negative response ☐**
6	"Sorry, but I didn't have time to prepare for this presentation" **"죄송하지만 프레젠테이션을 충분히 준비하지 않았습니다."**	**Positive response ☐** **Negative response ☐**
7	"Would you like to become a Presentation Superhero?" **"프레젠테이션 슈퍼히어로가 되고 싶습니까?"**	**Positive response ☐** **Negative response ☐**
8	"Do you want to be a loser for your whole life?" **"평생 패배자로 살고 싶습니까?"**	**Positive response ☐** **Negative response ☐**
9	"Would you like to earn more money and have more free time?" **"더 많은 돈을 벌고 더 많은 자유를 얻고 싶습니까?"**	**Positive response ☐** **Negative response ☐**
10	"Nobody hates these stupid safety briefings as much as I do. I hope the next 20 minutes isn't too painful for you." **"앞으로 진행할 이 바보 같은 안전 브리핑을 저만큼 싫어하는 사람은 아마 없을 것입니다. 20분간의 프레젠테이션 동안 고통스럽지 않기를 진심으로 바랍니다."**	**Positive response ☐** **Negative response ☐**
정답	1. ☐ Positive **2. ☐ Negative** 3. ☐ Positive **4. ☐ Negative** 5. ☐ Positive **6. ☐ Negative** 7. ☐ Positive **8. ☐ Negative** 9. ☐ Positive **10. ☐ Negative**	

적절한 단어와 표현을 사용하십시오
Use appropriate words

청중을 불쾌하게 할 수 있는 단어, 표현, 농담은 피하십시오. 말하고자 하는 내용 중 일부라도 청중을 기분 나쁘게 한다면 다른 표현으로 바꿔야 합니다. 외국인이 한국인을 대상으로 독도에 관해 프레젠테이션을 진행한다고 가정해봅시다. 만일 실수로 독도를 다케시마라고 부른다면 한국인의 분노를 살 것입니다.

한국에서 2명의 전문 강연자가 청중에게 부적절한 농담을 던지는 프레젠테이션을 목격한 적이 있습니다. 이 농담은 미국인에 관한 농담이었고 청중은 미국 사람이 다수였습니다. 이런 강연자의 태도는 청중 입장에서 불쾌하며 용납할 수 없는 행위입니다. 만일 여러분이 다른 나라를 방문하는 과정에서 강연자가 한국과 한국인에 대해 부적절한 농담을 던진다면 어떤 기분을 느끼겠습니까? 절대로 부적절한 표현은 사용하지 마십시오. 일부 청중은 웃을 수 있지만 잠재적인 동맹자를 적으로 만들 수도 있습니다.

간단하고 쉬운 표현을 사용하십시오
Use simple words

"50센트짜리 단어를 사용할 수 있는 자리에 5달러짜리 단어를 사용하지 마라."

– 마크 트웨인

"Don't use a five-dollar word when a fifty-cent word will do."

– Mark Twain

프레젠테이션에서 발표자가 발표 내용을 정확하게 청중에게 보여주고 싶다면 청중이 이해하기 쉽고 간략하게 말해야 합니다. 한국인들은 복잡한 단어와 세련되고 정교해 보이는 언어를 쓰지 않으면 전문가로 보이지 않는다고 걱정하는 경향이 있습니다. 하지만 이런 생각은 매우 잘못됐습니다. 자신의 생각을 명료하게 표현하고 청중에게 영감을 주어 설득하는 발표자야말로 진정으로 지적이고 전문적입니다.

프레젠테이션 슈퍼히어로는 복잡하고 어려운 표현을 사용하고 싶은 충동을 억누를 만큼 강한 힘을 가진 사람들입니다. 복잡한 표현을 사용하는 것이 결코 여러분을 지적으로 만들지 않습니다. 오히려 청중을 혼란스럽게 해 전달하고자 하는 메시지의 중요성을 약화시키는 역효과를 일으킬 뿐입니다.

짧은 단어, 표현, 문장, 단락을 사용하십시오
Use short words, sentences, and paragraphs

발표자가 짧은 단어, 표현, 문장, 단락을 사용하면 청중은 발표 내용을 쉽게 평가할 수 있고 이해도 빨라집니다. 이해된 내용은 청중의 기억에 오랫동안 남습니다. 알베르트 아인슈타인(Albert Einstein)은 다음과 같이 이야기했습니다. "간단하게 설명할 수 없다면 여러분은 충분히 이해하지 못한 것입니다." 프레젠테이션의 초고는 긴 단어, 표현, 문장, 단락 등으로 꽉 차 있습니다. 전달하고자 하는 메시지가 알아보기 쉬우려면 대본을 여러 번 교정하십시오. 말하고자 하는 내용의 핵심만 남을 때까지 반복적으로 고치고 잘라내십시오.

'삼세번 법칙'을 사용하십시오
Use the 'rule of three'

'삼세번 법칙'은 프레젠테이션에서 특정 요소를 소개할 때 세 그룹으로 묶어 동시에 이야기하는 것이 효과적이라고 주장하는 원칙입니다. 프레젠테이션에서 '삼세번 법칙'을 사용하면 청중이 발표 내용을 쉽게 기억하고 만족도를 높일 수 있으며 주의 또한 집중시킬 수 있습니다. 구호, 책 제목 등 다양한 분야에서 '삼세번 법칙'이 사용되고 있습니다. 세 그룹으로 품목들을 묶으면 훨씬 더 기억하기 쉬워집니다. 3개를 동시에 이야기하면서 간결성과 리듬감이 느껴지기 때문입니다.

Government of the people, by the people, for the people

국민의, 국민에 의한, 국민을 위한 정부

Life, liberty, and the pursuit of happiness

생명, 자유, 행복 추구권

Location, location, location

위치, 위치, 위치

Father, Son, and Holy Spirit

성부와 성자와 성령

Stop, Look, and Listen

서시오, 보시오, 들으시오

I came, I saw, I conquered

왔노라, 보았노라, 이겼노라

프레젠테이션에서 습관적으로 '삼세번 법칙'을 사용하십시오. 핵심을 기억하기 쉽고, 훌륭한 리듬감을 주어 여러분이 전달하는 메시지가 더욱 프레젠테이션 슈퍼히어로의 것처럼 보이고 들릴 것입니다.

서론, 본론, 결론을 사용하십시오
Use an introduction, body and conclusion

이해가 잘되는 프레젠테이션은 체계적으로 구성되어 있습니다. 발표자가 프레젠테이션을 체계적으로 구성하지 않는다면 발표를 듣는 청중이 대신해야 합니다. 그 어떤 청중도 발표자를 이해하려고 대신 구성을 짜고 싶어 하지 않습니다. 그러므로 반드시 발표자가 자신의 프레젠테이션을 체계화시켜 서론, 본론, 결론으로 구성해야 합니다.

(1) 서론: 프레젠테이션의 목적을 알리고 이 발표를 통해 청중이 어떤 정보나 이익을 얻게 될지 간략하게 이야기합니다.

(2) 본론: 진정한 프레젠테이션 슈퍼히어로는 프레젠테이션을 3~5개의 핵심으로 제한하고 이를 논리적 순서로 체계화합니다. 발표자가 발표 내용을 3~5개의 핵심으로 제한할 경우 청중은 발표 내용의 앞뒤 이치를 쉽게 파악해 메시지를 정확히 이해할 수 있습니다. 기억하십시오. 발표자가 핵심을 많이 사용하면 할수록 청중은 결국 아무것도 기억할 수 없게 됩니다. 그러므로 발표자는 반드시 5개 이상의 핵심을 담아서는 안 됩니다.

(3) 결론: 발표를 통해 얻은 혜택을 청중에게 다시 한 번 강조합니다. 청중이 질문하는 내용에 정성을 다해 답하고 나서 발표자로부터 전달받은 메시지를 청중이 즉각 실행에 옮길 수 있도록 촉구하십시오.

재빨리 되짚어 보기
Quick reminder

- 긍정적인 단어와 표현 사용하기
- 적절한 단어와 표현 사용하기
- 간단하고 쉬운 단어, 표현 사용하기
- 짧은 단어, 표현, 문장, 단락 사용하기
- '삼세번 법칙' 사용하기
- 명료하게 서론, 본론, 결론 작성하기

5

음성: 목소리의 특징과 청중이 듣는 모든 것

Vocal: The quality of your voice and everything the audience hears.

"인간의 목소리는 모든 악기 중 가장 아름답지만, 연주하기는 가장 어렵다."

– 리하르트 슈트라우스

"The human voice is the most beautiful instrument of all, but it is the most difficult to play."

– Richard Strauss

목소리의 특징은 프레젠테이션의 성공에 매우 중요한 역할을 합니다. 목소리 색깔에 따라 청중은 긍정적이거나 부정적인 감정에 쉽게 자극받습니다. 청중이 여러분의 목소리에 호감을 느낀다면 소통하기가 훨씬 쉬워집니다. 청중이 여러분의 목소리를 불편해한다면 발표는 외면 받고 하나둘 귀를 닫을 것입니다.

다음 문장을 단조로운 목소리지만 크게 읽어보십시오.

"If I speak in a monotone, my audience will think I am a boring loser, and I will lose."

"내가 단조로운 목소리로 이야기하면 청중은 나를 지루한 실패자라고 생각할 것이고 결국 나는 목표 달성에 실패할 것이다."

다음 문장을 긍정적인 에너지를 듬뿍 담아 크게 읽어보십시오.

"When I speak with passion, power, and poise my audience will know that I am a Presentation Superhero and I will win."

"나의 힘과 열정이 느껴지게 침착히 이야기한다면 청중은 나를 프레젠테이션 슈퍼히어로로 인식할 것이고 결국 승리를 거머쥘 것이다."

웅얼거리며 단조로운 목소리로 줄곧 말하는 발표자의 말을 끝까지 듣는 청중은 없습니다. 발표자의 단조로운 목소리를 듣고 있으면 너무나 지루해 결국 듣는 이의 에너지까지 닳게 합니다. 발표자가 단조로운 목소리로 이야기한다는 것은 청중에게 발표의 핵심과 의도를 스스로 찾아내라고 의무를 부여하는 것입니다. 대조적으로 발표자가 목소리에 감정을 표현하고 다양한 변화를 주며 이야기할 경우 청중은 발표자의 활기와 생동감 있는 긍정적인 에너지를 느낄 수 있습니다. 발표의 핵심과 의도를 파악하는 것도 훨씬 수월해집니다. 청중은 발표자의 목소리에서 열정, 에너지, 재미가 느껴지는 것을 더욱 선호합니다.

자신의 목소리에 대해 고민해보십시오. 청중이 선호하는 목소리입니까?

목소리는 여러분이 발표에서 보여줄 수 있는 든든한 무기와도 같은 존재입니다. 놀라운 사실은 여러분이 지니고 있는 목소리를 될 수 있는 한 최대로 활용한다면 이 무기는 더욱 진화할 것입니다. 목소리는 인간의 감정을 표현할 수 있는 물리적 매개체입니다. 목소리를 적절히 사용하면 발표자는 청중에게 전하고 싶은 모든 감정을 의도한 대로 정확히 전달할 수 있습니다. 청중에게 흥분, 놀람, 분노, 슬픔, 진정성, 평온함, 자극, 그 외 여러분이 원하는 그 어떤 감정도 느끼게 할 수 있습니다. 여러분의 목소리는 타인의 목소리와는 다른 자신만의 색채를 지니고 있습니다. 이를 정확하게 이해해 제대로 사용한다면 청중은 여러분의 목소리를 즐길 것입니다.

발표자는 콘텐츠 준비에 많은 정성을 쏟습니다. 하지만 정작 메시지에 긍정적인 영향을 끼칠 수 있는 목소리 향상을 위한 준비는 그다지 하지 않습니다. 프레젠테이션에서 청중이 느끼는 지루함과 무기력함을 한 번에 쓸어버릴 수 있는 목소리로 변화시키려면 지금 당장 무엇부터 시작해야 합니까? 이를 위해 5Ps 기법을 추천합니다. 이 5Ps 기법을 통해 여러분은 자신의 목소리를 개선시킬 수 있습니다. 충분히 연습하고 나서 실전에 사용한다면 여러분도 프레젠테이션 슈퍼히어로와 같은 목소리로 청중의 마음을 움직여 그들에게 영감을 줄 수 있습니다.

5Ps 기법이란 무엇입니까?
What are the 5Ps?

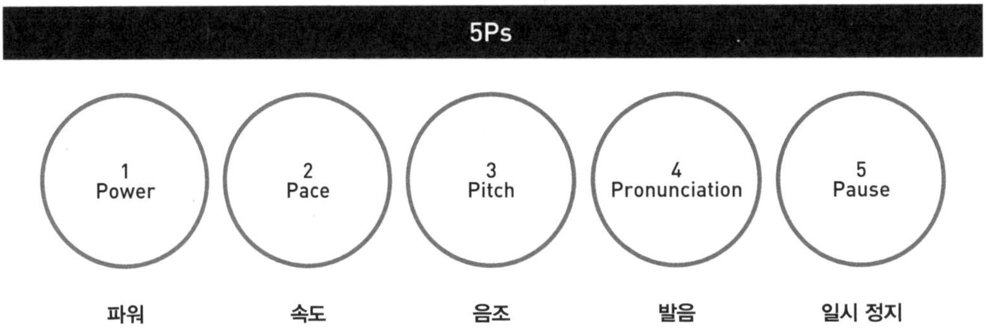

(1) 성량의 높낮이

Power: Volume(High or low)

(2) 속도의 정도

Pace: Speed(Fast or slow)

(3) 긍정적인 감정과 부정적인 감정을 느낄 수 있는 음조

Pitch: Tone (Emotion positive or negative)

(4) 정확한 발음과 부정확한 발음

Pronunciation: Clear or unclear (Correct or incorrect)

(5) 고의적인 침묵

Pauses: Deliberate silence

청중은 열린 마음을 가지고 친절한 발표자에게 긍정적으로 화답합니다. 목소리의 다양성이 부족한 것은 아마추어 발표자들에게서 가장 흔하게 발생하는 문제점입니다. 여러분이 5Ps에 관해 약간의 지식만 가지고 있다면 연습을 통해 음성을 다양화시킬 수 있습니다.

5Ps 기법

파워 Power	청중 모두가 발표자의 말을 분명히 들을 수 있어야 한다. 잘 들리지 않는 작은 목소리로 발표 내용을 전달하면 청중은 발표자를 자신감이 부족한 무능력자로 의심한다. 목소리가 지나치게 커도 문제다. 특히 발표자 주변에 앉아 있는 청중에게 피해가 가므로 성량에 신경 써야 한다.
속도 Pace	말하는 속도를 조정하는 것은 프레젠테이션에서 목소리를 다양하게 내는 가장 쉬운 방법이다. 긴급한 상황, 흥미로운 상황, 폭발하는 에너지를 드러내고 싶은 상황에서는 빠른 속도로 말한다. 진정성과 진지함을 전하고 싶다면 말하는 속도를 천천히 조정한다. 초조한 발표자는 지나치게 빨리 말하는 경향이 있다. 발표자가 조급해하면 마치 최대한 빨리 프레젠테이션을 끝마치는 것이 유일한 목표로 느껴진다.
음조 Pitch	적절한 변화가 있는 목소리로 발표하려면 콘텐츠에 여러 종류의 감정을 실으면 된다. 예를 들어 슬픈 목소리는 행복한 목소리와는 다른 음조일 것이다. 행복한 목소리는 흥분된 목소리와는 다른 특징이 있다. 발표자는 자신의 목소리에 생기를 불어넣어 이야기에 다양한 감정을 자연스레 녹여낼 수 있다.
발음 Pronunciation	발표자의 발음이 명확하면 청중의 이해도는 올라간다. 반면 발표자의 발음이 불분명하면 청중의 이해도는 떨어진다. 짧고 쉬운 단어와 표현을 사용하면 발음 문제도 해결된다. 프레젠테이션 연습에서 정확하게 발음하기 어려운 단어나 표현이 있다면 쉽게 발음할 수 있는 다른 단어로 교체하라. 숨을 깊게 들이쉬고 또렷한 발음으로 이야기하면 목소리가 더 멀리 퍼져나가 메시지가 더욱 잘 전달된다.
일시 정지 Pause	일시 정지는 청중이 발표자가 말한 내용을 잠시 곱씹어볼 수 있는 여유를 준다. 발표 중간에 짧거나 길게 청중을 위한 시간을 제공하라.

5Ps를 연습하십시오
Practice the 5Ps

목소리는 사람의 근육과 같은 특징을 지닙니다. 다시 말해 꾸준한 운동을 통해 음조를 개선시킬 수 있고 건강하면서도 튼튼한 목소리가 될 수도 있습니다. 적절한 음성 훈련을 통해 목소리의 질적이고 음성적인 면 모두를 더욱 발전시킬 수 있습니다.

휴대전화, 컴퓨터 또는 녹음기를 사용해도 좋습니다. 자신의 목소리를 녹음해보십시오. 처음 자신의 목소리를 들을 때 다소 불편할 수 있습니다. 심지어 자신의 목소리를 듣지 않고 넘어가고 싶을 수도 있습니다. 하지만 반드시 이 고비를 넘겨야 합니다. 진정한 프레젠테이션 슈퍼히어로가 되려면 넘어야 할 많은 도전 과제들이 있고 견뎌내야 하는 두려움이 곳곳에 산재합니다. 녹음에 대한 불편함은 성공의 길로 가기 위해 우리가 극복해야 하는 도전 과제 중 하나입니다.

(1) 파워 훈련
Power Practice

목소리를 두 번 녹음합니다. 부끄러움을 많이 느끼는 발표자처럼 부드럽게 아래 문장을 읽습니다. 그 다음 같은 문장을 반복해 읽습니다. 이번에는 처음과 달리 더욱 힘차고 확신 있는 목소리로 녹음합니다.

"Though men now possess the power to dominate and exploit every corner of the natural world, nothing in that fact implies that they have the right or the need to do so."

– Edward Abbey

"인간이 자연 곳곳을 지배하고 이용할 힘을 지녀도 그렇게 할 수 있는 권리까지 가지고 있다는 것을 의미하지 않는다."

– 에드워드 애비

어떤 목소리로 녹음한 것이 더 듣기 좋습니까?

(2) 속도 훈련
Pace Practice

목소리를 두 번 녹음합니다. 매우 빠른 속도로 다음 문장을 읽습니다. 그다음은 일부 구간은 빠르게, 나머지는 느리게 읽고 반복 녹음합니다.

"Once upon a time there was a hare who, boasting how he could run faster than anyone else, was forever teasing a tortoise for its slowness."

– From Aesops Fables

"옛날 옛적 자신이 세상에서 가장 빨리 달릴 수 있다고 뽐내는 토끼가 살고 있었습니다. 이 토끼는 거북이가 느리다고 끊임없이 놀려댔습니다."

– 『이솝 우화』에서

어떤 속도로 녹음한 것이 더 듣기 좋습니까?

(3) 음조 훈련
Pitch Practice

목소리를 두 번 녹음합니다. 단조로운 목소리로 아래 문장을 읽습니다. 그다음은 감정을 실어서 같은 문장을 반복해 읽습니다.

"You have to believe in yourself, that's the secret. Even when I was in the orphanage, when I was roaming the street trying to find enough to eat, even then I thought of myself as the greatest actor in the world. I had to feel the exuberance that comes from utter confidence in yourself. Without it, you go down to defeat."

– Charlie Chaplin

"여러분은 자신을 믿어야 합니다. 그것이 핵심 비결입니다. 고아였던 어린 시절, 길거리로 먹을 것을 찾아 이리저리 헤매야 했습니다. 하지만 그 순간에도 스스로를 세계적인 배우로 여겼습니다. 그 당시 내면에서부터 흘러넘치는 충만한 자신감이 절실히 필요했습니다. 그러한 자신감이 없다면 여러분은 싸움에서 패하고 말 것입니다."

– 찰리 채플린

어떤 음조로 녹음한 것이 더 듣기 좋은가요?

(4) 발음 훈련
Pronunciation Practice

목소리를 두 번 녹음합니다. 처음에는 빠르게 다음 문장을 읽어 내려갑니다. 그다음은 '각각의 단어를 분명히 발음하겠다'는 생각으로 또박또박 읽습니다.

"The mind is a wonderful thing. It starts working the minute you're born and never stops working until you get up to speak in public."

– Patricia Ann Ball

"인간의 정신은 놀랍다. 당신이 태어난 순간부터 작동해 대중 앞에서 연설하려고 일어서기 전까지는 멈추지 않는다."

– 패트리샤 앤 볼

어떤 발음으로 녹음한 것이 더 듣기 좋습니까?

(5) 일시 중지 훈련
Pause Practice

목소리를 두 번 녹음합니다. 멈추지 말고 계속해서 아래 문장을 읽어 내려갑니다. 그다음에 읽을 때는 적절하다고 생각하는 구간에서 잠시 읽는 것을 멈춥니다. 쉼표가 보일 때마다 읽는 것을 잠시 중지하는 것도 방법입니다.

"The most beautiful people we have known are those who have known defeat, known suffering, known struggle, known loss, and have found their way out of the depths.

These persons have an appreciation, a sensitivity, and an understanding of life that fills them with compassion, gentleness, and a deep loving concern. Beautiful people do not just happen."

– Elisabeth Kübler-Ross

"우리가 만나본 가장 아름다운 사람은 패배가 무엇인지, 고통이 무엇인지, 투쟁이 무엇인지, 손실이 무엇인지 경험하고 그 깊은 절망의 구렁텅이 속에서 빠져나오는 방법을 찾아낸 사람들입니다. 이런 사람들은 연민, 온화함과 애정 어린 깊은 관심으로 가득 채워주는 삶을 감사해하고 이해합니다. 아름다운 사람은 아무 일 없이 갑자기 생기지 않습니다."

– 엘리자베스 퀴블러-로스

어떤 방식으로 녹음한 것이 더 듣기에 편안합니까?

당신의 목소리를 통제하십시오
Control Your Voice

목소리를 어떻게 사용할지는 발표자의 의식적인 선택에 달려 있습니다. 여러분이 목소리를 능숙하게 통제할수록 청중은 프레젠테이션을 더욱 즐기게 됩니다. 자신감 넘치는 발표자와 두려워하는 발표자, 그 어떤 발표자도 청중은 목소리를 통해 발표자의 감정 상태를 읽어낼 수 있습니다. 발표자의 감정 상태에 따라 목소리가 어떻게 변화하는지 알아보겠습니다.

발표자의 감정 상태에 따라 다른 5Ps

	자신감 넘치는 Confidence	두려운 Fear
파워 POWER	⊕ 힘차고 크게 Louder	⊖ 작고 약한 Softer
속도 PACE	⊕ 점점 느리게 Slower	⊖ 점점 빠르게 Faster
음조 PITCH	⊕ 낮은 Lower	⊖ 높은 Higher
발음 PRONUNCIATION	⊕ 명확한 Clear	⊖ 흐리멍덩한 Muddled
일시 정지 PAUSE	⊕ 일시 정지 Pauses	⊖ 끊임없는 No pauses

재빨리 되짚어 보기
Quick reminder

- 발표자의 목소리는 청중의 긍정적이거나 부정적인 반응을 이끌어내는 자극제와 같다.
- 목소리는 연습을 통해 발표자가 청중을 설득하는 가장 강력한 무기가 될 수 있다.
- 단조로운 목소리로 발표하는 발표자에게는 패배가, 다채로운 목소리로 발표하는 발표자에게는 승리가 주어질 것이다.

6

시각: 청중이 보는 모든 것

Visual: Everything your audience sees.

어떻게 프레젠테이션에서 몸짓과 시각 보조 자료를 사용해 영향력을 키울 수 있을지 자세히 살펴봅시다.

몸짓과 시각 보조 자료를 이용한 프레젠테이션

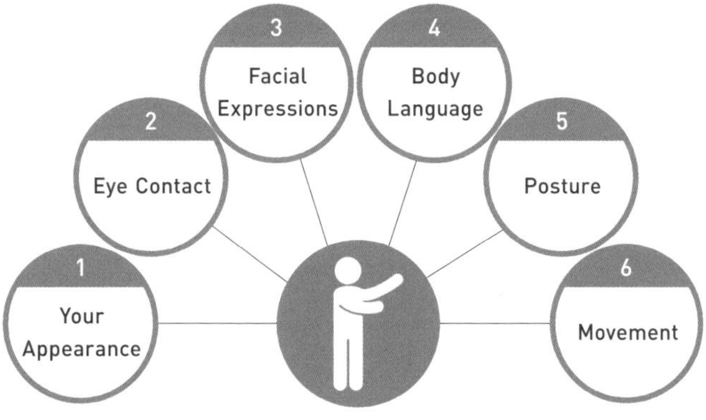

프레젠테이션 슈퍼히어로는 건강한 자부심을 지니고 있으며 긍정적인 몸짓을 사용합니다. 위의 표는 신체와 관련된 6가지의 다른 시각 자극을 보여줍니다. 여러분의 잉글리시 프레젠테이션의 인상에는 어떤 것이 있는지 생각해보고 이를 해당란에 표시하십시오.

신체와 관련된 6가지 시각 자극

	긍정적인 Positive	부정적인 Negative
외모 Appearance	□ 나는 전문가처럼 보인다.	□ 나는 전문가처럼 보이지 않는다.
눈 맞춤 Eye contact	□ 나는 눈을 잘 마주친다.	□ 나는 눈 마주치는 것이 어색하다.
표정 Facial expressions	□ 나는 친절하고 행복하며 자신감이 넘쳐 보인다.	□ 나는 초조하고 어딘가 불편해 보인다.
동작 Gestures	□ 내 동작은 프레젠테이션을 돋보이게 한다.	□ 내 손을 어떻게 처리해야 할지 모르겠다.
자세 Posture	□ 나는 무대에서 똑바로 서 있다. 테이블, 의자, 강연대를 붙잡고 몸을 기대지 않는다.	□ 나는 무대에서 테이블, 의자, 강연대를 붙잡고 몸을 기댄다.
이동 Movement	□ 나는 무대에서 의도적으로 자리를 옮겨 움직인다.	□ 나는 초조한 원숭이처럼 여기저기 서성이거나 그 자리에 꼼짝도 않고 서 있다.

자신의 답변을 보고, 현재 여러분이 잘하고 있는 것과 개선해야 하는 사항에는 무엇이 있는지 확인합니다. 자신의 강점과 약점을 제대로 이해하려고 프레젠테이션 내용을 촬영해 보십시오. 또한 청중에게 피드백을 받는 것도 좋습니다. 정직한 피드백은 여러분에게 좋은 약이 될 수 있습니다.

청중에게서 관찰되는 모든 것은 발표자에게 자극을 줄 수 있습니다. 청중은 여러분의 발표 내용에 귀 기울이다가도 어느샌가 무시할지도 모릅니다. 발표자로서 여러분이 해야 할 일은 청중의 관심을 돌려 프레젠테이션 내내 청중을 온전히 집중하게 하는 것입니다. 발표에 사용되는 모든 시각적 도구들을 향상하고 강화시킨 발표라면 여러분의 제안이 성공적으로 받아들여질 수도 있습니다.

외모
Appearance

"말을 꺼내기도 전에 당신의 외모가 어떻게 보이는지 사람들은 이미 평가를 내릴 것이다. 당신의 신체적 외모가 중요한 것은 틀림없다. 어떤 옷을 갖춰 입었는지, 얼마나 깔끔해 보이는지가 보이는 전부다."

– 조나단 애들러

"People will make judgments before you even speak based on the way you look. Most definitely your physical appearance matters. The way you dress, your hygiene–it all matters."

– Jonathan Adler

외모는 프레젠테이션 시작 전에 발표자의 첫인상을 결정짓는 중요한 역할을 합니다. 여러분이 입은 옷, 머리 모양, 몸치장이 청중에게 긍정적으로 비칠 때 청중은 발표자를 신뢰합니다. 반대로 발표자의 외적인 모습을 청중이 부정적으로 인식한다면, 청중은 발표자를 비전문가로 바라봅니다. 청중이 만족할 만한 의상을 고르십시오.

한국의 대다수 회사는 보수적인 분위기를 띠고 있습니다. 이런 회사에서 근무하는 직원들은 고급스럽고 보수적인 옷차림을 선호합니다. 청중이 기대할 것으로 예상하는 옷차림의 격식을 미리 파악하십시오. 심지어 스티브 잡스도 애플 초창기에는 자금 조달을 목적으로 깔끔한 양복 차림으로 대중 앞에 섰습니다.

청중이 여러분에게 기대하는 바를 고려해볼 때, 옷과 머리 모양에 변화를 주면 성공 가능성이 더욱 높아질 것으로 예상합니까?

□ 네, 외모를 가꿔 성공 가능성을 더 높일 수 있습니다.

□ 아니오. 현재 옷, 액세서리, 머리 모양도 훌륭합니다.

발표자가 풍기는 분위기는 외모의 또 다른 중요 요소입니다. 어떤 발표자들은 차분하고 자신감 있는 모습을 보여주면서 사자 같은 강인한 아우라를 풍길 수 있습니다. 사자는 자신의 힘을 드러내려고 위협적인 모습을 보여줄 수도 있지만, 사실 그럴 필요가 전혀 없습니다. 왜냐하면 그들 자체가 사자이기 때문입니다.

또 다른 발표자는 여리고 미약한 생쥐처럼 보이기도 합니다. 생쥐 같은 발표자는 자신을 작은 존재로 만들고 대본 뒤로 숨으려고 최대한 애씁니다. 이런 발표자들은 무서움에 새파랗게 질린 채 한없이 애처롭고 약한 모습으로 사람들 앞에 서 있습니다.

사자의 아우라를 풍길지, 아니면 생쥐의 모습을 보일지는 여러분의 선택에 달려 있습니다. 당당하고 자신감 넘치는 모습으로 청중을 휘어잡는 발표자의 모습을 상상한다면 사자와 같은 모습을 선택하십시오.

호감을 주는 외적 조건과 불쾌감을 주는 외적 조건

호감을 주는 외적 조건 Appearance Dos	불쾌감을 주는 외적 조건 Appearance Dont's
⊕ 좋은 인상을 줄 수 있는 깔끔한 옷차림	⊖ 단정하지 못한 옷차림
⊕ 청중의 기대에 부응한 옷차림	⊖ 청중의 기대를 저버린 옷차림
⊕ 청중과 같은 소속인 양 보이기	⊖ (도움이 되는 경우를 제하고) 청중과 동떨어져 보이기
⊕ 청결한 머리 상태와 상쾌한 호흡	⊖ 헝클어지고 더러운 머리 상태와 지독한 구취
⊕ 행복하고 우호적으로 보여서 다가가기 쉬움	⊖ 심한 스트레스를 받는 듯하고 살갑지 않아서 다가서기 어려움
⊕ 자신감 넘치는 아우라를 지님	⊖ 한심하고 나약한 분위기를 풍김
⊕ 청중이 도착하기 전에 준비를 모두 마침	⊖ 갈팡질팡 발표 준비가 되어 있지 않은 모습을 그대로 내비침

표정
Facial expressions

프레젠테이션 동안 여러분이 느긋하고 편안하다면 표정만으로도 충분히 청중과 긍정적인 소통을 나눌 수 있습니다. 특히 발표자가 청중을 향해 미소 짓는다면 청중 또한 이에 미소로 화답합니다. 프레젠테이션 내내 미소 지을 필요는 없지만 적절한 순간에 보여주는 발표자의 미소는 강력한 긍정의 효과를 불러일으킬 수 있습니다.

자신감 넘치고 모든 준비가 완료되어 여유 넘치는 발표자는 청중에게 발표자의 능력에 대한 확신과 믿음을 심어주어 긍정의 에너지를 강연장 곳곳에 전달합니다. 반면 발표자의 얼굴에서 스트레스, 불편함, 초조함이 느껴진다면 청중과의 소통이 약해집니다.

표정은 발표자의 감정을 그대로 얼굴에 드러내어 청중에게 전해집니다. 청중은 프레젠테이션에 대한 발표자의 열정, 염려 등 감정의 모든 것을 표정에서 감지할 수 있습니다. 청중과 원활한 소통이 되는 발표의 경우 청중의 표정과 감정은 발표자의 표정과 감정을 그대로 옮겨놓은 것만 같습니다. 예를 들어 힘이 없고 지루한 발표자는 힘이 없고 지루한 청중을 만들어냅니다. 이와 유사하게 힘이 넘치고 발표 내용을 흥미롭게 만드는 발표자는 자신과 똑같이 힘이 넘치고 발표 내용에 흥미를 느끼는 청중을 만나게 됩니다.

프레젠테이션 발표자의 표정 비교

이런 표정 짓기 Facial expression Dos	이런 표정 피하기 Facial expression Dont's
⊕ 자신이 짓는 표정을 정확히 인식하고 청중의 반응을 살핌	⊖ 자신이 짓는 표정을 알지 못하고 청중의 반응에도 무관심함
⊕ 감정을 충분히 표현하려고 다양한 표정	⊖ 돌로 만든 조각상처럼 무표정한 표정
⊕ 행복하고 친근감 넘치며 자신감 넘치는 표정	⊖ 스트레스에 지친 표정
⊕ 자신의 개성 드러내기	⊖ 자신의 개성 감추기

눈 맞춤
Eye contact

발표자는 눈 맞춤만으로 청중에게 발표의 진정성, 세심함, 신뢰를 전달할 수 있습니다. 타인과 감정적으로 소통할 수 있는 가장 강력하고 효과적인 방법입니다. 발표 전에 미소 지으며 청중과 눈을 마주치십시오. 이때 최대한 많은 사람과 우호적인 눈 맞춤을 시도하며 그들을 향해 긍정적인 미소를 지으십시오. 말하기 전에 청중과 먼저 눈을 맞추는 것은 발표자가 숙련되고 자신감 넘치는 전문가로 느껴지게 합니다. 발표자에게 친근한 표정을 지어주는 청중을 발견할 수도 있습니다.

눈 맞춤은 청중의 관심을 사로잡고 유지시킬 유용한 방법입니다. 자신감 있게 청중 한 사람의 눈을 쳐다보며 발표 내용의 한 구절을 말하고 다른 사람과 다시 눈을 마주칩니다. 진심을 담아 청중 한 사람과 소통하려고 애쓰는 발표자의 모습을 보면서 청중은 자석에 이끌리듯 발표자의 말에 집중할 것입니다. 발표자가 청중과 눈을 마주치면 전달되는 메시지가 있습니다.

"You are important. I am here to help you."
"여러분은 중요한 사람들입니다. 저는 오늘 이 자리에 여러분을 돕기 위해 있습니다."

발표자가 청중에게 집중할 때, 청중도 발표자의 말에 귀 기울입니다. 발표자가 청중을 외면한 채 머리를 푹 숙이고 대본만 쳐다보며 읽는 등 청중에게 돌아서는 순간 발표자와 청중 간의 소통은 끊어집니다. 또한 발표자의 시각 자료를 보는 시간이 길어질수록 청중은 발표자가 준비가 부족하다고 인식합니다.

청중에게 집중하지 않는 발표자에게 청중은 집중하지 않습니다. 여러분이 발표하는 동안 시각 자료를 보는 시간을 최소한으로 줄이고 청중을 바라보는 시간을 될 수 있는 한 늘리십시오.

슬라이드를 사용할 때 준비한 내용이 선명히 보이도록 발표자 앞에 노트북을 두십시오.

이런 사전 배치를 통해 청중과의 소통은 끊이지 않으며 발표자는 디스플레이에서 발표 내용을 확인할 수 있습니다.

꼭 해야 하는 눈 맞춤과 해서는 안 되는 눈 맞춤	
꼭 해야 하는 눈 맞춤 Eye contact Dos	해서는 안 되는 눈 맞춤 Eye contact Don'ts
⊕ 최대한 많은 청중과 눈 마주치기	⊖ 강연장에서 지위가 높은 사람하고만 눈 마주치기
⊕ 강연장에 있는 모든 청중과 골고루 눈 마주치기	⊖ 강연장의 한쪽만 바라보기
⊕ 우호적으로 눈 마주치기	⊖ 청중을 뚫어지게 보거나 위압감이 느껴지게 쳐다보기
⊕ 눈 마주치는 것을 꺼리는 청중은 무리해서 보지 않기	⊖ 눈 마주치는 것으로 청중을 불편하게 만들기
⊕ 청중의 반응을 살피고 필요하다면 발표 내용과 행동 교정하기	⊖ 청중의 욕구를 간파하지 않기
⊕ 머리와 눈은 청중 쪽으로 향하기	⊖ 지나치게 청중의 시선 회피하기
⊕ 청중과 눈을 마주치며 발표 메시지를 찬찬히 말하기	⊖ 청중과 눈 마주치지 않고 혼자 떠들기

손동작
Hand gestures

여러분의 몸짓은 청중에게 긍정적이거나 부정적으로 작용합니다. 팔의 움직임에 따라 몸짓의 유형이 바뀔 수 있습니다. 청중에게 열린 몸짓을 보여주는 것이 중요합니다. 하지만 대부분의 숙련되지 않은 발표자들은 폐쇄형 몸짓을 보입니다. 우리는 스트레스와 압박을 받는 상황에서 무의식적으로 폐쇄적인 몸짓을 편하게 표현합니다. 몸 앞으로 팔짱을 낀다거나 양손의 깍지를 끼는 행위는 초조한 우리에게 안도감을 줍니다.

하지만 폐쇄형 몸짓은 발표를 그저 지루하고 평범하게 전락시키는 방해자일 뿐입니다.

유감스럽게도 여러분이 팔짱을 끼거나 양손의 깍지를 끼는 행위는 발표에 꼭 필요한 유용한 몸짓을 방해합니다. 적절한 몸짓은 시각적인 다양성을 더해줄 뿐 아니라 훨씬 깊은 의미를 전할 수 있습니다. 여러분의 발표 내용에 다양성을 더할 때 발표 내용은 더욱 흥미롭고 매력적으로 청중에게 다가가게 됩니다.

발표하는 동안 발표자들은 자신의 손을 어찌해야 할지 몰라 합니다. 여러분은 손을 효과적으로 다루는 방법에 대해 알고 있습니까?

이제부터 프레젠테이션에 참가해 발표 내용을 들을 때, 발표자의 손동작을 집중해 관찰해보십시오. 타인을 관찰하는 과정에서 여러분은 효과적인 몸짓과 그렇지 않은 몸짓에 관해 많은 것을 배울 것입니다.

지금부터 능숙하지 않은 발표자의 손동작에서 흔히 보이는 5가지 실수를 함께 살펴보겠습니다. 제시된 5가지의 몸동작을 읽으며 직접 해보십시오. 앞으로 여러분이 발표할 때 청중에게 보여줘서는 안 되는 부정적인 동작들임을 염두에 둬야 합니다.

능숙하지 않은 발표자의 손동작 5가지

팔짱 끼기 Arms crossed	팔짱을 끼는 자세는 발표자와 청중 사이에 장벽을 세운 것과 같다. 발표자는 자세가 고정되어 편할지 모르지만, 다른 동작을 하지 않게 된다. 발표자가 양손을 깍지 껴 가슴 중앙 쪽으로 모으는 동작도 팔짱을 낀 것과 마찬가지이므로 이런 행동들은 피해야 한다.
손으로 중요 부분 가리기 Fig leaf	생식기를 손으로 가리는 동작은 발표자를 힘없고 약한 존재로 보이게 만드는 부정적인 동작이다.
열중쉬어 자세하기 Parade rest	마치 군인처럼 양손을 등 뒤로 돌려 잡는 동작은 발표자를 소심한 사람처럼 보이게 하고 중요한 정보를 숨기는 사람으로 비친다.
주머니에 손 넣기 Hands in pockets	주머니에 양손을 집어넣는 동작은 가장 부정적인 행동이다. 발표자가 프레젠테이션에 무심하고 지나치게 자신만만하여 청중을 얕잡아본다고 느끼게 한다.

추천하는 손동작과 피해야 하는 손동작

추천하는 손동작 Hand gesture Dos	피해야 하는 손동작 Hand gesture Dont's
⊕ 개방형 손동작	⊖ 폐쇄형 손동작
⊕ 자연스럽게 팔 내려놓기	⊖ 양손을 깍지 낀 채 몸 중앙으로 가져가기
⊕ 청중 쪽을 손바닥으로 가리키기	⊖ 청중을 찌르듯이 손가락으로 가리키기
⊕ 대화하듯 자연스럽게	⊖ 과장하고 지나치게 빠르게
⊕ 청중이 잘 볼 수 있도록 중앙에 서기	⊖ 사물이나 장애물 뒤로 몸 숨기기
⊕ 핵심 사항을 강조할 때 함께 동작하기	⊖ 완벽하려고 애쓰기

자세
Posture

이 책을 통해 프레젠테이션 슈퍼히어로로 변신한 여러분은 청중이 지켜보는 무대 중앙에 서는 것을 더 선호합니다. 발표자가 무대 앞에 서는 것은 여러 장점을 가지고 있습니다. 청중이 발표자를 또렷이 볼 수 있고 자신감에 가득 찬 발표자는 무대와 강연장 곳곳을 이동하며 유연하게 발표를 진행할 수도 있습니다. 발표자가 한곳에 고정돼 있는 것보다 다양한 움직임을 보여주며 발표를 진행할 때, 청중은 더욱 역동적이며 매력적인 프레젠테이션을 경험합니다. 발표자의 움직임은 개방성과 소통을 바라는 의지를 청중에게 분명히 밝힙니다. 프레젠테이션에 두려움을 느끼는 발표자는 청중에게 보여주고 들려줄 자신감이 없습니다. 그저 강연대 뒤에 웅크려 최대한 숨고 싶어 합니다.

추천하는 자세와 피해야 하는 자세

추천하는 자세 Posture Dos	피해야 하는 자세 Posture Dont's
⊕ 똑바로 서 있기	⊖ 구부정하게 한쪽으로 기대서기
⊕ 청중 앞에 어깨를 쭉 펴고 서기	⊖ 어깨를 축 늘어뜨리거나 청중에게 등 돌리기
⊕ 어깨너비로 다리 벌리고 서기	⊖ 다리 꼬기
⊕ 청중이 잘 볼 수 있게 무대 정중앙에 당당히 서기	⊖ 강연대, 테이블, 의자 등 몸을 가려줄 만한 장벽 뒤로 몸을 숨기거나 기대기

이동
Movement

발표에 초조함을 느끼는 발표자는 얼어붙은 채로 무대 한구석에 있습니다. 결코 새로운 위치로 이동하지 않고 계속 같은 자리에 서 있습니다.

프레젠테이션에서 새로운 위치로 이동할 때 발생하는 이점은 아래와 같습니다.

(1) 생동감 있는 에너지가 느껴지고 시각적인 다양성을 달성할 수 있다.
(2) 발표자가 당당해 보인다.
(3) 발표자가 위치를 바꾸면 더욱 자신감을 가질 수도 있다.

도움이 되는 이동과 도움이 되지 않는 이동	
도움이 되는 이동 Movement Dos	도움이 되지 않는 이동 Movement Dont's
⊕ 프레젠테이션 업그레이드를 위해 발표자 위치 바꾸기	⊖ 눈사람처럼 한 장소에 얼어붙어 꼼짝 않기
⊕ 청중 쪽으로 이동하여 이야기한 후 자연스럽게 뒤로 물러나기	⊖ 우리에 갇힌 호랑이처럼 서성이기
⊕ 가장 강력히 영향력을 미칠 수 있는 장소로 이동하기	⊖ 연습 기간에 이동에 관해 전혀 고민하지 않기

재빨리 되짚어 보기
Quick reminder

프레젠테이션 슈퍼히어로는 청중에게 긍정적인 인상을 남깁니다.

(1) 외모: 훌륭하고 근사해 보인다.
(2) 눈 맞춤: 친근감이 느껴지는 눈 마주침을 시도한다.
(3) 표정: 발표자가 전달하려는 메시지와 표정이 정확히 일치한다.
(4) 손동작: 청중의 집중력을 높여 이해도를 높인다.
(5) 자세: 올바른 자세로 서 있다.
(6) 이동: 요점을 강조하며 자리를 이동한다.

시각 자료
Visual aids

시각 자료는 프레젠테이션에 사용되는 슬라이드, 도표, 소품, 유인물들을 가리킵니다. 비즈니스를 위한 발표에서 가장 흔히 사용되는 프레젠테이션 슬라이드를 분석해보겠습니다.

프레젠테이션에서 시각 자료를 사용하는 목적은 청중이 메시지에 동의하도록 설득해 승리로 이끌기 위함입니다. 몸짓과 마찬가지로, 프레젠테이션 슬라이드는 발표자를 향한 청중의 호감도를 높이고 메시지를 더욱 효율적으로 전달합니다. 적절한 프레젠테이션 슬라이드는 청중의 집중을 즉각적으로 이끌어내고 이해력을 높입니다. 프레젠테이션 슬라이드는 긍정적인 슬라이드와 부정적인 슬라이드 2종류로 나뉩니다. 긍정적인 슬라이드를 사용하는 발표자는 프레젠테이션에서 승리자가 되고 부정적인 슬라이드를 사용하는 발표자는 실패자가 됩니다.

긍정적인 슬라이드는 발표자와 발표자들의 아이디어에 대해 긍정적인 감정을 불러일으킵니다. 하지만 발표자들이 프레젠테이션 슬라이드를 잘못 사용하면 청중을 지루하게 만들 뿐 아니라 발표 내용에 대한 이해도를 떨어뜨립니다. 청중이 실망한 프레젠테이션은 궁극적으로 실패할 수밖에 없습니다.

긍정적인 슬라이드와 부정적인 슬라이드 사이에 가장 주요한 차이점을 알아보겠습니다.

긍정적인 슬라이드와 부정적인 슬라이드

긍정적인 슬라이드 Positive Slides	부정적인 슬라이드 Negative Slides
⊕ 흥미로운	⊖ 지루한
⊕ 이해하기 쉬운	⊖ 혼동되는
⊕ 신뢰 가는	⊖ 신뢰할 수 없는
⊕ 동의할 수 있는	⊖ 동의하고 싶지 않은
⊕ 행동을 이끌어내는	⊖ 행동을 이끌어내지 못하는

긍정적인 프레젠테이션 슬라이드는 내용을 이해하기 쉽고 흥미로우며 신뢰할 수 있는 정보를 담고 있습니다. 그래서 청중이 발표자의 메시지에 기꺼이 동의하고 이를 행동으로 옮기도록 자극할 수 있습니다. 부정적인 프레젠테이션 슬라이드는 내용을 이해하기 어렵고

지루하며 정보를 신뢰할 수 없어서 발표자의 메시지에 동의하기 어렵습니다. 그래서 청중에게 이를 행동으로 옮기도록 자극할 수 없습니다. 여러분이 승리를 이끄는 슬라이드를 원한다면 제작하는 모든 슬라이드에 '청중과 소통해 승리할 수 있는 5단계'를 항상 적용하는 습관을 들이십시오.

청중과 소통해 승리할 수 있는 5단계를 어떻게 슬라이드에 적용할 수 있습니까?
How do you apply the 5 Steps to Connect and Win?

프레젠테이션 자료를 수집할 때, 청중의 관점에서 슬라이드를 생각하십시오. 청중이 다음 질문에 어떻게 대답하겠습니까?

청중과 소통해 승리할 수 있는 5단계

(1) 슬라이드 내용이 흥미로운가? Are the slides interesting?	☐ Yes ☐ No
(2) 슬라이드 내용은 이해하기 쉬운가? Are they easy to understand?	☐ Yes ☐ No
(3) 슬라이드 내용을 신뢰할 수 있는가? Are they believable?	☐ Yes ☐ No
(4) 슬라이드 내용에 기꺼이 동의하는가? Do they create agreement?	☐ Yes ☐ No
(5) 슬라이드 내용이 행동을 이끌어내는가? Do they inspire action?	☐ Yes ☐ No

최고의 프레젠테이션 슬라이드를 제작하려면 매의 눈으로 정확히 자신의 슬라이드를 평가해야 합니다. 질문 중 어떤 곳에서라도 'No'라는 답변을 했다면 다시 질문을 던져보십시오.

(1) 어떻게 더 흥미롭게 슬라이드를 제작할 수 있을까?

(2) 어떻게 더 이해하기 쉬운 슬라이드를 제작할 수 있을까?

(3) 어떻게 더 신뢰할 수 있는 슬라이드를 제작할 수 있을까?

(4) 어떻게 청중을 슬라이드의 내용에 동의하게 할 수 있을까?

(5) 어떻게 슬라이드의 내용을 청중이 실천하게 할 수 있을까?

대부분의 발표자는 숙련된 디자이너가 아니어서 슬라이드를 제작하는 데 적지 않은 실수를 범합니다. 슬라이드 디자인에서 가장 흔히 발생하는 문제가 제시된 질문에 답하면서 자세히 살펴보겠습니다.

슬라이드 디자인에서 가장 흔히 발생하는 문제

(1) 왜 대부분의 슬라이드는 흥미롭지 않은가? **Why aren't most slides interesting?**

문제 Problem	**이유** Reason
의미 없음 No value	청중에게 도움이 되지 않는 콘텐츠는 가치 없는 슬라이드다. 가치를 제공하지 못하는 프레젠테이션은 청중에게 무의미하며 시간을 낭비하는 부정적인 프레젠테이션이다. 발표자의 임무는 청중에게 도움을 주는 것이다.
부실한 디자인 Poorly designed	우리는 체계적으로 구성된 디자인에 호기심이 간다. 매력 없는 슬라이드는 결코 청중의 흥미를 불러일으키지 못한다. 프레젠테이션을 멋지게 만드는 슬라이드 제작법을 제대로 익힌다면 효과적인 슬라이드로 긍정적인 결과를 얻을 수 있다.
시각적 다양성의 부족 A lack of visual variety	프레젠테이션의 모든 슬라이드가 똑같다면 발표가 지루하다. 여러분이 제작한 슬라이드를 한 번 살펴보라. 시각적으로 다양한 슬라이드를 사용한다면 청중의 시선을 사로잡아 호감을 높일 수 있다.
과한 정보 Information overload	슬라이드 정보가 지나치게 많으면 청중이 메시지와 관련된 정보와 사소한 내용을 직접 가려내야 한다. 청중이 프레젠테이션 슬라이드를 이해하려고 많은 노력을 기울여야 한다면 금방 피로를 느끼고 프레젠테이션에 대한 흥미까지 잃게 될 것이다. 심지어 대본에 쓰인 내용을 그대로 슬라이드에 옮겨 적고 나서 읽어 내리는 발표도 종종 있다.

발표의 끝이 안 보임 No end in sight	진행하고 있는 프레젠테이션이 전체 과정 중 어느 부분인지, 앞으로 남은 내용이 얼마나 되는지 청중이 알지 못한다면 프레젠테이션에 대한 흥미를 잃는다.
지나치게 많은 핵심 Bullet points	문장마다 핵심으로 꽉 차 있는 프레젠테이션은 청중을 괴롭게 한다. 주요 항목은 **3~5**개 정도의 짧은 표현을 사용해도 충분하다. 중요한 요점은 최대한 줄여 슬라이드에 강조해 표현한다. 세부 사항은 슬라이드 대신 발표자가 직접 설명하면 된다.
칙칙한 색채감 Drab colors	슬라이드 디자인에서 색채는 가장 강력한 프레젠테이션 효과를 발휘한다. '어떤 색채를 사용하느냐'에 따라 청중의 감정에 지대한 영향을 끼칠 수 있기 때문이다. 청중에게 부정적인 감정을 유발하는 슬라이드를 사용하면 발표자는 승리하는 프레젠테이션과 멀어진다.

(2) 왜 대부분의 슬라이드는 이해하기 어려운가? **Why aren't most slides easy to understand?**	
문제 Problem	**이유** Reason
형편없는 배치 Terrible layout	프레젠테이션 슬라이드 요소들은 논리정연하고 시각적으로 매력적이어야 한다. 불안정하게 마무리된 슬라이드는 청중을 혼란하게 한다. 슬라이드의 요소들은 청중이 이해하기 쉽게 정렬되어 콘텐츠를 재빨리 파악할 수 있어야 한다. 슬라이드에 사용되는 요소들은 보이는 모든 것을 가리킨다. 텍스트, 도표, 그래프, 그래픽, 이미지, 로고, 클립아트 등이다.
복잡성 Complexity	슬라이드에 지나친 정보를 실으면 안 된다. 각 슬라이드 장의 요소들이 늘어나면 청중의 이해력은 그만큼 떨어진다. 복잡한 슬라이드에는 다음과 같은 공통점이 있다. • 지나치게 많은 텍스트 • 지나치게 많은 이미지 • 도표, 그래프, 텍스트, 이미지를 한 번에 다 보여주기 • 불필요한 꾸밈 지나친 정보로 비대해진 슬라이드는 청중을 이해시킬 수 없다.
지나치게 많은 선택권 Too many choices	지나치게 많은 요소가 담긴 슬라이드는 청중 스스로 무엇에 집중할지 선택하게 한다. 하지만 청중에게 선택권을 주는 것은 발표자가 프레젠테이션에 관한 통제력을 잃었다는 것이다. 다양한 취향을 지닌 청중은 슬라이드의 곳곳에 관심이 분산된다. 제한된 선택권을 주어야 발표자는 의도한 대로 핵심 내용에 청중을 집중시킬 수 있다.
형편없는 타이밍 Poor timing	발표자가 설명하는 내용과 시각적인 정보는 일치해야 한다. 일부 발표자는 종종 프레젠테이션에서 설명하는 내용과 관련 없는 슬라이드를 청중에게 제시한다. 그러면 청중의 집중력은 떨어져서 슬라이드를 읽거나 발표자의 이야기를 듣는 것 중 한 가지를 골라야 한다. 청중을 혼란하게 하는 발표가 된다.

가독성 문제 Poor readability	슬라이드 읽기를 방해하는 몇 가지 문제점은 다음과 같다. • 작은 텍스트 글자 • 슬라이드 바탕 배경과 이미지 사이의 흐릿한 색상 대비 • 지나치게 많은 설명과 숫자들로 복잡해진 자료
비효율적인 순서 Poor sequencing	일부 발표자는 슬라이드를 효율적인 순서로 배열하지 않는다. 청중이 프레젠테이션에 어떻게 반응할 것인지를 예상하지 않았을 때 일어나는 현상이다. 어떤 슬라이드는 논리적이어야 하고 또 다른 슬라이드에선 감성적일 필요가 있다. 청중이 어떤 감정을 느끼기를 원하는지 발표자는 타이밍을 고려해 슬라이드 순서를 배열해야 한다.
일관성 없는 디자인 No coherent design style	발표자가 여러 종류의 프레젠테이션을 다시 사용해 짜깁기할 때가 있다. 이 경우에 최적화된 발표 결과는 기대할 수 없다. 일관성이 부족한 디자인은 계획이 없고 비전문적으로 보일 뿐 아니라 청중에게 혼란을 가중시킨다.
개입과 방해 Interruptions	발표자가 비디오나 참고 웹사이트를 청중에게 보여주려고 슬라이드를 나가는 경우가 있다. 발표자가 다른 소프트웨어로 전환할 때 진행 중인 프레젠테이션의 리듬을 깨고 통일성을 방해할 수 있다. 자칫 청중의 시간을 허비하고 혼란을 더할 수 있는 것이다.

(3) 왜 슬라이드의 내용을 신뢰할 수 없는가? **Why aren't most slides more believable?**	
문제 Problem	**이유** Reason
명확성의 부족 Lack of clarity	청중은 발표 내용을 이해할 수 없다면 슬라이드를 신뢰하지 않는다. 청중이 여러분을 믿게 하고 싶다면 발표자는 청중의 흥미를 불러일으켜야 하고 슬라이드 내용을 분명히 이해하고 있어야 한다. 프레젠테이션에 명확하게 전달하고자 하는 메시지를 담아야 한다.
신뢰성의 부족 Lack of credibility	아마추어가 제작한 것처럼 보이는 슬라이드는 청중의 신뢰성을 떨어뜨릴 수밖에 없다. 슬라이드는 그다지 중요하지 않다고 생각할지 모르지만 그렇지 않다. 청중은 발표자가 함께 공유하는 모든 것을 기반으로 의견을 형성하고 최종 결정을 내리기 때문이다.
서투른 시각 자료 Weak visual evidence	시각 효과에 무지하거나 성의가 없는 발표자는 클립아트 등을 슬라이드에 주로 사용한다. 하지만 클립아트를 사용한 슬라이드는 전문성이 빠지고 시각적으로도 효과가 떨어진다. 될 수 있으면 사용하지 말아야 한다.
혼란스러운 증거 자료 Confusing evidence	발표자는 3차원적인 도표와 그래프를 사용해 슬라이드를 멋지게 표현하고 싶을지도 모른다. 하지만 청중은 3D 자료를 바로 이해하기 어렵다. 청중을 위해 2D 도표와 그래프를 사용하는 게 좋다.

(4) 왜 대부분의 슬라이드는 청중의 동의를 얻지 못하는가? **Why don't most slides create agreement?**	
문제 Problem	**이유** Reason
지나치게 부정적 Overly negative	슬라이드가 부정적인 이유는 다음과 같다. ⊖ 지루하다 ⊖ 혼란스럽다 ⊖ 신뢰할 수 없다 ⊖ 부정적인 감정을 불러일으킨다 ⊖ 부정적인 슬라이드는 발표자와 청중의 소통을 방해한다 탁월하게 제작된 슬라이드는 이런 효과가 있다. ⊕ 청중의 흥미를 자극한다 ⊕ 내용이 명확하고 발표자가 주장한 내용을 입증할 수 있다 ⊕ 가치 있는 메시지와 결합해 청중의 행동을 장려한다
신뢰의 부족 Lack of trust	발표에 사용되는 간단한 슬라이드조차 제대로 다룰 수 없는 발표자는 청중의 신뢰를 얻을 수 없다. 청중은 의심되는 발표자에게 전문적이고 조직적인 문제 해결을 맡기지 않을 것이다.

(5) 왜 대부분의 슬라이드는 청중의 행동을 이끌어내지 못하는가? **Why don't most slides inspire action?**	
문제 Problem	**이유** Reason
5Vs 적용 실패 Failure to follow the 5Vs	⊖ 대부분 슬라이드는 지루하다 ⊖ 대부분 슬라이드는 혼란스럽다 ⊖ 대부분 슬라이드는 신뢰가 가지 않는다 ⊖ 대부분 슬라이드는 동의할 수 없다 ⊖ 대부분 슬라이드는 청중이 **5Vs** 과정을 거치도록 이끌지 못하므로 행동 촉구에 실패한다 따라서 슬라이드는 다음과 같은 특성에 맞춰 제작되어야 한다. ⊕ 청중의 흥미를 이끌어내고 이를 계속 유지한다. ⊕ 이해하기 쉽게 제작한다. ⊕ 주장을 입증할 수 있는 증거 자료를 제시한다. ⊕ 청중이 동의할 수 있는 콘텐츠를 제시한다. ⊕ 청중이 전달받은 메시지를 행동으로 옮길 수 있도록 타당한 근거와 이유를 댄다. ⊕ 청중이 행동으로 실천할 수 있는 구체적인 방법을 제시한다.

6가지 슬라이드 디자인 법칙
Six Slide Design Basics

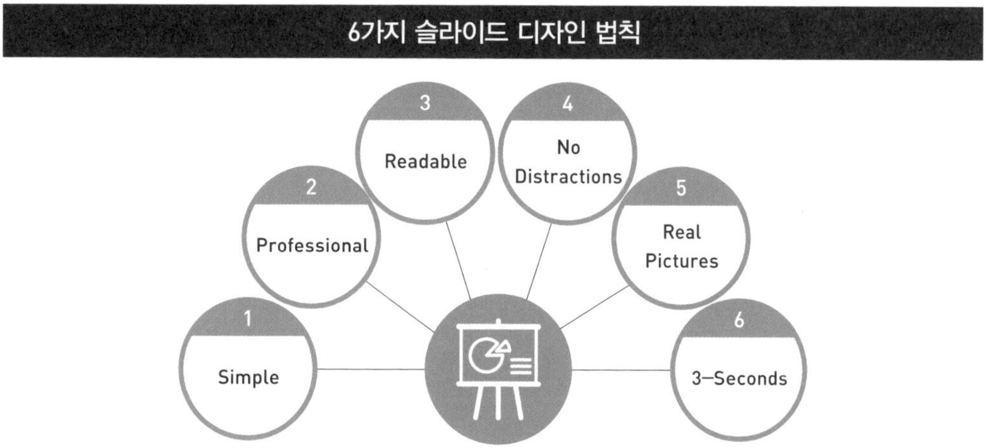

"전문가처럼 기존의 규칙을 배워라. 그래야 아티스트처럼 그 규칙을 깰 수 있다."

– 파블로 피카소

"Learn the rules like a professional so you can break them like an artist."

– Pablo Picasso

슬라이드는

(1) 단순하게 제작하라.

(2) 전문가처럼 보이게 제작하라.

(3) 내용을 읽기 쉽게 제작하라.

(4) 시각적인 방해 요소를 제거하고 제작하라.

(5) 실제 사진과 이미지를 사용해 제작하라.

(6) 각 슬라이드의 핵심 사항이 3초 이내로 이해되도록 쉽게 제작하라.

6가지 슬라이드 디자인 법칙

<table>
<tr><th colspan="2">6가지 슬라이드 디자인 법칙 six slide design basics</th></tr>
<tr><td>단순하게 제작하라
Keep them simple.</td><td>전문가들은 의도적으로 복잡해 보이는 슬라이드를 제작한다. 전문가들은 슬라이드가 복잡하고 어려울수록 자신의 열정을 증명할 수 있다고 착각한다.
사실은 이와 정반대다. 오히려 복잡한 슬라이드는 누구나 쉽게 만들 수 있다. 복잡하고 어려운 개념을 단순화해 슬라이드에 담는 작업이야말로 사고력과 전문성이 필요하다.

슬라이드를 어떻게 단순화할 것인가?
⊕ 적을수록 더 많이 얻는다는 원칙을 지켜라. 슬라이드 내용을 덜어낼수록 청중은 더 많은 것을 이해하게 된다.
⊕ 1개의 슬라이드에 1개의 아이디어만을 담는다.
⊕ 슬라이드에 많은 요소를 집어넣으면 전체 내용이 뒤죽박죽 섞여 청중을 혼란스럽게 한다.
⊕ 슬라이드를 꽉 채우지 말고 여백을 두어라.
⊕ 중복되는 표현들, 슬라이드 장마다 삽입된 로고, 집중을 방해하는 그래픽 등 불필요한 내용은 무조건 삭제하라.</td></tr>
<tr><td>전문가처럼 보여라
Make them look professional.</td><td>단순한 슬라이드는 프레젠테이션을 전문적으로 보이게끔 한다. 어떻게 청중에게 인상을 주는 슬라이드를 제작할 수 있을까?
<table>
<tr><td>⊕ 여백
White space</td><td>복잡한 요소를 없애고 청중이 숨 쉴 수 있는 여유 공간을 넣는다.</td></tr>
<tr><td>⊕ 정렬
Alignment</td><td>슬라이드 요소들을 질서정연하게 정렬한다.</td></tr>
<tr><td>⊕ 색채
Color</td><td>긍정적인 감정을 유발하는 색감을 선택한다. 청중이 경험하기를 원하는 감정과 어울리는 색감을 선택하는 것도 좋다.</td></tr>
<tr><td>⊕ 글씨체
Typeface, Font</td><td>여러 글씨체를 실험해보고 현명하게 선택한다. 글씨체는 프레젠테이션의 전체 분위기를 좌우한다.</td></tr>
<tr><td>⊕ 이미지
Images</td><td>청중이 물리적인 공간에서 벗어나 슬라이드 화면 속으로 빠져들 수 있게 전체 화면을 사용한다.</td></tr>
<tr><td>⊕ 눈의 움직임
Eye movements</td><td>체계적이지 못한 슬라이드는 청중의 시선을 산만하게 한다. 반면 체계적인 슬라이드는 청중의 시선을 사로잡고 보는 즐거움까지도 선사한다.</td></tr>
</table></td></tr>
<tr><td>내용을 읽기 쉽게 제작하라
Make them readable.</td><td>가독성은 중요하다. 글자가 너무 작으면 불편함을 느낀 청중은 짜증을 낸다. 청중이 읽기 쉽도록 슬라이드의 글자는 크게 키워라. 발표 장소에서 가장 뒤에 앉은 청중까지도 쉽게 슬라이드의 내용을 읽을 수 있도록 말이다.
최소 32폰트 이상의 글자 크기가 가장 좋다. 발표 장소가 클수록 사용하는 폰트의 크기도 비례해 커져야 한다.
슬라이드에서 색상 대비도 중요하다. 밝은 바탕에 어두운색의 텍스트 또는 어두운 바탕에 밝은 색의 텍스트를 사용하라. 컴퓨터에서 본 것과는 다르게 실제 스크린에 투사된 색감은 흐릿해 제</td></tr>
</table>

	대로 표현되지 않는 경우가 있으니 주의를 기울여야 한다. ⊕ 슬라이드 디자인은 깔끔하면서 명료함을 유지해야 한다. ⊕ 텍스트 주변을 될 수 있으면 여백을 둔다. ⊕ 발표 전 가독성 여부를 확인하고 프로젝터를 통해 해상도를 확인하고 나서 투사된 슬라이드 이미지가 의도한 바대로 충분히 효과적인지 점검한다. ⊕ 틀린 철자는 없는지 확인한다.
시각적인 방해 요소를 제거하라 Avoid visual distractions.	핵심에서 벗어나는 슬라이드 요소는 모두 없애야 한다. ⊖ 메시지 집중을 방해하는 무분별한 텍스트 애니메이션은 자제하라. ⊖ 슬라이드마다 로고를 집어넣지 마라. ⊖ 슬라이드에 정보를 중복시키지 마라. ⊖ 메시지와 관련 없는 이미지는 사용하지 마라. ⊖ 식별하는 이미지, 흐릿한 이미지, 화소로 된 이미지는 사용하지 마라. ⊖ 전체 화면 이미지가 더 강렬한 인상을 남긴다면 다중으로 다른 이미지를 사용하지 마라. ⊖ 레이저 포인트를 사용하지 마라. 이를 싫어하는 청중이 매우 많다. 청중의 이목을 끌고 싶다면 애니메이션, 색채, 크기, 모양에 변화를 주어 관심을 모아라. ⊖ 슬라이드 화면에 보이는 내용과 다른 내용을 이야기하지 마라. ⊕ 메시지를 강화하고 싶다면 가벼운 효과가 담긴 애니메이션을 사용하라. ⊕ 비디오나 참고 웹사이트 등 다른 소프트웨어를 사용하려면 슬라이드를 닫는 대신 슬라이드 안에 삽입해 이용하라. ⊕ 청중에게 혼란을 더하는 슬라이드의 모든 요소를 없애거나 개선하라. ⊕ 동료에게 슬라이드의 장단점에 관해 피드백을 받아라.
사진을 사용해 제작하라 Use real pictures	클립아트와 대중 사진 사용은 피해야 한다. 클립아트 사용은 미숙한 발표자로 보이게 하고 대중 사진은 현실을 반영하지 않아 발표자의 신뢰도에 부정적인 영향을 끼친다. 될 수 있는 대로 배우가 아닌, 실제 인물이 등장한 사진을 사용하라.
각 슬라이드의 핵심을 3초 이내로 이해될 만큼 쉽게 제작하라 Follow the 3-second rule.	청중이 3초 이내로 슬라이드의 핵심을 이해하는 것이 가장 이상적이다. 대규모 청중의 흥미를 유지시키려면 3초의 법칙이 더 중요해진다. 프레젠테이션을 회의실에서 진행할 때, 규모가 작은 청중은 발표자에게 좀 더 자세한 정보를 원할 수도 있다. 발표자가 전하는 정보와 메시지를 이해하도록 충분한 시간을 주어야 한다. 청중에게 상세한 정보를 담은 유인물을 나눠 주는 것이 빼곡한 슬라이드보다 더 효과적이다.

7

프레젠테이션 콘텐츠 준비하는 방법

How to prepare your presentation content.

프레젠테이션 준비 7단계

프레젠테이션 준비 7단계 seven presentation preparation steps	
청중 이해하기 Understand your audience.	청중은 누구입니까? Who is your audience? 청중의 욕구, 바람, 열망을 이해하라. 청중을 제대로 이해하려면 3장에서 제시된 청중 분석법을 실행하라.
주제 선정하기 Select a topic.	주제는 무엇입니까? What is your topic? 여러분이 이해하고 열정을 느끼는 분야의 주제를 선정하라. 청중을 분석해 얻은 데이터를 근거로 주제를 선정해도 좋다. 선정된 주제를 조사하고 연구한다. 특히 발표자가 제안한 내용을 청중이 행동으로 옮길 수 있도록 타당한 근거를 제시하는 것이 무척 중요하다. 현재 상황을 반영하고 유용하고 정확한 정보를 수집해야 한다.
프레젠테이션 목표 작성하기 Write your objective.	당신이 성취하고 싶은 긍정적인 결과는 무엇입니까? What is the positive result you want to achieve? 프레젠테이션을 마치고 청중에게 다음 단계로 나아갈 수 있게 행동을 촉구하라. 여러분이 청중에게 요구하는 행동 지침은 무엇인가? ⊕ 청중이 무엇을 생각하기를 원하는가? ⊕ 청중이 무엇을 느끼기를 원하는가? ⊕ 청중이 무엇을 하기를 원하는가?

<table>
<tr><td>핵심 사항 브레인스토밍하기
Brainstorm your main points.</td><td>청중들이 왜 당신의 제안에 따라 행동하기로 동의해야 합니까?
Why should your audience agree to act on your proposal?

청중이 메시지를 왜 행동으로 옮겨야 하는지 모든 '이유'를 적어본다. 그중에서 청중이 선호하고 가장 큰 영향력을 끼칠 수 있다고 예상되는 '이유'를 선택하라. 청중의 행동을 장려하려면 선택한 '이유'를 프레젠테이션의 핵심으로 바꾸거나 핵심을 지지하는 '논거'로 사용될 수 있다. 프레젠테이션 진행 내내 청중에게 '타당한 이유'를 충분히 제시해 발표자가 제안하는 그 모든 사항에 'YES'라고 답할 수 있어야 한다.</td></tr>
<tr><td>대본 작성하기
Write your script.</td><td>어떻게 말을 체계적으로 할 수 있습니까?
How can you structure your talk?

이야기를 논리적이고 체계적인 구조로 나눈다.

<table>
<tr><td>서론 Introduction</td><td>관심 끌기: 스토리텔링, 인용, 질문, 통계 수치 등으로 이야기 시작
목적 진술
핵심 사항 미리 살펴보기</td></tr>
<tr><td>본론 Body</td><td>3~5가지 핵심 언급</td></tr>
<tr><td>결론 Conclusion</td><td>다시 한 번 핵심 살펴보기
질의응답
행동 촉구</td></tr>
</table></td></tr>
<tr><td>시각 자료 제작하기
Create your visual aids.</td><td>당신이 이기는 데 어떤 시각 자료가 도움이 됩니까?
What visuals will help you win?

프레젠테이션에서 시각 자료는 중요한 자극제가 된다. 현명히 사용된 시각 자료는 발표자가 목표하는 바를 달성하도록 돕는다. 슬라이드에 시각적인 다양성을 집어넣으려고 발표자는 아래 표와 같이 여러 종류의 시각 정보를 고려해야 한다.

<table>
<tr><th>이야기할 내용</th><th>사용할 시각 정보</th></tr>
<tr><td>사람</td><td>사진</td></tr>
<tr><td>날짜</td><td>달력</td></tr>
<tr><td>시간</td><td>타임 라인</td></tr>
<tr><td>위치</td><td>지도와 사진</td></tr>
<tr><td>과정</td><td>다이어그램</td></tr>
<tr><td>정보</td><td>도표와 그래프</td></tr>
<tr><td>제품</td><td>사진과 소품</td></tr>
</table></td></tr>
</table>

연습하기 Practice	어떻게 이길 준비를 해야 합니까? How can you be prepared to win? 승리를 위한 준비는 단 한 가지, 연습뿐이다. 프레젠테이션은 연습을 통해 빛이 나고 발표에서 말하고 행하는 모든 것들과 혼연일체가 될 수 있다. 또한 적절한 타이밍에서 발표를 진행해 성공을 위한 모든 요소를 마련해둔다. 연습은 어떻게 해야 합니까? 여러분이 발표하고자 의도한 방식대로 연습하라. 큰 목소리로 발표하고 자연스러운 몸짓을 연구하라. 콘텐츠 안팎의 모든 내용을 꿰뚫어 볼 때까지 매일 연습하라. 연습을 통해 긍정적인 자기 대화를 끊임없이 나누고 내면의 목소리로 자신을 격려하라. 실제 발표 장소에서 연습할 수 있다면 반드시 현장에서 연습해보라. 연습은 여러분을 완벽하게 만들지 못한다. 하지만 철저하게 준비된 발표자의 모습을 청중에게 보여줄 수는 있다. 준비를 마친 발표자는 비록 완벽하지는 못하지만, 청중은 더할 나위 없는 발표자로 느낀다.

슬라이드 제작
Slide creation

파워포인트나 키노트를 사용한다면 슬라이드를 제작하기 전에 서론, 본론, 결론을 작성해보는 것이 중요합니다. 반드시 대본을 작성한 다음 슬라이드 작업을 시작하십시오. 대본 작성을 마치고 나서 효과적인 메시지 전달을 위해 어떤 시각 자료를 사용할지도 결정해야 합니다.

제시한 프레젠테이션의 윤곽은 슬라이드를 체계화하는 데 유용한 기준이 될 것입니다. 프레젠테이션의 기본 틀은 서론, 본론, 결론으로 나뉜 3가지를 포함합니다. 왼쪽부터 시작해 여러분은 각 부문에서 발표할 시간부터 정할 수 있습니다.

핵심 내용 미리 보기, 각 핵심 내용의 주제 슬라이드, 핵심 내용 다시보기 등의 흐름을 따라 'The Tell them, Tell them, Tell them' 기법을 적용해 슬라이드를 작성하십시오. 이런 흐름에 따라 메시지를 전달하면 청중은 핵심 내용에 3번이나 노출됩니다. 핵심 내용을 3번 반복하면 발표자와 청중 모두 프레젠테이션의 흐름을 더 잘 이해하고 주요 핵심을 쉽게 기억할 수 있습니다.

프레젠테이션의 스토리보드로 활용하십시오. 컴퓨터의 해당 소프트웨어를 열기 전에 각 슬라이드에서 메시지 전달을 강화하려면 필요한 내용을 먼저 종이에 옮겨 적어보십시오.

프레젠테이션의 스토리보드

Intro	Time :	Title Slide	Review Slide 1) Main Point1 2) Main Point2 3) Main Point3			
Body	Time :	1) Main Point 1	Support	Support	Support	
	Time :	2) Main Point 2	Support	Support	Support	
	Time :	3) Main Point 3	Support	Support	Support	
Concl	Time :	Review Slide 1) Main Point1 2) Main Point2 3) Main Point3	Call–to–action	Q&A	Contact Info	

Step 4 Unlock Superpower 4! Emotion Master

- 나는 긍정적인 발표자다. 프레젠테이션에서 긍정적인 감정을 경험하고 긍정적인 전달 기술을 선보인다.
  I am a positive presenter. I experience positive emotions when I present, and I use positive presentation delivery skills.

  네 □ 아니오 □

- 언어: 나는 의도적으로 청중의 감정에 영향을 줄 수 있는 표현들을 선택한다. 내가 선택한 단어, 문장들은 간단하고 명료하며 이해하기 쉽다.
  Verbal: I intentionally choose words to influence my audience's emotions. My word choices and sentences are also simple, clear, and easy to understand.

  네 □ 아니오 □

- 음성: 나는 프레젠테이션에 흥미와 매력, 동기를 부여할 수 있도록 다양한 음조 사용을 시도한다.
  Vocal: I use vocal variety to make my presentations interesting, entertaining, and inspiring.

  네 □ 아니오 □

- 시각: 나는 적절한 몸짓과 긍정적인 시각 자료를 사용한다.
  Visual: I use positive visuals and appropriate body language.

  네 □ 아니오 □

- 나는 프레젠테이션에서 내가 말하는 모든 것, 보여주는 모든 것, 행하는 모든 것에 청중이 어떻게 반응할지 예상해본다.
  I try my best to predict how my audience will react to everything I will say, show, and do during my presentation.

  네 □ 아니오 □

Step 4 Key Learning Points

- 프레젠테이션 전달 기술에는 2가지가 있다. 긍정적인 전달 기술과 부정적인 전달 기술.
  There are two types of presentation delivery skills: positive and negative.

- 5Vs는 프레젠테이션 준비 과정, 진행 과정, 발표 후 유용하게 사용할 수 있는 도구다.
  The 5Vs is a tool you can use before, during, and after your presentations.

- 5Vs는 다양성, 언어, 음성, 시각, 승리를 의미한다.
  The 5Vs are: Variety, Verbal, Vocal, Visual, Victory

- 사람은 예측할 수 있다. 그러므로 청중이 발표 메시지에 어떻게 반응할지 짐작할 수 있다면 발표자로서 여러분은 더욱 성공적인 결과를 성취하게 될 것이다.
  People are predictable and the better you become at predicting their responses to you and your message, the more successful you will be as a presenter.

- 언어: 당신이 선택한 모든 단어와 표현들은 프레젠테이션에서 긍정적이거나 부정적인 자극이 될 수 있다.
  Verbal: The words you choose to use can be positive or negative stimuli.

- 음성: 당신의 목소리 특징과 청중이 듣는 것은 프레젠테이션에서 긍정적이거나 부정적인 자극이 될 수 있다.
  Vocal: The quality of your voice and everything the audience hears can be positive or negative stimuli.

- 시각: 프레젠테이션에서 시각적인 것은 청중이 보는 모든 것을 포함한다. 몸짓, 표정, 시각 도구, 발표 장소의 환경 등의 요소들이 해당한다. 프레젠테이션에서 보이는 시각적인 요소들은 긍정적이거나 부정적인 자극이 될 수 있다.
  Visual: The visual aspects of your presentation include everything your audience sees including your body language, facial expressions, visual aids, the room setup, everything. Your visuals can be positive or negative stimuli.

- 프레젠테이션에서 선보여지는 시각, 음성, 언어 자극이 긍정적일 때, 당신은 승리자가 된다.
  When your visual, vocal, and verbal stimuli are positive you can win.

Step 5
긍정적인 결과: 설득법

Step 5
Positive Results:
How to Persuade

슈퍼 파워 비밀의 문 5:
설득 마스터

승리자는 긍정적인 결과를 기대하는 습관을 지니고 있다.
– 브라이언 트레이시

Winners make a habit of manufacturing their own positive expectations
in advance of the event.
– Brian Tracy

모든 선택을 긍정적인 결과를 얻을 수 있는 방향으로 집중한다면 승리는 여러분의 것이 될 것입니다!

긍정적인 결과와 부정적인 결과

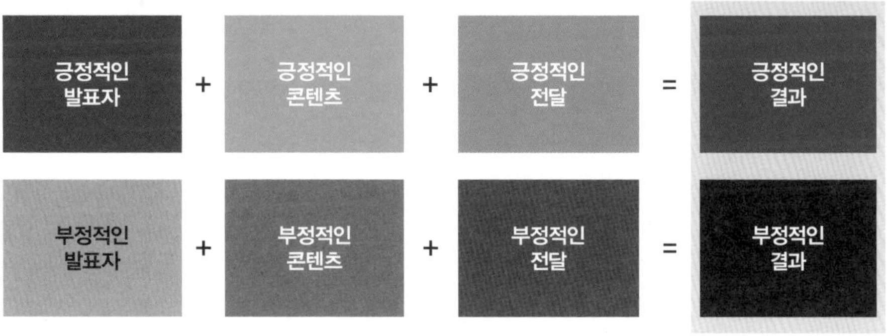

프레젠테이션에서 가장 중요한 것은 바로 긍정적인 결과를 얻는 것입니다. 『성공하는 사람들의 7가지 습관』의 저자, 스티븐 코비(Stephen Covey)는 "끝을 생각하고 시작하라"고 말합니다. 프레젠테이션을 준비하면서 이미 마음속에 승리할 것이라고 확신해야 한다는 것입니다. 발표자로서 여러분이 원하는 긍정적인 결과가 무엇인지 정확하게 인식하고, 내면의 소리에 집중해 이루려고 온 힘을 다해야 합니다.

스티븐 코비는 "모든 것은 2번 태어난다"고도 말합니다. 마음속에서 태어나고, 그다음 세상에서 진짜 모습을 갖춰 다시 태어난다고 말입니다. 청중이 여러분의 제안에 'Yes'라고 답하고 실천하기 위해 애쓰기를 원합니까?

여러분의 제안에 스스로 강한 믿음을 갖는 것이 중요합니다. 스스로에 대한 믿음이 있어야 자신의 확고한 신념을 타인에게 전파할 수 있기 때문입니다. 즉 여러분이 원하는 것이 청중의 'Yes'라는 답변이라면 여러분의 마음속에 먼저 'Yes라고 답변하고 나서 청중의 마음속에 전파하기 시작하십시오.

"타인을 움직이고 설득하려면 우선 스스로 납득하고 움직여라. 만일 상대방에게 진심을 담아서 자신의 생각, 감정, 마음속 상태를 말한다면 우리 인간은 서로 공감으로 엮여 있어서 누구라도 당신의 소리에 귀 기울일 것이다."

– 토마스 칼라일

"Let one who wants to move and convince others, first be convinced and moved themselves. If a person speaks with genuine earnestness the thoughts, the emotion and the actual condition of their own heart, others will listen because we all are knit together by the tie of sympathy."

– Thomas Carlyle

1

프레젠테이션에서 얻는 2종류의 결과란 무엇인가?

What are the two types of presentation results?

프레젠테이션의 결과는 긍정적이거나 부정적으로 나타납니다.

긍정적인 결과 Positive results = 당신이 원하는 목적을 달성한다 You achieve your objectives

여러분이 목표를 세웠다면 어떻게 해서든 청중이 처한 상황을 개선시킬 수 있도록 이들을 적극 도와야 합니다. 청중이 승리할 수 있도록 도울 때, 바로 여러분도 승리할 수 있기 때문입니다!

부정적인 결과 Negative results = 당신이 원하는 목적에 실패한다 You fail to achieve your objectives

여러분이 목적 달성에 실패했다면 무엇이 잘못되었는지 그 원인을 찾아 이해하는 것이 매우 중요합니다.

소통과 승리의 5단계 중 어떤 부분에서 실수했습니까?

소통과 승리의 5단계

1	청중이 발표 내용에 흥미를 느꼈나? Were they interested?	네 □ 아니오 □
2	청중이 발표 내용을 제대로 이해했나? Did they understand?	네 □ 아니오 □
3	청중이 발표 내용을 신뢰했나? Did they believe?	네 □ 아니오 □
4	청중이 발표자의 제안에 동의했나? Did they agree?	네 □ 아니오 □
5	발표자가 청중의 행동을 이끌어내는 데 실패했나? Did they take action or will they take action soon?	네 □ 아니오 □

무엇이 잘못되었는지 알아보는 것은 여러분에게 다가올 유사 상황에 대비해 똑같은 실수를 하지 않도록 막아줍니다.

실패를 돌아보게 하는 질문들
Discovery Questions

(1) 실패한 주된 이유는 무엇인가? What was the main reason or reasons why you lost?

(2) 온 힘을 다했는가? Did you give your best effort?

(3) 충분히 준비했는가? Were you fully prepared?

(4) 어떤 기술적인 문제가 있었나? Did you experience any technical problems?

(5) 경쟁자가 나보다 더 나았나? Were your competitors simply better than you?

(6) 정치적인 문제나 사상 탓에 실패했나? Did you lose because of politics?

(7) 실패에서 얻은 교훈이 있나? What are the lessons you learned from failing?

개선을 위한 대처 방안
Improvement plan

⑴ 콘텐츠 개선을 위해 무엇을 할 수 있는가? What can you do to improve your content?

⑵ 발표자로서 발전하려면 무엇을 할 수 있는가? What can you do to improve yourself?

⑶ 앞으로 더 향상된 모습을 위해 무엇을 할 계획인가? What will you do to improve?

2

아리스토텔레스의 설득의 3요소란 무엇인가?

What are Aristotle's three modes of persuasion?

철학자이자 수사학자인 아리스토텔레스(Aristoteles)는 설득의 기술을 '에토스(Ethos), 로고스(Logos), 파토스(Pathos)', 3가지로 구성된다고 주장했습니다.

Ethos: 화자의 인격, 지성, 호의

The presenter's perceived character, intelligence, and goodwill.

Logos: 화자의 논리, 논거, 증거

The presenter's use of logic, arguments, and evidence.

Pathos: 청중을 향한 화자의 감정적인 영향력

The presenter's emotional influence on the audience.

아리스토텔레스의 설득 3요소

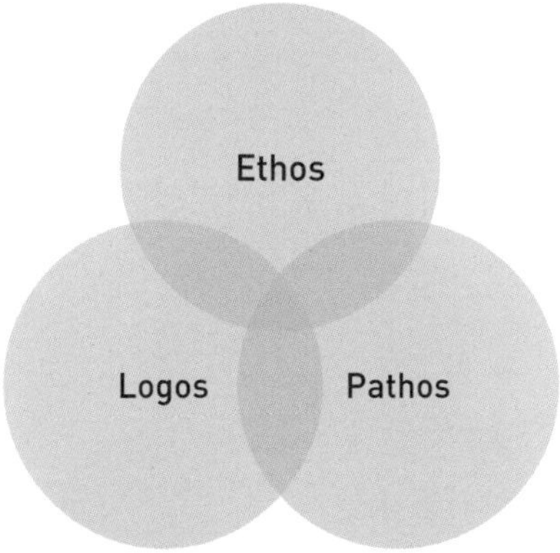

설득의 기술

에토스: 화자의 인격에 호소하기
Ethos: Appeal to character

아리스토텔레스(Aristoteles)에 따르면 청중에게 신뢰감을 주려면 다음의 3가지 요소가 필요합니다.

⊕ Competence: 화자는 지식, 경험, 주제와 관련된 분야의 전문가이므로 말할 자격이 충분하다.
⊕ Good intention: 화자는 선한 의도를 지니고 있다.
⊕ Empathy: 화자는 청중의 상황과 감정을 이해하고 있을 뿐 아니라 지대한 관심이 있다.

이와 대조적으로, 화자가 발표에 나쁜 의도를 품고 있거나 청중에 대한 공감 능력이 부족하다면 대중에게 신뢰를 얻을 수 없습니다.

⊖ Incompetent: 화자가 주제와 관련된 지식, 경험, 기술이 부족해 보인다.

⊖ Bad Intention: 화자가 좋은 의도를 품고 있지 않다.

⊖ Lack of Empathy: 화자가 청중의 상황과 감정을 이해하지 못하고 관심도 없어 보인다.

자신의 인격, 지성, 호의와 관련하여 다음 3가지의 자격을 갖춘 사람이라고 대중 앞에 증명하려면 무엇을 해야 합니까?

· 유능하고 지성을 갖춰 존경할만한가?
· 신뢰할 수 있고 정직하고 친절한가?
· 유명하고 권위가 있거나 전문가인가?

(1) 청중과의 유사점
Similarity to the audience

청중은 자신과 외형이나 말투가 비슷한 발표자에게 설득당할 확률이 높습니다. 여러분이 육아를 주제로 초보 엄마들에게 프레젠테이션을 선보일 발표자를 고용하려 한다고 가정해봅시다. 3명의 아이를 건강하게 키워낸 프로 엄마 혹은 야구 선수 중에서 과연 어떤 발표자가 청중의 호응을 더 잘 이끌어낼 수 있을까? 당연히 육아 경험이 풍부한 여성이 발표자로서 더욱 적합할 것입니다. 이상적인 발표자는 청중과 공감대가 형성될 수 있고 청중과 동등한 입장이라는 생각을 하게 하는 발표자입니다.

여러분이 파워포인트나 키노트를 사용해 이미지를 사용한다면, 청중과 맞는 이미지를 사용해보십시오. 만일 인도에서 사업상 프레젠테이션을 하게 된다면 상품을 사용하고 있는 인도사람의 사진을 사용하는 게 더 좋은 반응을 이끌어낼 수 있습니다.

(2) 명성
Reputation

발표자가 대중에게 그 분야의 전문가로 잘 알려진다는 것은 화자로서 청중을 설득할 능력이 높다는 것을 뜻합니다. 이러한 명성은 회사나 업계 현장에서 자신이 적극 지원하여 향상할 수도 있습니다. 다만, 발표 내용이 반드시 청중의 더 나은 향상과 개선을 도와줄 수 있어야 한다는 것을 상기하십시오.

(3) 권위
Authority

권위자로 인정받으려면 발표자는 그 분야에서 많은 경험이 있고 그에 맞는 자격을 갖추고 있어야 합니다. 인질 구출을 주제로 발표할 때에 US Navy SEAL 출신의 발표자는 관련 분야의 자격을 갖춘 인물이므로 권위를 가질 수 있지만, 5성급 호텔의 요리사가 같은 주제를 다루기는 어렵습니다. 하지만 고급 음식을 계획하고 준비하는 방법에 관한 주제를 발표한다면 호텔 요리사는 마땅한 권위를 얻습니다. 여러분이 권위를 지닌 특별한 발표자로서 청중에게 보이고 싶다면, 자기 분야의 전문 지식을 청중과 될 수 있는 한 많이 공유하십시오.

로고스: 논리에 호소하기
Logos: Appeal to Reason

화자가 사용하는 논리, 추론, 논거, 증거를 뜻합니다. 논리에 효과적으로 호소하기 위해서는 아래 4가지 질문에 답할 수 있어야 합니다.

· 전달하려는 메시지는 논리적인가?

· 메시지가 이치에 맞는가?
· 메시지가 충분한 증거로 뒷받침되고 있는가?
· 청중에게 바라는 행동 지침이 여러분의 성과를 달성하는 데 도움이 되는가?

(1) 명료성
Clarity

모든 프레젠테이션은 단순하고 이해하기 쉬워야 합니다. 발표자로서 청중이 혼란스러워하는 모습은 보고 싶지 않을 것입니다. 발표의 아이디어와 핵심을 명확하게 정리하십시오. 명확성은 복잡한 개념을 더 작은 단위로 정보를 잘라내어, 최대한 단순해질 때 높아집니다. 명확한 프레젠테이션은 발표의 시작부터 끝까지 논리적인 흐름에 따라 진행됩니다. 청중이 발표자의 메시지를 더 쉽게 이해하고 집중할 수 있습니다.

(2) 논리, 추론
Logic, reasoning

설득을 위한 프레젠테이션에서 발표자의 메시지는 반드시 논리적이고 이성적으로 들려야 합니다. 그래야 청중이 이해하기 쉽습니다.

프레젠테이션에서 자주 접하는 문제점은 논리의 부족으로 내용이 체계적이지 못하고 짜임새가 없다는 것입니다. 연속으로 배열된 아래 글자들은 4개의 각기 다른 프레젠테이션의 내용을 대표하는 예시입니다. 이들 각 프레젠테이션에서 보이는 체계적인 구조에 관해 잠시 생각해봅시다.

Presentation 1: ABCDEFG

Presentation 2: ABDECGF

Presentation 3: AAA BBB CCC DDD EEE

Presentation 4: AAC BEB DCC EDD BED

Presentation 1과 3은 논리적으로 체계화되었지만 Presentation 2와 4는 흐름이 없고 체계적으로 구성되지 못했습니다. 청중의 혼란을 유발할 가능성이 높습니다.

(3) 입증
Evidence

근거를 뒷받침할 만한 증거 자료가 탄탄할수록 청중의 이성에 호소해, 핵심적인 내용을 설득하기가 훨씬 쉽습니다. 예를 들어 입사 면접 지원자들은 자신을 매끄럽게 소통하는 사람, 습득력이 빠른 사람, 의욕적이고 팀원들과 함께 효율적으로 일하는 사람으로 소개하지만 이를 입증할 수 있는 자료는 어디에도 없습니다. 무엇을 주장하거나 요청할 때 반드시 합당한 증거를 함께 제시해야 설득력을 갖출 수 있습니다.

파토스: 감정에 호소하기
Pathos: Appeal to Emotion

화자의 청중을 향한 감정적인 영향력입니다.

감정 호소의 주요한 목적은 발표자가 청중의 감정을 자극해 원하는 목표를 청중이 받아들이게 유도하는 것입니다. 적절한 타이밍에 청중의 감정을 이끌어내는 것은 프레젠테이션의 성공 여부를 결정하는 데 중요합니다. 설득력을 갖춘 발표자는 어떠한 감정이 청중을 움직이는 데 필요한지 제대로 알고 있고 청중의 복합적인 감정까지도 잘 활용할 수 있습니다.

3

먼로의 동기 유발 순서(MMS)란 무엇인가?

What is Monroe's Motivated Sequence (MMS)?

퍼듀대학(Purdue University) 앨런 먼로(Alan Monroe) 교수는 1930년대에 5단계 설득법을 발표했습니다. 이 설득법이 등장한 이후 먼로 교수의 이론은 수많은 프레젠테이션, 정치인의 연설, 텔레비전 광고 등에 사용되었고 동기부여를 받은 대중은 화자의 메시지를 행동으로 옮기는 변화된 모습을 보여주었습니다. 여러분도 5단계 설득법을 학습해 실전 프레젠테이션에 적용해볼 것을 적극 권장합니다. 주의 환기의 단계, 필요 제시의 단계, 만족화의 단계, 구체화의 단계, 행동화의 단계로 구성되어 있습니다.

앨런 먼로 교수의 5단계 설득법

앨런 먼로의 동기 유발 순서(MMS)
Monroe's Motivated Sequence

(1) 주의 환기 단계: 흥미 유발
Attention: Interest

소통과 승리의 5단계처럼 MMS의 1단계는 청중의 주의를 집중시키는 것입니다. 청중의 주의를 끌지 못한다면 결코 설득할 수 없습니다. 즉각적인 청중의 주의를 이끌어내려면 질문, 인용, 놀랄 만한 통계자료 등을 이용해보십시오.

(2) 필요 제시의 단계: 문제점 제시
Need: Problem

2단계에서는 청중에게 문제의 시급함을 강조하고 해결을 위한 조치가 필요하다는 것을 각인시킵니다. 문제가 크고 괴로울수록 해결책의 도입이 시급합니다. 따라서 될 수 있는 한 문제의 다급함을 크게 수치화시키십시오. 예를 들어 "연간 우리가 잃은 고객 1명당 4만 달러의 손해가 납니다"처럼 문제를 수치화시키면 청중에게 사안의 시급함을 알릴 수 있습니다.

(3) 만족의 단계: 해결책 제시
Satisfaction: Solution

3단계는 청중에게 문제에 대한 해결책을 제시해 청중의 욕구를 충족시키는 것입니다. 발표자는 해결책 대신 의견을 제시하는 실수를 저지릅니다. 발표자가 단순히 의견을 제시하는 것만으로는 문제는 해결되지 않습니다. 그저 특색 없는 한 줄 문장일 뿐입니다.
해결책은 변화를 위한 구체적인 방안을 담기 때문에 의견 제시와는 근본적으로 차이가 있습니다.

의견 제시: 금연을 할 수도 있습니다.
해결책: 오늘 Dr. Lee의 개인 클리닉을 방문하십시오. 니코틴 패치를 처방받고 10주 금연 프로그램을 시작합시다.

(4) 구체화의 단계
Visualization

문제가 해결되면 청중의 삶이 얼마나 개선될 수 있는지 구체적인 상황을 제시하십시오. 이와 반대되는 접근법도 가능합니다. 지금 당장 해결책을 이행하지 않는다면 나빠진 상황에 대해 설명해줍니다.

(5) 행동의 단계
Action

청중이 해결책을 행동으로 옮겨 적극 실행하도록 요구하십시오.

간단한 MMS 실례
Short MMS example

(1) 주의 환기 단계: 흥미 유발
Attention: Interest

iPhone 5S를 출시하면서 애플은 우리의 기존 시장점유율을 그 어떤 기업보다 더 빠른 속도로 빼앗고 있습니다. 어떻게 그들이 우리를 시대에 뒤떨어지는 진부한 기업으로 만들어 고객까지 빼앗고 결국 생존까지도 위협하고 있는 이 시급한 문제를 해결할 수 있겠습니까?

(2) 필요 제시의 단계: 문제점 제시
Need: Problem

지금 즉시 조치를 취하지 못한다면 애플로 인해 우리 회사는 문을 닫고 말 것입니다. 혁신적인 개혁이 필요합니다. 많은 사람은 우리 기업의 창의성 부족을 질타합니다. 하지만 잘못된 생각입니다! 우리 직원들은 현명하고 재능을 갖춘 의욕 넘치는 유능한 인재들입니다. 문제는 회사의 구시대적 경영 방침이 창의력과 혁신을 막고 있다는 점입니다. 젊은 인재들이 자신의 새로운 아이디어를 마음껏 공유하고 펼칠 수 있는 기회를 포착하기 어려운 것이 현재 우리가 당면한 문제입니다.

(3) 만족의 단계: 해결책 제시
Satisfaction: Solution

회사의 대표로서 이 문제 해결을 위해 전력투구를 다하겠습니다. 이제부터 젊은 인재들이 소신껏 발언할 수 있고 자신의 아이디어를 자유롭게 펼칠 수 있도록 적극 장려하겠습니다. 직원들이 경력과 나이가 아닌 능력에 의해 평가받고 승진할 수 있는 기회의 장 또한 열겠습니다. 이를 위해 재능 있고 능력을 갖춘 팀에게 회사 내에서 스스로 기업 프로젝트를 시도할 수 있도록 지원하겠습니다.

(4) 구체화의 단계
Visualization

내년 이맘때 1년간 회사에 가장 혁신적 성과를 낸 인물을 대상으로 최우수상을 시상하겠습니다. 재능 있고 능력 있는 인재들이 인정받고 금전적 보상까지 듬뿍 받을 수 있는 기회를 제공하겠습니다. 여러분이 바로 이 자리의 주인공이 될 수 있습니다. 경쟁자를 물리치고 우리 기업이 다시 기존 시장점유율을 회복한다면 이는 분명 최선의 노력으로 헌신한 여러분 덕택일 것입니다.

(5) 행동의 단계
Action

내년에 혁신적인 공을 세운 여러분이 10만 달러 상당의 최우수상을 수상할 수 있기를 진심으로 기원합니다. 여러분이 사내에서 기발한 아이디어를 자유롭게 공유하고 도입까지 할 수 있도록 회사 차원에서 적극 협조하겠습니다. 최선의 노력을 다해주십시오. 우리 모두 세계가 인정하는 IT 세계의 리더로서 다시 우뚝 설 수 있기를 기원합니다!

4

어떻게 이 모든 것을 하나로 조합할 것인가?

How to put it all together?

이 책을 통해 프레젠테이션 슈퍼히어로로 변화할 수 있는 다양한 개념들을 학습했습니다. 매력적이고 역동적이며 설득력을 갖춘 발표자를 꿈꾼다면 이제 모든 개념과 슈퍼 파워를 여러분의 프레젠테이션에 직접 적용해보십시오. 틀림없이 청중은 여러분을 따르고자 할 것입니다.

5개의 프레젠테이션 슈퍼히어로 종합

5개의 프레젠테이션 슈퍼히어로 슈퍼 파워 The 5PSH superpowers	여러분의 파워를 보여주세요! Use your power!
자기 인식 마스터 Self-awareness master	자신의 강점과 약점을 객관적으로 알고 있는 힘 The power to be objectively aware of your strengths and weaknesses.
마인드 컨트롤 마스터 Mind Control master	자신의 생각과 감정을 통제하고 책임지는 힘 The power to take responsibility for and control of your thoughts and emotions.
창의력 마스터 Creativity master	청중의 문제에 해결책을 제시해 혜택을 줄 수 있는 프레젠테이션을 만드는 힘 The power to create presentations that benefit audiences by providing solutions to their problems.

감정 마스터 Emotion master	타인의 감정에 영향을 행사할 힘 The power to influence the emotions of others.
설득 마스터 Persuasion master	합법적·윤리적·도덕적 방법으로 청중에게 확신을 심어 스스로 노력할 수 있도록 변화시키는 힘 The power to legally, ethically, and morally convince your audience to make and keep commitments.

설득력을 갖추려면 긍정적인 프레젠테이션 방법론을 사용하십시오.

To be persuasive use the positive presentation method.

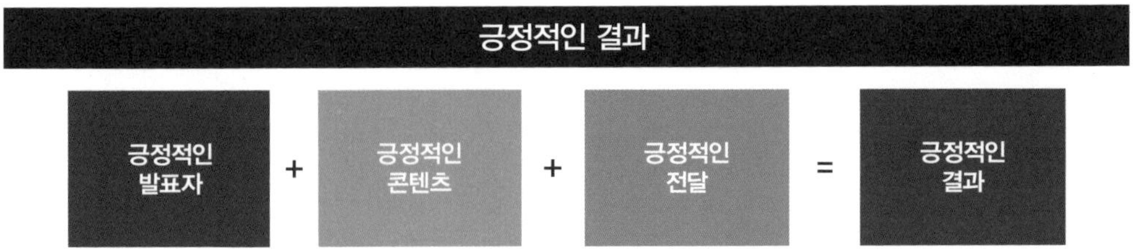

설득력을 갖추려면 5Vs를 사용하십시오.

To be persuasive use the 5Vs.

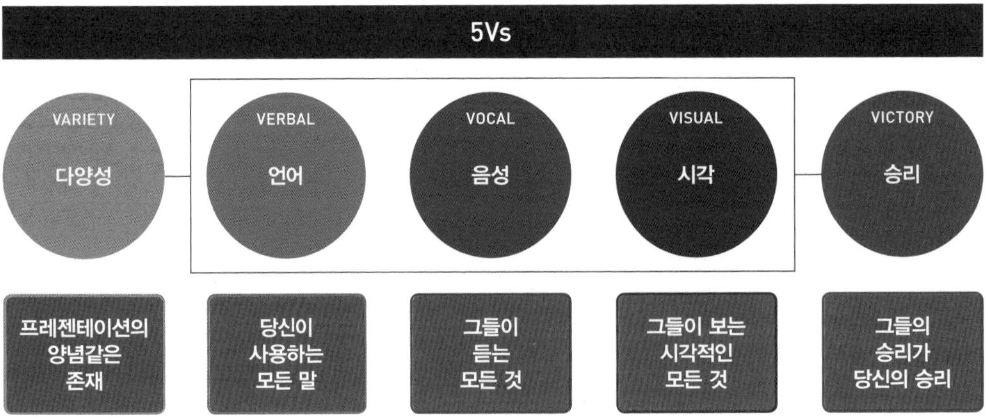

설득력을 갖추려면 아리스토텔레스의 설득 3요소를 사용하십시오.

To be persuasive, use Aristotle's three modes of persuasion.

아리스토텔레스의 설득 3요소

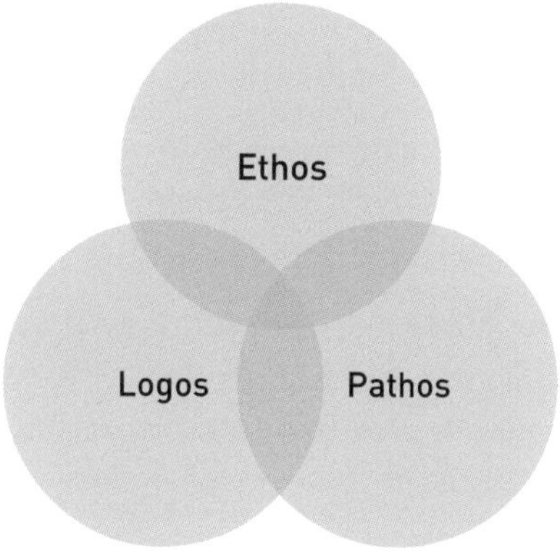

설득력을 갖추려면 학습한 모든 개념들을 하나로 결합하십시오.

To be persuasive, combine all of the concepts you learned.

앨런 먼로 교수의 5단계 설득법

Step 5 Unlock Superpower 5! Persuasion Master

- 나는 목표를 마음에 새기고 시작한다. 프레젠테이션의 목적은 긍정적인 결과를 얻는 것이다. 나는 청중이 원하는 것을 얻도록 혼신의 힘을 다해 도울 것이다.
  I begin with the end in mind. The purpose of my presentations is to achieve positive results. To accomplish this goal, I focus on helping my audience get what they want.

  네 □
  아니오 □

- 에토스: 나는 청중을 도울 목적을 가지고 그들 앞에 설 것이다. 타인이 나를 따라 할 만큼 윤리적인 모범을 보일 것이다.
  Ethos: I intend to help my audience every time I speak. I set an ethical example for others to follow.

  네 □
  아니오 □

- 로고스: 주제가 아무리 복잡하고 어렵다 할지라도 나는 간단하고 이해하기 쉬운 형태의 프레젠테이션으로 바꿀 것이다.
  Logos: No matter how sophisticated the topic, I always make presentations that are logical, simple, and easy to understand.

  네 □
  아니오 □

- 파토스: 나는 청중이 긍정의 경험을 할 수 있도록 최선을 다할 것이며, 청중은 내 프레젠테이션을 사랑하게 될 것이다.
  Pathos: I create positive emotional experiences for my audiences, and as a result, people love to hear me speak.

  네 □
  아니오 □

- 프레젠테이션 슈퍼히어로인 나는 청중에게 다음 단계를 향해 앞장서서 나아갈 것을 적극 장려할 것이다.
  As a Presentation Superhero, I don't fear to ask my audience to commit to taking the next step.

  네 □
  아니오 □

Step 5 Key Learning Points

- 프레젠테이션은 긍정적이거나 부정적인 결과, 2가지로 나온다.
  The two types of presentation results are positive and negative.

- 모든 프레젠테이션에서 가장 중요한 핵심은 긍정적인 결과를 얻는 것이다.
  The most important thing about every presentation is to get positive results.

- 아리스토텔레스의 설득법 3가지는 에토스, 로고스, 파토스다.
  Aristotle's three modes of persuasion are ethos, logos, and pathos.

- 에토스: 화자의 인격, 지성, 호의
  Ethos: The presenter's perceived character, intelligence, and goodwill.

- 로고스: 화자가 사용하는 논리, 추론, 논거, 증거
  Logos: The presenter's use of logic, reasoning, arguments, and evidence.

- 파토스: 화자의 청중을 향한 감정적 영향력
  Pathos: The presenter's emotional influence on the audience.

- 먼로의 동기 유발 순서(MMS)란 효과적인 설득을 위한 5단계 과정을 제시한다.
  이 방법을 통해 당신도 설득력을 갖춘 프레젠테이션을 만들어 사용할 수 있다.
  Monroe Motivated Sequence is a highly effective 5-Step persuasive process you can use to quickly create persuasive presentations.

결론
Conclusion

이 책의 최종 단계에 도달한 여러분, 뜨거운 격려와 축하의 박수를 보냅니다! 하지만 최고의 발표자로 변신하려는 여러분의 여정이 완전히 끝난 것은 아닙니다. 이 책의 본질은 여러분의 변화된 모습을 계속 이끌어내는 것입니다. 여러분은 그저 그런 발표자에서 진정한 프레젠테이션 슈퍼히어로로 다시 태어날 수 있는 다양한 방법론을 익혔습니다.

프레젠테이션 슈퍼히어로는 타인 앞에서 진정한 자신의 모습을 드러낼 수 있는 사람입니다. 참된 자신의 본질을 보여줄 수 있는 용기와 성실함을 갖춘 사람이 진정한 프레젠테이션 슈퍼히어로가 됩니다. 영웅은 자기 자신뿐 아니라 타인까지 돋보이게 만들어 서로 시너지 효과를 발생시키는 긍정적인 인물입니다.

자신을 빛내는 사람은 사회의 어두운 면까지 밝게 비출 수 있습니다. 또한 타인의 삶도 빛나게 하는 등불 같은 역할을 해냅니다. 여러분도 스스로 빛나는 모습을 갖춰 인생의 진정한 즐거움과 기쁨을 경험하십시오. 기쁨은 행복과 사랑을 합한 결과물입니다.

Joy = Happiness + Love
기쁨 = 행복 + 사랑

저는 여러분이 진정한 프레젠테이션 슈퍼히어로로 변할 뿐 아니라 좀 더 멋지고 풍요로운 인생을 살 수 있는 개인으로 발전하기를 기원합니다. 성공적인 인생을 살려면 효과적으로 타인과 소통하고 설득할 수 있는 능력을 갖춰야 합니다. 훌륭한 발표자로서 여러분이 원하는 모습을 실현시키고 자신과 주위 사람들에게까지 기쁨을 선사하는 성공적인 인생을 만끽하기를 바랍니다.

프레젠테이션 슈퍼히어로는 자신만의 성공을 위하고 이기적으로 삶을 바라보지 않습니다. 오히려 자신의 긍정적인 잠재력을 발현해 타인을 위해 봉사하고 계몽시킵니다. 그들의 의식을 고취시켜 자신의 인생에 온 정성을 다합니다.

여러분의 프레젠테이션 슈퍼 파워를 이용해 타인의 삶을 긍정의 삶이 되도록 전력을 다해 도우십시오. 그러면 진정한 슈퍼히어로의 인생이 펼쳐질 것입니다.

잉글리시 프레젠테이션 슈퍼히어로가 될 수 있는 핵심 비법

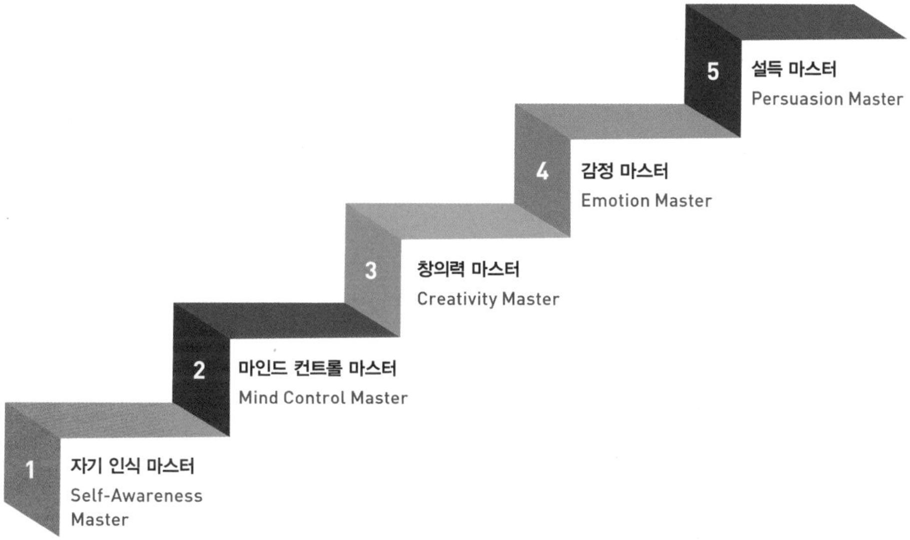

북큐레이션 • 상위 1% 탁월한 직장인으로 성장하고 싶은 이들을 위한 라온북의 책

조직의 인재상을 알고, 리더로서 자격을 갖추고, 글로벌 코드와 커뮤니케이션 스킬을 습득하면 평범한 직장인도 탁월한 1%가 될 수 있습니다.

직장인 처세 시리즈

황인태 외 지음 | 각 권 13,800원

성과 내고 싶은 직장인, 리더에게 인정받고, 팔로워에게 존경받고 싶은 중간 리더들의 필독서!

평생직장의 개념이 없어지면서 현대의 직장인들이 방황하고 있다. '과연 이 회사에 몸바쳐 일하는 것이 맞을까?', '이 회사에서 얼마나 더 일할 수 있을까?' 헷갈리고 걱정스럽다.

이 시리즈는 '이왕 직장생활을 시작했으니 제대로 한번 해 보자' 라고 꿈을 세운 후 회사 생활을 시작하라고 말한다. 어떻게 하면 조직에서 인정받는 핵심인재가 될 수 있을지, 어떻게 하면 성과 내는 중간 리더가 될 수 있을지 궁금하다면, 반드시 이 시리즈를 필독하라!

삼성처럼 프레젠테이션하라

박지영 지음 | 13,800원

이기는 PT를 하고 싶다면 당장 따라 해라
당신을 바라보는 상사들의 눈빛이 바뀐다!

많은 직장인들이 효과적으로 프레젠테이션을 하는 데 도움을 화술, 슬라이드 작성법 등에 관심을 기울인다. 그러나 프레젠테이션은 멋지게 발표하는 것이 목적이 아니다. 프레젠테이션은 청중, 고객, 상사, 경영진을 설득하기 위해서 하는 것이다. 매끄러운 화술과 폼 나는 이미지로 호감을 사고, 웃기고, 사로잡고, 감동을 주려는 것도 모두 그들을 설득하기 위한 것이다. 그들을 설득해서 상품을 팔고, 계약을 따내고, 프로젝트를 승인받는 것이 프레젠테이션의 목적이다. 삼성물산에서 해외사업을 담당하며 프레젠테이션의 노하우를 쌓은 저자가 쓴 이 책은 그럴듯하기만 한 프레젠테이션이 아닌 계약을 따내고 성과를 올리는 프레젠테이션을 하는 데 도움을 줄 것이다.